生死之间的权衡

清代死刑监候案件量刑情节论

付春杨 著

武汉大学出版社
WUHAN UNIVERSITY PRESS

图书在版编目(CIP)数据

生死之间的权衡:清代死刑监候案件量刑情节论/付春杨著 .—武汉: 武汉大学出版社,2019.12

ISBN 978-7-307-21338-8

Ⅰ.生… Ⅱ.付… Ⅲ.死刑—量刑—研究—中国—清代 Ⅳ.D929.49

中国版本图书馆 CIP 数据核字(2019)第 284524 号

责任编辑:陈　帆　　　责任校对:李孟潇　　　版式设计:马　佳

出版发行: **武汉大学出版社**　(430072　武昌　珞珈山)

(电子邮箱: cbs22@ whu.edu.cn　网址: www.wdp. com.cn)

印刷: 武汉中科兴业印务有限公司

开本:720×1000　1/16　印张:23　字数:329 千字　插页:1

版次:2019 年 12 月第 1 版　2019 年 12 月第 1 次印刷

ISBN 978-7-307-21338-8　定价:69. 00 元

目　录

第一章　死刑存在的意义

如果只有天堂可以希望而没有地狱可以畏惧的话，法律就将失掉它的效力。

——[法]孟德斯鸠《论法的精神》

死刑是人类历史上最古老的刑罚之一。按照刑罚起源理论，超自然因素看起来是几乎所有原始犯罪的构成要素(巫术、乱伦、背叛、冒渎、奸罪、毒害、破坏狩猎规则等构成最早的犯罪，这些行为大多被原始人类视为是对神的冒犯)，原始的刑罚旨在消除罪行对社会的污染和防止超自然力量报复罪人所属的部落。① 因此原始刑罚主要是死刑和流放。死刑将罪犯从肉体上彻底消灭，流放则是将罪人驱逐出族群，这两种方式都能消除罪人的影响，纯洁部族，从而避免触发神的愤怒，而给部族带来危害。“昏、墨、贼、杀，皋陶之刑也。”②中国历史上的死刑由来已久。而尧舜时“流四凶族，浑敦、穷奇、梼杌、饕餮，投诸四裔，以御螭魅” ③则是早期华夏族使用流刑的例证。此外“流共工于幽州，放驩兜于崇山，窜三苗于三危，殛鲧于羽山，四罪而天下咸服”④。

---

① Heinrich Oppenheimer：The Rationale of Punishment，Patterson Smith Publishing Corporation Montclair，1975，pp. 101-102.

② 《左传·昭公十四年》。

③ 《左传·文公十八年》。

④ 《尚书·舜典》。

从字面分析，流、放、窜是流刑，殛是死刑。《孔传》则认为“殛、窜、放、流皆诛也。异其文，述作之体”。不过无论是“诛”还是“流”都符合原始刑罚的共性。迄之后世，刑罚的种类不再局限于死和流，但死刑始终是最严厉和最重要的刑罚，流刑次之，是减死之刑。为什么死刑能够长期作为国家和社会惩罚犯罪的重要手段？死刑存在的意义是什么？

第一节　罪有应得——死刑的该当性

一、杀人偿命——原始的复仇动机

马克思说过“死刑是往古的以血还血、同态复仇习惯的表现”。①在各古老民族早期的法典或宗教典籍中，几乎都可以找到同态复仇的印迹。公元前18世纪的《汉谟拉比法典》中记载了以眼还眼、以牙还牙的刑法原则，其中第196条规定：“倘自由民损坏任何自由民之子之眼，则应毁其眼。”第197条规定：“倘彼折断自由民(之子)之骨，则应断其骨。”第209和210条规定倘一自由民殴打另一自由民之女致死，则应以杀人者之女性命抵偿。成书于公元前1440年到公元前400年之间的《圣经》中有言：“凡流人血的，他的血也必被人所流。”②更明确的说法是：“打死人的，必被治死；打死牲畜的，必赔上牲畜，以命偿命。人若使他邻舍的身体有残疾，他怎样行，也要照样向他行。以伤还伤，以眼还眼，以牙还牙，他怎样叫人的身体有残疾，也要照样向他行。”③公元前449年的《十二铜表法》第八表第二条规定，如果故意伤人肢体，而又未与受害者和解者，则他本身亦应受到与受害者同样的伤害。

中国远古的同态复仇似不可考，但是《孟子·尽心下》有曰：“吾今

① 《马克思恩格斯全集》，商务印书馆1991年版，第385页(同一本书，后面脚注省略标注。)。

② 《旧约圣经·创世记》中文和合本。

③ 《旧约圣经·利未记》中文和合本。

而后知杀人亲之重也，杀人之父，人亦杀其父；杀人之兄，人亦杀其兄。”《汉书·刑法志》中说“杀人者死，伤人者刑，是百王之所同也”，“杀人者不死，伤人者不刑，是惠暴而宽恶也”，已可证明至少在汉时人们的记忆中杀人偿命是古已有之、颠扑不破的传统。而《新唐书·南蛮传下·松外蛮》中也有“凡相杀必报，力不能则其部助攻之”的记载，边疆少数民族的经济文化发展较中原地区相对落后，而其习惯法中存在以杀报杀的规则，按人类文化学原理，应可推断中原地区在较原始的时期也极有可能存在类似的习惯法。“生命与生命、肢体与肢体、伤害与伤害之间的自然换算，乃是所有文明类型在它们早期历史中历经过的。”①

死刑存在的正当性最自然的源头无疑正是这种杀人偿命的同态复仇的原始习惯法。汉高祖入关，尽除秦苛法，只与父老约法三章：“杀人者死，伤人及盗抵罪。”②杀人者死，“杀人”和“死”直接相连，假定和后果之间没有任何行为模式的描述，充分说明了杀人偿命被看作不容置疑的自然法则。不同于原始习惯法中其他一些禁忌迷信的内容随着生产力的发展以及人们对自然规律的了解而逐渐淡出，同态复仇在后世渐渐向民事侵权制度演变，私有财产的增加所导致的个人权利意识的兴起，反而使得杀人偿命的合理性更加根深蒂固地植入人们内心，轻易不会消除，也无法淡化。

二、天道好还，报应不爽——道义上的正当性

所谓报应指有施必有报，有感必有应，故现在之所得，无论祸福，皆为因果。中国古代文化中儒、道、释三教均从不同角度支持报应观。儒家相信“积善之家，必有余庆；积不善之家，必有余殃”③。多行善事的家族会惠及子孙，多为恶行的家族将祸延后代。佛家信奉六世轮

① 梁治平：《法意与人情》，中国法制出版社2004年版，第23页。

② 《史记·高祖本纪》。

③ 《易·坤·文言》，(清)李开先：《周易六十四卦辨疑》，清乾隆刻本。

回，认为今生的命运全是由前生的善恶决定，同时亦决定了来生的遭遇，故《因果经》说："欲知前世因，今生受者是；欲知后世果，今生作者是。"①道家则将善恶之报与人的寿命相印证，长命百岁与善相伴随，短命暴亡和恶相联系，相信"道设生以赏善，设死以威恶"②。三大宗教的报应观尽管在现世报还是隔世报，报于己还是报于人上有所不同，但是将善恶与福祸关联的本质却是一致的，均将善恶视为因，福祸视为果，并笃信二者之间密不可分。

传统报应观在文学作品中也有丰富的体现。例如《太平广记·还冤记》记载："北齐阳翟太守张善，苛酷贪叨，恶声流布。兰台遣御史魏辉俊就郡治之，赃贿狼籍，罪当合死。善于狱中使人通诉，反诬辉俊为纳民财，枉见推缚。文宣帝大怒，以为法司阿曲，必须穷正，令尚书令左丞卢斐复验之。斐遂希旨，成辉俊罪状，奏报，于州斩决。辉俊遗语令史曰：'我之情理，是君所见，今日之事，可复如之？当办纸百番，笔二管，墨一锭，以随吾尸，若有灵祇，必望报卢。'令史哀悼，为之殡殓，并备纸笔。十五日，善得病，唯云叩头，未旬日而死。才两月，卢斐坐讥驳魏使，为魏收奏，文宣帝鸩杀之。"故事中诬告陷害他人的张善和枉法裁判的卢斐都很快得到了报应，死于非命。类似情节在各种传奇和公案小说中屡见不鲜。报应观在民间的流行程度可想而知。

根据因果报应观，作恶之人不应从恶行中获得福利，其恶行只能给作恶之人带来灾祸，这才符合公道。报应实现的方式固然是多种多样的，按照文学作品中的描述，或是得某种怪病，或是遭到某种意外。但若这恶行是一种犯罪，则最应得的灾祸就是刑罚。对于罪犯来说，遭受刑罚就是他的恶行应得的报应。而对于那些犯下严重罪行的罪犯，譬如杀人越货的暴徒，死刑是合理和适当的报应。因果报应的实现并不必然要依赖法律的执行，但法律的执行显然是实现因果报应最可靠又最有效

① 《因果经》的作者多认为是中国人，其思想与舶来的正统佛教理论有很大差异，但却恰恰能反映传统中国人的观念。

② （汉）张鲁：《老子道经上想尔注》，英国国家图书馆藏敦煌写本。

的途径。因果报应是实定法的道德基础，是自然法。

三、天讨有罪——国家的刑罚权

死刑存在正当性的另一个文化基因是天讨有罪的思想。众所周知，在夏商时代，天命天罚观广为流行。天命天罚思想认为，罪人不仅是祸及他人而且是获罪于天，当然天并不会直接处罚罪人，而是将刑罚权转授予获得天命认可的人——王，由王代天行罚。天命天罚成为夏商之际政权合法性的证明。夏启讨伐有扈氏，言“有扈氏威侮五行，怠弃三正。天用剿绝其命。今予惟恭行天之罚”①。商汤讨伐夏桀，声称“有夏多罪，天命殛之。夏氏有罪，予畏上帝，不敢不正。……尔尚辅予一人，致天之罚”②。周人虽然改变了天命传承之道，主张以德配天，但目的还是捍卫周王的天罚之权，要求“尔其孜孜，奉予一人，恭行天罚”③。

尽管天命天罚为王朝更迭提供了理论根据，但天罚有罪当然也不仅仅局限于王朝更迭中，后来的革命者对前朝暴君的讨伐，社会大众、芸芸众生的言行当然也是在天帝的视野之中，天罚的对象自然也应该包括黎民百姓。“大刑用甲兵”，帝王之间天命兴替靠军事征讨实现，而普通老百姓与天命天罚的关系则是靠犯罪与刑罚来体现，“天讨有罪，五刑五用哉”④。“苗民弗用灵，制以刑，惟作五虐之刑曰法”⑤，墨、劓、剕、宫、大辟这五种肉刑据说起源于不信神的苗民。上帝考察苗民，没有芬芳的德政，刑法所发散的只有腥气。⑥ 上帝想必也很不乐意吧。不过或许是由于人心不古，又或者是由于刑罚所具有的规制社会的强大功

① 《尚书·甘誓》。
② 《尚书·汤誓》。
③ 《尚书·泰誓》。
④ 《尚书·大禹谟》。
⑤ 《尚书·吕刑》。
⑥ “上帝监民，罔有馨香德，刑发闻惟腥”，《尚书·吕刑》。

效，最终还是“伯夷降典，折民惟刑”①。刑罚成为强有力的社会统治工具。

“获罪于天，无所祷也”②，获罪于天的人是不被饶恕的，也是不能被救赎的。既然罪人获罪于天，国家替天行罚，所担负的使命就不仅仅是使罪犯遭受肉体的苦难，而且也要在道德意义上对犯罪的人作出负面评价，是对罪人人格的否定。据《礼记·曲礼》记载：“刑不上大夫，刑人不在君侧。”受过肉刑的人便不能再侍奉君主，可见刑罚不仅是对肢体的残毁，更是对人格的贬斥。而后世死刑的代名词“弃市”的本意即“与众弃之”，代表了社会大众对犯下死罪的特定之人的厌弃。刑罚本身是对罪人的行为的负面评价和人格的否定，死刑则是最严重的负面评价与否定，对罪人肉体的毁灭，便是以罪人的血荡涤罪恶，并同时传达了社会公众在道德意义上对罪行的谴责和声讨。

第二节 罪不容诛和杀一儆百——死刑的效用

一、赏刑皆报

刑罚的作用最显著的一点便是报复犯罪。“凡爵列、官职、赏庆、刑罚皆报也，以类相从也。一物失称，乱之端也。夫德不称位，能不称官，赏不当功，罚不当罪，不祥莫大焉。”③有德的应该得到荣耀，有能的应该得到官职，有功的应该得到奖赏，有罪的应该受到惩罚，赏罚毁誉都是一定行为的必然后果。有德的不能获得荣耀，有能的不能提升官职，有功的不能获得奖赏，有罪的不受惩罚，都是国家不祥的体现。这些不祥之兆一旦出现，必然会有灾害降临，所以施用刑罚惩罚犯罪成为

① 《尚书·吕刑》。
② 《论语·八佾第三》。
③ 《荀子·正论》。

必要。当然以刑罚报复犯罪也有尺度上的要求，所谓“上刑适轻，下服；下刑适重，上服。轻重诸罚有权”①。就是要求罪刑相适应，罚当其罪，如果轻罪用重罚，重罪用轻罚也是对刑罚报应的违背。

报复罪犯是实现正义的手段。罪犯的行为不论是杀人、盗窃这一类自然犯罪还是其他直接危害统治的行为，都是对既有的社会秩序的破坏，并在一定程度上给社会带来不安定因素。只有犯罪得到制止，罪犯受到惩罚，被破坏的社会秩序才可以得到修复，公众的安全感才可以得到恢复。犯罪人的行为表面上看是对实定法意义上的社会规则的挑战，本质上也是对社会公众心目中的正义观的挑战，如果罪犯不被制裁，倾斜了的天平就不能回复平衡，公众对社会正义的信心就不能重建。久而久之，社会正义就将摇摇欲坠。只有当犯罪都受到了应有的惩罚，正义才能得到维护。要想百分之百做到有罪必罚，罚当其罪是不可能的，但是只要社会正义能基本实现，公众就会对生活怀有期待，并在一定程度上抱有乐观的信念。

以刑罚作为报复手段的合理性在于人们相信作恶之人是基于恶行可能带来的快感去作恶，而刑罚的痛苦应该恰恰足以抵消此种快感。惟有如此，犯罪的诱惑力才能不复存在，同时罪犯也就得到了该有的报偿。所有刑罚都是报复犯罪、实现正义的手段，而死刑通过对罪犯肉体的消灭以及人格的贬斥，给那些最严重的犯罪以应有的惩罚，昭示公道正义。死刑的正当性在于它必须是对最严厉且无可原宥的犯罪的报复。倘若罪人有一线可被原谅之机都不应该被处以死刑，否则死刑就会从实现正义的手段走向残忍和不公的一面。只有最严厉且不可饶恕的罪行才能和死刑所具有的严厉程度相匹配。一般刑罚的罚当其罪，只要罪行和刑罚大体上适应即可，而死刑的报应则有更严格的尺度。周礼的“三赦”“三宥”是否也针对其他刑罚不详，但最主要的肯定是死刑。“诸州死

① 《尚书·吕刑》。

罪，不得便决，悉移大理案复……”①后世的刑罚复核也主要针对死刑案件。也就是说死刑要求的是特殊的罪刑相当。这一特殊性是由生命丧失的不可回复性以及人命关天的超越价值决定的。

二、终极剥夺

刑罚的功能除了报应以外，还有一个重要的方面便是剥夺，即借助刑罚，令罪犯失去重新犯罪的能力。这一点在早期的刑罚形式——肉刑上表现得尤为充分。《尚书大传》云：“夏刑三千：决关梁，逾城郭，而略盗者，其刑膑；男女不以义交者，其刑宫；触易君命，革舆服制度，奸宄盗攘伤人者，其刑劓；非事而事之，出入不以道义而诵不祥之辞者，其刑墨；降、叛、寇、贼、劫略、夺攘、矫虔者，其刑死。”肉刑具有剥夺犯罪人再次犯罪能力的功效，晋时强烈主张恢复肉刑的刘颂如是说：“去其为恶之具，使夫奸人无用复肆其志，止奸绝本，理之尽也。亡者刖足，无所用复亡。盗者截手，无所用复盗。淫者割其势，理亦如之。”②可以说在肉刑的时代，刑罚的存在以报应为目的，但是刑罚种类的设置却是以剥夺为出发点的。五种肉刑——墨、劓、刵、宫、大辟都以残损人的肢体、器官，破坏人的生理机能为结果。即使是其中最轻微的肉刑——墨刑，即在身体上刺字，虽然不会破坏人的身体完整性，不损害人的基本生理机能，但是却给罪犯打上了不可磨灭的标记，使其时刻处于大众关注之下，而无法作恶。事实上其他几种肉刑除了破坏人的生理功能，大多也以外观上的残缺为标志，这种残缺不仅仅是一种耻辱，也标志着受刑人的特殊性，使受刑之人成为人群中的异类，并令他们的一举一动处于众目睽睽之下。这也加强了肉刑的剥夺功能。

肉刑的一大缺点乃是“死者不可复生，刑者不可复属，虽后欲改过

① 《隋书·刑法志》。

② （晋）刘颂：《请复肉刑疏》，《晋书·刑法志》。

自新，其道亡繇也”①。即由于伴随终身的残缺和耻辱杜绝了犯罪人改过自新、重新成为社会正常一员的途径。自汉文帝改肉刑之后，身体刑和劳役刑逐渐成为主要的刑罚种类。取消肉刑改为身体刑和劳役刑，是刑罚宽缓化和文明化的体现，使犯罪人可以没有负担地重新做人，但的确也在一定程度上削弱了刑罚剥夺罪犯再犯能力的功效。虽然刑罚在剥夺犯罪人再次犯罪能力方面的作用虽然有所弱化，但是并没有被完全取消。笞杖刑是一种可恢复的身体刑，它的剥夺功能只是在很短时间内使受刑人身体受到伤害而无法作恶，但是笞杖刑犯人所犯也是较为轻微的罪行，轻微的剥夺程度与此是相适应的。对于较严重的犯罪，徒流刑都能在比较长的时间里使得犯罪人处于强制劳役和限制迁徙之中，无法重新犯罪，有比较强的剥夺再犯能力的效果。

无论是肉刑时代还是劳役刑与身体刑并用的时代，死刑都是剥夺罪犯再犯能力的终极措施。死刑终止了犯罪人的生命，彻底消灭了罪犯再犯的能力，一劳永逸地解除了来自特定犯罪人的危险和威胁。这种终极的剥夺措施最大的缺陷应该是扼杀了犯罪人改过自新的可能性，但是由于假定被处以死刑的犯罪人都是罪大恶极、十恶不赦的人，当然这一类人改过自新的可能性本身也被认为是微乎其微的。而一般来说，曾经犯下严重罪行的犯罪人，再犯同等甚至更为严重罪行的可能性也较大，因此对少数罪行最严重的犯罪人处以死刑同死刑消除的巨大危险相比来说，仍具有较大的效益。更不用说相对其他种类的刑罚，死刑还是成本最小的一种。

三、禁奸止过莫若重刑

“罪至重而刑至轻，庸人不知恶矣，乱莫大焉。凡刑人之本，禁暴恶恶，且惩其未也。杀人者不死而伤人者不刑，是谓惠暴而宽贼也，非

① 《汉书·刑法志》。

恶恶也。”①刑罚的另一效用是威慑，这种威慑既有针对犯罪人本人的，也有针对其他社会公众的。但是立法者尤为期待的应该是对社会公众的威慑作用，即通过展示刑罚带给犯罪人的痛苦，警示其他潜在的犯罪人，使其权衡利弊从而放弃犯罪想法。“明于五刑，以弼五教，期于予治，刑期于无刑，民协于中。”②所谓明刑弼教，即以刑罚的实施，威慑不法之徒，警告普罗大众，达到民不敢犯的效果。“以杀去杀，虽杀可也。”③杀戮是一种恶，但如果杀戮可以防止更多的杀戮，就有其可取性。

刑罚报应功效的实现要求罚当其罪，但是刑罚的威慑作用却认可重刑轻罪。法家认为重刑是必要的统治工具，“火形严，故人鲜灼；水形懦，故人多溺”④。韩非子把重刑比作火，虽然看起来很凶猛却能阻止人接近危险。“行罚，重其轻者，轻者不至，重者不来，此谓以刑去刑，刑去事成。”⑤如果对较轻的罪行适用较重的刑罚，欲行轻罪的人会心生畏惧，而欲行重罪的人(看到轻罪都会受到重罚)也会停下脚步，这样就可以用刑罚的施行来防止未来更多地适用刑罚。除了重刑轻罪的理念，法家还敏锐地指出有罪必究对于维护法律权威的重要性。“禁奸止过，莫若重刑，刑重而必得，则民不敢试，故国无刑民。”⑥要实现刑罚的威慑作用，必须保证犯罪人一定会受到刑罚的制裁，如果不能使犯罪人受到处罚，重刑威慑就成了一句空话。

重刑威慑尽管是法家思想的主要观点，但是并没有随着法家的衰落而退出历史舞台，而是在历史的长河中始终占有一席之地。尽管主张德主刑辅的儒家思想占据了统治思想的中心，但是统治者一旦将刑罚视为

① 《荀子·正论》。
② 《尚书·大禹谟》。
③ 《商君书·画策》。
④ 《韩非子·内储说上》。
⑤ 《商君书·靳令》。
⑥ 《商君书·赏刑》。

推进教化的工具，即所谓“明刑弼教”，实际上就是认可了刑罚的威慑作用，所谓教化，不过是威慑的代名词。残酷的刑罚给旁观者带来的心理冲击主要是恐惧而绝不是道德上的净化。也正是为了强化这种人为制造的恐怖效果，刑罚的公开执行延续了上千年。至于特殊情况下基于“刑不上大夫”的观念对贵族、高官秘密行刑，放弃了公开执行所造成的恐怖效果，则体现出维护等级秩序的价值考量超过了刑罚威慑的效用考量。

所有刑种之中，毫无疑问，死刑的威慑效果是最为显著的。刑人于市，死刑的公开执行是被戏剧化夸大的仪式，目的就是强化其威慑效果。《三国志·董卓传》：“暴卓尸于市。卓素肥，膏流浸地，草为之丹。守尸吏瞑以为大炷，置卓脐中以为灯，光明达旦，如是积日。”明朝大太监刘瑾，被判凌迟 3357 刀，分三天割完：刽子手先从其胸脯割 10 刀，然后对着他大声吆喝，怕他昏过去，等醒过来，再割 10 刀，如此反复。第二天，刘瑾熬不住气绝身亡。第三天继续割尸，直到割足 3357 刀。《清朝野史大观》卷五《腰斩之惨》描述：“俞君既斩为两段，在地乱滚，且以手自染其血连书七个‘惨’字。其宛转求死之状，令人目不忍睹。”酷刑的艺术在于把一次死亡分割成“上千次死亡”，使恐怖效果得到叠加。百姓见惯了斩首还是会害怕腰斩，见惯了腰斩还是会害怕凌迟。中国历史上早期死刑执行种类多样，手段残忍，中期一度限于绞斩，晚期则增入凌迟、枭首。明太祖朱元璋为威慑贪官，更创造了剥皮实草的死刑执行方式。将贪官人皮剥下，充以稻草，置于公座之旁，使刑罚的恐怖威慑作用发挥到极致。死刑执行方式文明化进程的曲折发展过程，正说明统治者不愿意轻易放弃死刑的巨大的威慑效果。

重刑威慑的主要问题是，为提升威慑效果，可能需要对轻罪施以重罚，这会与主张罚当其罪的报应主义发生冲突。解决之道便是“刑罚世轻世重”，根据不同时期的统治需要，以刑罚政策调剂刑罚的适用。

四、居幽悔罪——死刑的改造作用

由于刑罚可被视为一种苦修，故通常认为刑罚对于犯罪人来说也具有改造的作用，于失去自由中体悟自由的可贵，于强制劳作中反思给被害人造成的苦难。但是死刑对犯罪人生命予以剥夺，理论上不可能具有改造的作用。但并非立即确定和执行的死刑由于名义死罪和实际死刑的分离，使得死刑也在一定意义上具有了改造作用。清代的死刑监候制度恰是其例。

被判监候的死刑犯人，在秋审中可能被拟以情实，为犯罪行为付出生命的代价；也可能被拟以缓决，免于实际执行死刑；或者被核定为可矜，得以减等发落；又或者因符合存留养亲的条件而可以在接受杖责后被释放回乡侍奉双亲。这些死刑监候犯人于身陷囹圄、面临不可知的命运之时，多少都会有所反思，有所感悟。后悔因鲁莽造成不可挽回后果者有之；反思一时贪念致罹于法网者有之；当然也会有冥顽不化，不思悔改者……但面对可能的死刑后果而毫无触动者当属少数。这就使死刑监候客观上也有一定的改造作用。对于缓决和可矜犯人，秋审核定之后尚有漫长的刑徒生涯，改悔与否或许并不那么关键，但是对于留养犯人，因杖责后就会被释放，是否改悔便十分重要。乾隆三十二年七月十八日刑部具奏："……窃查定例亲老丁单及孀妇独子，于凡斗杀定案时声叙应侍缘由，俟秋审核拟。此等罪犯羁禁囹圄，近者止于数月，远者不过经年，俾该犯居幽悔罪以驯其桀骜之气。此我皇上于矜孤恤寡之中仍寓禁暴戢凶之意。"①虽然因为矜恤孤寡而对部分死刑监候人犯予以有条件释放，但并不是在定罪时实施，而是于定罪之际申请，秋审时批准。不是立即释放，而是待监禁犯人一段时间之后再对刑罚进行变通。目的在于让犯人通过牢狱生活化解戾气，诚心悔过，不至于在被释放后再度触犯法网。

---

① 《秋审档案》乾隆三十二年。

只要不是入于情实，或虽入于情实但未被勾决，死刑监候人犯也都有可能重返社会，即使终身监禁，一个温顺驯服的犯人较之桀骜不驯的犯人也会更便于管理。犯人在被判死刑监候而生死尚无定论之时，难免会内心惶惶，正是意志最薄弱的时候，这一段经历对于犯罪人来说必然会产生重大影响，算得上是一种直击心灵深处的改造过程。

本章小结

传统中国死刑的正当性在于犯罪人道义上应负的责任，犯罪人承担应有的后果符合天道，国家的刑罚权则来自上天对君主的授权。正因为刑罚的正当性基于犯罪人的道义责任，所以尽管刑罚具有剥夺犯罪能力、报复犯罪、一般预防、改造罪犯等多种功能，但在中国社会传统观念中占据主导地位的功能仍是报应。死刑存在的主要目的是惩罚最为严重的犯罪，使犯罪人得到应得的报应，替天行道。

第二章　清代死刑制度

中国历代均以死刑为主要的刑罚种类，“墨、劓、剕、宫、大辟”，“笞、杖、徒、流、死”两种五刑中之最高刑种均为死刑。清末著名刑法学家沈家本曾就古代的“死刑之数”作过专门的统计。几个有代表性历史时期的死刑数量变化如下：东汉和帝永元时期：死刑610种；北魏高祖太和三年：死刑235种；唐朝：死刑233种；宋朝：依唐刑律，庆历敕增31种，嘉祐敕增60种，死刑总数多于唐朝；元朝：死刑135种；明朝：死刑249种，另有杂犯死刑13种、《问刑条例》死刑20种，死刑总数多于唐朝，而少于宋朝；清朝：初承明律，晚清死刑减少。① 清代死刑制度大体上继承明律，其死刑监候制度承明代秋后处决而来。清代死罪案件的一个特点是死刑条目众多，但真正执行死刑的数目却相对较少。立决与秋审情实勾决相加约占判决死罪人数的三分之一到二分之一，② 咸丰三年后“就地正法”案件的出现，使得依据秋审数据对死罪数量的估计失去了统计上的意义，但判决多、执行少应该仍未改变。从理论上看，判处死刑的罪犯都属于罪有应得。但是人命关天，而上天有好生之德，君主上体天心，对于本该处以死刑的罪犯，针对其中情有可原者施以法外之仁，这便使得实际被执行死刑的人数较之判决死刑的人数大大减少。

---

① 参见(清)沈家本：《历代刑法考·死刑之数》。

② 郑秦：《清代的秋审制度》，《文史知识》1992年第7期，第35页。

而旨在体现慎刑和恤刑原则的监候及秋朝审则是这一理念的制度化体现。清代死罪案件往往高高举起、轻轻放下，以实现威慑与施恩的双重目的。

第一节 清律死罪条款及其法定量刑情节

清律采取确定的法定刑制度，每条死罪罪名均对应确定的死刑，即凌迟、斩立决、绞立决、斩监候和绞监候。《大清律例》涉及凌迟刑的有谋反及大逆律等 11 条，例则有因奸同谋杀死亲夫等 6 条。涉及斩立决的有收父祖妾等律 23 条，诬告叛逆等例 80 条。绞立决的有兄亡收嫂等律 11 条，负罪潜逃情罪重大等例 14 条。斩监候有除受官员大臣专擅选用等律 76 条，番役诬陷无辜等例 63 条。绞监候有弃毁官文书等律 60 条，负罪潜逃绞犯被获情罪尚有可原等例 85 条。

这些死罪条款在犯罪主体上多为一般主体，少数为特殊主体如官员、卑幼、僧道等。犯罪的主观方面多数为故意，少数可以由过失构成。犯罪的客体包括统治秩序、官员职务廉洁性、他人生命财产和性权利等。犯罪的客观方面多种多样，包括暴力、欺诈、煽动、伪造等，不一而足。

大清律例死罪条款中涉及的法定量刑情节系指判决凌迟、枭示、斩立决、绞立决、斩监候、绞监候的法定情节。笔者将《大清律例》中所有死罪条款包括律文中的死罪条款和例文中的死罪条款汇总(见本书附录一)，并对同一罪名下量刑不同的条文进行了比较分析，将清律死罪条款中涉及的法定量刑情节归纳如下：

一、行为危害性

1. 犯罪后果，后果较严重者刑罚较重

诬告叛逆罪，被诬之人已决严重程度超过未决，已决斩立决，未决

斩监候。犯私盐持械拒捕，伤三人以上为首枭示，二人斩立决，一人斩监候，不伤人绞监候。向宫殿射箭，按是否伤人区分斩绞监候。犯夜殴人至死，斩监候，折伤以上绞监候。私出外境及违禁下海罪，将人口、军器出境及下海走泄事情的斩监候，未走泄事情的绞监候。强盗罪，据是否得财，是否杀伤人分别处斩立决、斩监候。发冢罪，发掘贝勒、贝子、公等坟冢，见尸为首者斩立决，见棺绞立决，未至棺绞监候。殴皇家袒免以上亲，至笃疾者绞监候，至死者斩监候。诬告人斩罪，已决斩监候，绞罪已决绞监候。本夫纵容抑勒妻妾与人通奸，如因别情，将奸夫、奸妇一齐杀死者，(杀二人)斩监候，因索诈不遂，杀死奸妇者，(杀一人)绞监候。

2. 行为危险性，危险性高的刑罚较重

私出外境及违禁下海罪，通贼劫掠枭示，单纯走私斩立决。伪造印信时宪书等罪，伪造诸衙门印信及钦给关防，事关军机钱粮，为首者斩立决，诓骗财物，为首者斩监候。弃毁制书危险性高于其他涉及军机钱粮的官文书，前者斩监候，后者绞监候。盗内府财物中，盗御用物斩立决，盗一般内府财物绞监候。诈传诏旨为首者斩监候；诈传懿旨、令旨为首者，绞监候。

3. 涉案金额，涉案金额较大者刑罚较重

收粮违限罪挂欠粮米六分(60%)以上斩，六分以下绞。

4. 犯罪手段，手段邪恶、残忍的刑罚较重

造蓄蛊毒杀人，及教令者，斩立决；造魇魅、符书、咒诅，因而致死者，用毒药杀人者斩监候。因奸盗威逼人致死者，斩监候，有挟制窘辱情状，斩立决。官司出入人罪，捏造重情斩监候，改造口供入人死罪绞监候。故勘故禁平人罪，故勘致死斩监候，故禁致死绞监候。

5. 行为性质，性质较严重者刑罚较重

把持行市罪，直接倚势网利斩立决，指名贸易、霸占要地关津贻累地方者斩监候。从征违期罪，违法乱行斩立决，违期斩监候。兵弁抢夺遇难商船积极加害者枭示，消极放任者斩监候。弟妹故杀兄姊，若侄故杀伯叔父母姑，及外孙故杀外祖父母者，凌迟，殴死者斩立决。强奸十二岁以下十岁以上幼女者，斩监候；和奸者绞监候。

6. 犯罪形态，既遂重于未遂，中止从轻

谋杀人图财害命得财斩立决，未得财斩监候。强奸已成致本妇自尽者斩监候，未成绞监候。诈为制书已施行斩监候，未施行绞监候。谋财放火随即救熄，尚未延烧，为首者，绞监候；已行，尚未抢掠，未伤人，斩监候。

7. 犯罪地点，要害地方犯罪刑罚较重

太监在皇城内持金刃自伤者，斩监候；在紫禁城内持金刃自伤者，斩立决。

二、罪犯人身危险性

1. 原犯罪行，原犯罪行较重者刑罚较重

脱逃罪依原犯罪行轻重决定最终执行的刑罚，原犯罪行重大者立决，原犯尚有可原者监候。

2. 偶犯与再犯，再犯刑罚较重

苗人伏草捉人再犯斩立决，初犯斩监候。

3. 犯罪动机，图财动机刑罚较重

谋财放火，危及不特定多人枭示，挟仇放火斩立决。

三、主体特殊性

1. 特殊身份，系法律打击重点者刑罚较重

纵军掳掠，犯罪人是断役或军人处罚不同，断役斩立决，军人斩监候。官吏受财罪，有禄人较无禄人刑罚较重。

2. 共同犯罪中作用，作用越大刑罚越重

激变良民首犯斩立决，从犯绞监候。谋叛首犯斩立决，从犯绞立决。造妖书妖言首犯斩立决，从犯斩监候。谋杀人造意斩监候，从而加功绞监候。杀一家非死罪三人，及支解人，为首者凌迟，为从斩监候。罪囚反狱在逃者，斩监候；越狱人犯通线之人，与囚同罪，至死者绞监候。

3. 犯罪参与程度，直接犯罪刑罚较重，牵连得罪较轻

私藏应禁军器，直接行为人斩立决，牵连得罪者绞监候。谋反大逆本人犯罪凌迟，连坐或牵连得罪者斩立决。发遣当差为奴之犯，杀死伊管主一家三人并三人以上，其知情之子孙，斩立决，不知情者斩监候。

4. 犯罪团伙大小，人数越多刑罚越重

白昼抢夺罪，黔楚红苗聚众抢夺百人、五十人以上、五十人以下分别枭示、斩监候、绞监候。

四、犯罪对象特殊性

1. 被害人身份地位较尊者犯罪人刑罚较重

收继婚对象若为尊长则较之平辈更有悖伦常，收继尊长斩，收继平辈绞。子孙威逼祖父母、父母，妻妾威逼夫之祖父母、父母，致死者，

斩立决；妻妾威逼夫致死者绞立决；威逼期亲尊长致死绞监候。妻殴夫卑属至死者绞监候，期亲以下缌麻以上尊属斩监候。

2. 被害人和加害人关系越近，犯罪人刑罚越重

本宗及外姻尊长杀期服卑幼一家主仆雇工三人者，绞立决；杀内外功服、缌麻，及族中奴仆一家三人者，斩监候；杀期亲奴仆一家三人者，绞监候。亲属相奸罪，强奸兄弟妻子等斩立决，奸无服亲斩监候，奸亲属妾绞监候。奴及雇工人强奸家长亲属，按与家长亲属关系近重远轻，奸家长妻女斩立决，缌麻亲斩监候。亲属相盗罪，卑幼盗尊长斩立决，奴婢盗家长绞监候。因奸同谋杀死亲夫，奸妇凌迟，奸夫斩监候。

3. 被害人年龄，被害人年龄越小，加害人刑罚越重

强奸不满十岁幼女斩立决，十岁以上十二岁以下斩监候。强行鸡奸不满十岁幼童斩立决，十岁以上十二岁以下斩监候。

4. 被害人过错，被害人有过错可减轻犯罪人刑罚

因奸谋死亲夫，本夫无纵容抑勒妻妾与人通奸之情，奸妇凌迟；有纵容抑勒妻妾与人通奸之情，奸妇斩立决。

第二节　死刑审判程序

一、地方逐级转审

清代刑事案件审判遵循逐级转审制度，案件根据严重程度和性质不同分别历经级数不等的衙门复审或复核。最基层的州县官只有权断决笞杖刑案件，其他较为严重的案件都需要逐级上报复审。对于死罪案件，(通常为有关人命案件)州县官接到报案后需要亲自主持尸体勘验。“遇告讼人命……其果系斗杀、故杀、谋杀等项当检验者，在京委刑部司官

及五城兵马司、京县知县，在外委州县正印官。务须于未检验之先，即详鞫尸亲、证佐、凶犯人等，令其实招以何物伤何致命之处，立为一案。随即亲诣尸所，督令仵作如法检报。”①同时传唤证人，拘捕犯罪嫌疑人，在侦查阶段即需向上级衙门通禀或通详，对案情进行汇报。可能判处死刑的案件首先由州县官进行初审，原则上审讯必须据供定案。“内外问刑衙门审办案件，除本犯事发在逃，众证明白，照律即同狱成外；如犯未逃走，鞫狱官详别讯问，务得输服供词，毋得节引众证明白即同狱成之律，遽请定案。”②初审后州县官根据《大清律例》定罪量刑，称为“拟罪”或“拟律”，所出堂断称“看语”。但是这个只是初步的判决意见，并不具有法律效力。初审完毕后，州县官将案卷、拟罪意见和案犯一起解送上级衙门复审。第二审级是府，知府对州县衙门上报的案件，复审解送的人犯，查核有无翻供，查验人证、物证，审查州县拟罪是否妥当，如对州县拟罪无异议就作出本级的拟罪意见，再上报按察司。道为第三审级，但案件复审时有时并不经由道。第四审级按察司对死罪人犯进行复审，然后申报督抚。原则上斩绞人犯解审到督抚为止。督抚是死罪案件的第五审级，对案件进行再次复审，并将审理结果分别以题本(一般死刑案件)和奏折(重大凌迟斩决案件)上报中央。

二、中央复核程序

皇帝照例将案件发刑部/三法司(第六审级)复核，各省专本具题之死罪案件多奉旨“三法司核拟具奏”，各省专折具奏之死罪案件则多奉旨“刑部议奏”或“刑部核拟(或三法司核拟具奏)”。应由刑部核拟具奏之案完全由刑部复核。应由三法司核拟具奏之案，也由刑部主稿，三法司会同复核。对于刑部的不同意见，“凡斩绞案件如督抚拟罪过轻而部

① 《大清律例·断狱》“检验尸伤不以实”附例，(清)薛允升:《读例存疑》。
② 《大清律例·名例》“犯罪事发在逃”附例，(清)薛允升:《读例存疑》。

议从重者应驳令再审，如拟罪过重而部议从轻，其中尚有疑窦者，亦当驳令妥拟，倘刑部所见即确，改拟题覆，不必展转驳审，致滋拖累”①。复核结果须经皇帝最终核准，皇帝可以算作死刑案件的第七审级。各省死罪案件题本，三法司复核后具题奏闻皇帝。此际内阁应票拟意见，皇帝绝大多数情况下会尊重内阁意见。各省专本具奏死罪案件，系各省督抚直接奏闻皇帝，这类奏折的处理通常有军机大臣参与意见。

道光二十八年以后，各省命盗死罪案件具题具奏范围逐渐缩小，督抚对死罪案件可不必先行题奏。就地正法之制也于同时出现。就地正法章程起因于云南迤西一带镇压少数民族起义，施行期限以五年为限。但之后太平天国起义爆发，捻军起义继之，就地正法章程并未废止，适用范围大面积扩大。

因“凡各省州县招解逆匪凶盗罪应斩枭立决人犯，该督抚于各州县解犯到省审明题奏后，即留禁按察使监及首府县监牢固监禁”②，故凌迟斩绞立决人犯，各省奉到刑部复文后，即可执行。其余斩监候和绞监候人犯则督抚复审后俱发回各州县监禁等待秋审，秋审时人犯仍须解省，秋审后发各州县监禁。秋审情实人犯，都察院刑科复奏后，御笔勾决。③ 各省奉到部文后即于事犯地方执行。另福建之台湾府属、甘肃之哈密、安西、玉门、敦煌等厅州县斩绞监候人犯由按察使照旧收监，执行事宜应该也由按察使负责。

第三节 秋审、朝审程序

清代大多数死罪犯人为监候犯人，即监禁等待决定最终是否执行死

① 《大清律例·断狱》“断罪不当”附例，(清)薛允升:《读例存疑》。

② 《大清律例·断狱》“有司决囚等第”附例，(清)薛允升:《读例存疑》。

③ (雍正以前)“外省秋审情实人犯定例概行处决，惟朝审始面奉勾到，其停勾亦但定朝审，至雍正初年皇考特颁谕旨，外省情实亦着候勾，以昭慎重。”《秋审档案》乾隆十四年十月初三日上谕。

刑之人犯，这一对监候犯人进行再次审详的程序即为秋审、朝审。

一、程序

监候犯人的死刑复核程序因在京和外省分为朝审和秋审。

朝审程序是在京死刑监候人犯的复核程序。每年正月，刑部书吏摘录死罪原案节略，先列案身，次列后尾，订为一册，分送学习司员先用蓝笔勾点，酌拟实缓可矜，加以批语，谓之初看。次由堂派资深司员，复用紫笔批阅，谓之复看。复由秋审处坐办、提调各员取初看之批，折中酌议，又用墨笔加批，谓之总看。总看后，呈堂公阅，各加批词，注明实缓。刑部议定后，又由部奏请，钦派大臣十人，取刑部所定，各加详阅，谓之复核。① 朝审如复核有疑义者，由大臣签商刑部，据签解明理由，然后统将内外招册分送部院、九卿、詹事、科道。于八月下旬，择日在金水桥西朝房，刑部堂官合大学士、九卿、科道，按次席地而坐，将朝审人犯提至朝房，按名分别实缓，唱令跪听，谓之朝审上班(秋审上班在朝审前一日)。② 朝审情形："刑部狱中各犯，被以赭衣；犯人之亲友，以山里红(即大红山楂，潍曰石榴)一串挂其项上。此物色红而形圆，盖取其团圆之义。刑部皂役数人押一犯，八旗兵沿街站立，以备不虞。先点官犯。官犯衣墨青外褂，官帽无顶。吏呼其名则应，令其跪则跪。此犯退，则再呼一犯。凡拟缓决者，吏则高呼曰'缓决'。凡入情实者，吏则低声，若不欲使之闻。至女犯，则两役以筐舁之。"③上班以后，各部院、科道俱无异议，然后备本具题，请旨定夺。④

朝审程序由刑部主导，部分在京官员参与。秋审程序则既涉及地

---

① 朝审复核似始于嘉庆二十三年，事见《清仁宗实录》嘉庆二十三年九月辛酉日。

② (清)吉同钧：《新订秋审条款讲义·序》。

③ (清)陈恒庆：《谏书稀庵笔记》，《朝审》。

④ (清)吉同钧：《新订秋审条款讲义·序》。

方，又涉及中央。① 在外省，每年二、三月，先由臬司拟定实、缓、可矜，详由督抚复勘。勘后，督抚会同藩司各道，择日同至臬属，亲提人犯，当堂唱名，然后确加看语，于五月以前具题咨部，谓之外尾。

各省的具体办理流程，以王有孚《秋审指掌》所述为例：通省秋审新案人犯每年约二百起上下，其旧案复勘者或二三百起至四五百起不等。每岁二月中旬办起，先造应入本年秋审各犯花名册一本，呈送院宪备查。至各犯情罪应拟实缓略节，先办新案，照依所定花名册挨顺府州每日办稿十起，核定后发房，先缮十起草册，一样四本分送院藩道各一本，仍留一本存署查考。似此逐日陆续办理，核定分送。俟新案办竣，次办旧案，每日办稿二十起，核定发房，照前缮写草册，分送院藩道会核。其续奉部复新案，分别各州县，道里远近，截止日期，应入本年秋审者，亦系陆续核办，缮册分送。所有送院核验新旧案件，各草册统俟院中复核发司，另缮清册一套分别挨顺府州订成各本，临会审之期呈院核勘，藩道两处各册亦照此办送。所有各属应入秋审人犯，定期四月二十五日以后、五月初一日以前批解到省，俟人犯到齐后，详院批定会审日期，至勘录之日，将解到各犯具批解院，会同司道在院大堂会勘。分十起一排，会勘毕仍行收禁。将各犯定拟情实者照例分别留禁司、府、县三监，其定拟缓决者分为三次，饬发附省首县分路委员添差拨兵护解，发回各承审州县牢固监禁。臬署查照办定各犯情罪略节，另缮送部科。揭帖稿四五本分作四五日呈院核验，俟发司后攒缮送部科，揭帖八分陆续呈院题咨。其秋审题本，院中总于五月底拜发。②

刑部接到各省外尾，与部定合为一处，刷印成帙，谓之招册，亦谓

---

① 田涛、郑秦点校：《大清律例 · 断狱》，“有司决囚等第”条条例：“秋审时，督抚将重犯，审拟情实、缓决、可矜具题。限七月十五日以内到部。刑部将原案帖黄及法司看语，并督抚看语，刊刷招册，进呈御览，仍送九卿、詹事、科道各一册，八月内在金水桥西会同详核情实、缓决、可矜，分拟具题，请旨定夺。其盛京等处案件，亦造入各省秋审案内具题，俟命下日，先后咨行直省，将情实人犯，于霜降后冬至前正法。”第 588 页。

② （清）王有孚辑：《秋审指掌 · 办理秋审章程》。

之蓝面册。其有内外意见不同、实缓互异者，提出另为一册，谓之不符册。七月间，择日公同商议。先由秋审处各司员公议决定，谓之司议。司议后，定期齐集白云亭，按班列坐堂，堂司合议，谓之堂议。议定标明实、缓、可矜，再由秋审司员拟定简明理由，谓之方签。秋审当日，“六部堂官、都察院、大理院，凌晨集于西长安门内朝房，人各一案。刑部吏先宣读各省情实案由，至午各散”①。同样的，“各部院、科道俱无异议，然后备本具题，请旨定夺”②。皇帝收到秋审题本，同样另有一番斟酌，也可直接改变实缓矜留结果。《清实录》记载康熙皇帝复核秋审结果：“上御懋勤殿，召大学士、学士等入，酌定在京秋审情实重犯。上取各犯罪案逐一亲阅，再三详审。其情罪断无可恕者始定情实。又谕曰：‘人命事关重大，故召尔等入内殿共相商酌。情有可原即开生路。’以事繁时久，赐诸臣饭。”③

情实罪犯并非一律处死，经复奏勾决方执行死刑。“候至霜降以后，奏请钦天监择选分定勾到日期，先远省而后近省，末后始及京师。每届勾到之期，刑科给事中前五日复奏三次，后改为一次。前三日刑部将黄册进呈。皇上素服御懋勤殿阅看黄册，酌定降旨，命大学士一人照勾，由御史恭领送部。如系外省，即由部钉封分递各省，到日行刑，并刊印黄榜，颁发各府州县，以昭炯戒。同治以后，暂停御览，派大学士在内阁依拟照勾。”④

秋审情实未勾和缓决犯人照例仍入于以后历年秋审。为免除文牍繁冗，乾隆二十六年曾谕：“各省秋审本揭如系新事初次入秋审者，照旧备叙案由确加看语，以凭会复。其旧事缓决三次者止叙案由，未及三次者，摘取简明略节依次汇为一本具题，俱不必叙入问供，以省繁冗。至九卿会审时，刑部分送招册内有已经缓决三次并无更改，不必重复备册分送会

① （清）陈恒庆：《谏书稀庵笔记》，《朝审》。
② （清）吉同钧：《新订秋审条款讲义·序》。
③ 《清圣祖实录》康熙二十二年十月辛亥日。
④ （清）吉同钧：《新订秋审条款讲义·序》。

审。其中或有一二案尚须商议之处，仍听刑部摘取临期印册，分送九卿公同会议之处。其各省官犯及在京朝审案犯虽缓决三次以上仍旧办理。”

二、时间和期限

秋朝审关系监候犯人生死，故各项程序均有严格时限，各地须按一定时间确定纳入本年秋朝审的案件范围，在期限之前的案件入于本年秋朝审，期限外案件入次年秋朝审。例如云南、贵州、广东、广西、四川年前封印截止，福建正月三十日截止，奉天、陕西、湖广、浙江、江西、江南二月初十日截止，河南、山东、山西三月初十日截止，直隶三月三十日截止，新疆、察哈尔四月三十日截止，朝审七月十五日截止。① 大体上偏远地方截止时间较早，京师及京师附近地区截止时间较晚。期限后新结重案，理论上俱入次年秋审。不过也有超过期限赶入秋审的情况，即对于少数严重犯罪，虽结案在截止日期之后，不待来年而纳入本年秋审范围。乾隆十二年谕：“各省官犯如系贪酷败检，侵亏狼藉及有心巧诈不尽臣职罪应斩绞之员，其审题结案在行刑之日以前者，着行刑；在行刑以后审结者，入下年新事册内，刑部仍黏贴声明。其寻常私罪案犯无前项情节者，着牢固监候。俟次年秋审办理，不得概请补入本年情实。”乾隆二十二年，因布政使杨灏贪赃一案，乾隆皇帝谕令：“嗣后应以该省行刑日为断，官犯审题结案在行刑之日以前者皆补疏题请，或情实或缓决，其情实予勾者即行刑之日已过，亦着行刑，其在行刑以后审结者，乃入于下年册内新事，该部仍粘签声明。如此庶为有所差别，所谓制官刑儆于有位，持宪执纪，其慎体毋怠。钦此。”②似官犯俱在赶入秋审之列。不过同年十一月知州张彬违例横征短价派累，因系“州牧微员”得“俟明年秋审时照例办理”。③ 李春明刨义冢枯体，三法司核拟绞监候，补入本年秋审，即行正法。乾隆皇帝称：“夫情实官犯

① 《续增秋审实缓比较成案》，《秋审限期定例》。

② (清)吉同钧：《新订秋审条款讲义·序》。

③ 《秋审档案》乾隆二十二年十一月十三日上谕。

令补入本年秋审，此专指贪酷败检，侵亏狼藉及有心狡诈不尽职者而言。若此等寻常私罪案犯，情罪虽亦属可恶，然非法难姑待者可比。李春明着牢固监候，以俟明年秋审，以后有似此者，该部照此办理，着为例。”①澄清了官犯赶入本年秋审的范围，声明职官犯罪赶入本年秋审打击重点并不是全部犯罪行为，而主要在于职官违犯职责要求之行为。

之后赶入秋审则不仅限于官犯，亦包括常犯。“情罪重大如关系伦常及连杀多命、残忍逞凶、编造逆词邪教惑众者未便日久稽诛，是以赶入情实办理，所以惩儆凶顽、申明法纪。”一般案件则不在赶入秋审范围内。例如乾隆五十二年九月山东德平县刘致武殴死妻子庞氏一案，刑部因照凡论将刘致武拟斩赶入本年秋审情实，皇帝认为夫殴妻至死之案不过寻常事犯，按例核办入于下年情实即可，不应赶入本年秋审。②

秋朝审后情实人犯勾决正法《大清律例》也有期限要求，“其咨文到地方限期，云南、贵州、四川、广西、广东、福建限四十日；江西、浙江、湖南、甘肃限二十五日；江南、陕西、湖北限十八日；河南限十二日；山东、山西限九日；直隶限四日；盛京限十五日；宁古塔限一个月。限内迟延不到者，该督抚将迟延地方官察明指参”③。

秋审原则上每年举行，特殊年份也有可能取消。④ 但停止秋审事不常见，遇有特殊吉庆或灾异事项，则常经皇帝谕旨停勾。圣旨停勾之年，亦有部分罪案情实犯人⑤仍旧处决。例如乾隆十四年十月二十七日

---

① 《秋审档案》乾隆二十二年十二月十三日上谕。

② 《秋审档案》乾隆五十二年九月十七日上谕。

③ 田涛、郑秦点校：《大清律例·断狱》，“有司决囚等第”条条例。

④ 例如康熙二十三年九月河南道御史李时谦以当年系上元甲子之年奏请停止秋审，九卿赞同，圣旨从之。事见《清圣祖实录》。

⑤ 《秋审档案》乾隆六十年“停勾年办理情重各犯”，处决者二十分之一；另《秋审档案》嘉庆三年“停止办理情重各犯”，情实五百七十二名，刑部列出情节严重者十六名，分别为恋奸听从奸妇谋杀本夫，图娶奸妇同谋勒死亲夫；挟恨谋命二死一伤；妒奸故杀二命；挟嫌故杀九岁幼孩；挟嫌谋杀十一岁幼孩；逼奸妇女致母女三人窘辱自尽；挟嫌谋杀二命又另伤一人等。嘉庆皇帝阅看后同意这些人犯均属法无可宽，下旨处决。

上谕指示侵贪之犯不在大庆停勾之列。① 乾隆五十五年台湾镇奎林奏报"许海纠众劫犯案"：许安系许俊之弟，许俊从逆被兵役拿获，许海邀同许安前往抢夺助势，许安依例定拟斩监候，应秋审入于情实。当年停勾，但乾隆皇帝认为许安持械帮抢从逆匪犯，情节严重，未便久稽显戮，下旨仍于当年十月即往年秋决之期处决。② 按五十五年停勾仍决之上谕，大体上常犯停勾不停决的，有夺犯伤差、连毙二命、匿名揭帖告言人罪、奸盗罪人拒杀官役、因奸谋杀不知情本夫、续奸不遂故杀拒绝奸妇、听从假差吓诈致死三命、谋死幼侄图绝夫兄之嗣、科场作弊、行窃饷银等罪案。③ 至于官犯不停刑之案，据嘉庆元年的记述，当年停勾不停决官犯包括：史恒岱短交仓库营课及应赔款项至一万两之多，又馈送浦霖钱受椿玉器银两声名狼藉；傅拔违例擅受诈赃逼毙人命；焦德芳受贿纵犯玩法营私；恒义佛进宝身系卡伦侍卫有稽查私玉之责，乃转得受匠人戴傅经等银两代为夹带私玉等，均属贪鄙不法。④ 停勾仍决固然体现了国家法律对某些类别犯罪从重从快打击的政策导向，但是却使浩荡皇恩大打折扣，因此不久便有了改变。嘉庆四年刑部请示"每年情实各案俱停止赶入，停勾之年毋庸查办情重"。奉旨依议。⑤

三、秋审、朝审性质

《大清律例》规定的是确定的法定刑，罪名确定的同时就确定了刑罚，即实际上定罪和量刑的依据是同一律条或例文，也可以认为定罪情节与量刑情节的合一。但是由于清代死刑制度的特殊性，对于死刑监候案件即斩监候和绞监候案件，实际上量刑是分成两个阶段进行的。在第一阶段里完成了定罪和初步的量刑，即定为死罪和决定是决不待时(立

---

① 《秋审档案》乾隆十四年十月二十七日上谕。

② 《秋审档案》乾隆五十五年二月二十日上谕。

③ 《秋审档案》乾隆五十五年十月初三日上谕。

④ 《秋审档案》嘉庆元年"停勾办理情重各犯"。

⑤ 《秋审档案》嘉庆四年。

决)还是暂不执行等待秋审(监候)。这一阶段完成后，立决的死刑犯人经过中央复核和皇帝批准执行死刑，大多数的死罪人犯则属于监候犯人，他们的最终刑罚是在第二阶段也就是秋审(包括朝审)中才最后确定。

秋审的任务是对死刑犯人进行分类，确定哪些人会被执行死刑，哪些人可以减轻刑罚，哪些人被暂缓决定是否执行死刑。经过秋审的死刑囚犯，凡"情实"(情真罪当)且被皇帝"勾到"者，执行死刑；"情实免勾"者，若干次后归入"缓决"。对于审录为"缓决""可矜""留养承祀"三类囚犯的处理，《清史稿》卷一四四《刑法三》作了这样的阐述："秋审本上，入缓决者，得旨后，刑部将戏杀、误杀、擅杀之犯，奏减杖一百，流三千里；窃贼满贯、三犯窃赃至五十两以上之犯，奏减云、贵、两广极边、烟瘴充军；其余仍旧监固，俟秋审三次后查办。间有初次入缓，后复改实者，权操自上，非常例也。入可矜者，或减流，或减徒。留养承祀者，将该犯枷号两月，责四十板释放。"可见非情实犯人实际上是没有被执行死刑的可能性的，因此秋审最关键的任务是区分实缓。

不同于死罪定谳，秋朝审并不严格以《大清律例》为依据，但是显然也不能完全取决于地方督抚或刑部秋审处的自由裁量，秋审自有其一定的规律，况且尚有各种版本的秋审条款的存在。① 但是秋审条款的性质并不是立法，且秋审条款也并未有颁行全国的统一版本，客观地说，应该只能算作刑部内部的工作指南，并不具有制定法的性质。而且从众多秋审案件中也可以很容易找到背离秋审条款的案例，② 这也能说明秋

① 宋北平：《秋审条款源流考》统计的清代各朝秋审条款数为：乾隆末一百四十四条，嘉、道间一百九十七条，咸、同间二百零三条，光绪朝二百一十七条，宣统朝二百零四条。

② 例如嘉庆二十二年秋审广东李亚受因探知学院臣彭在马州府考试事竣启程旋省，起意纠同李亚七等共伙四人冒充脚夫同至考棚外。值各夫匆忙装配杠担时，乘间混入脚夫内取衣箱一口捆扎抬走。至李亚七家点明赃物分给各犯收存，约俟变价俵分，估计赃银一百五十两零。地方督抚以冒充脚夫乘隙鼠窃，并未潜入公所衙署，赃数亦未至五百两，将李亚受拟以缓决。刑部官员则均认定学政考棚和衙署无异，按秋审条款：纠窃衙署官物计赃逾贯虽未至五百两俱应情实，但此案最终照缓。(见《秋审成案》嘉庆二十二年广东司)

审条款的效力更多的是指导性。参与秋审的司法官员并不需要百分百受到秋审条款的拘束。秋审的性质是在秋审条款的指导下对案件各种相关情节的综合评判，故此秋审中考察的情节或许可以称为准法定化的酌定情节。其准法定化在于需要考察的情节由于秋审黄册、题本的约定俗成的范例会使案件描述限于某些特定方面，其他非标准情节往往不会纳入，也就不会得到考量。此外如果没有足够的偏离成例的理由，案件的秋审结果一般会符合秋审条款和成案形成的惯例。其酌定性则在于特定情节的存在并不必然导致确定的审判结果，仍存在司法官员自由裁量的空间。

本章小结

清律死罪条款繁多，规定极尽具体和细节化，定罪情节考察犯罪主体、客体、主客观方面，并据之决定立决还是监候。清代死罪定拟经历多个审级。人命关天，惟天子就人命对上天负责，故一般情况下只有作为最高统治者的皇帝才有权最终决定死罪判决。与立决不同，监候本就意味着仁慈。对监候人犯进行分类的秋朝审程序旨在于惩罚之中求一线可原，秋朝审程序工程浩大，参与机关较之死罪定拟环节更多，衡情原理，斟酌裁量是其主要特点，这也导致了对案件情节更为全面和细化的考量。

第三章　清代死刑监候案件加重情节

第一节　职官犯罪

针对职官犯罪，清律的规定是对于较轻的犯罪，会有一定优待，例如“八议”制度，凡八议者犯罪实封奏闻取旨，不许擅自勾问。上请更针对所有官员①，杖罪以下不必实行责打②。但是对于职官犯罪并非一味优待，严重犯罪如犯“十恶”或赃罪就不能享受优待了，并且有的犯罪，对于领俸的在职官员尚有从严科罚的情况。

一、历史渊源

儒家推崇礼治，“尊卑、大小、强弱有位，礼之数也”③。从别贵

---

① 《大清律例·名例》“职官有犯”：“凡在京在外大小官员有犯公私罪名，所司开具事由实封奏闻请旨，不许擅自勾问(指所犯事重者言，若事轻传问不在此限)。若许准推问，依律议拟奏闻区处，仍候复准方许判决。”

② 《大清律例·名例》“文武官犯公罪”：“凡内外大小文武官犯公罪，该笞者，一十罚俸一个月，二十、三十各递加一月，四十、五十各递加三月。该杖者，六十罚俸一年，七十降一级，八十降二级，九十降三级，俱留任，一百降四级调用。吏典犯者，笞杖决讫仍留役。”“文武官犯私罪”：“凡内外大小文官犯私罪，该笞者，一十罚俸两个月，二十罚俸三个月，三十、四十、五十各递加三月；该杖者，六十降一级，七十降二级，八十降三级，九十降四级，俱调用，一百革职离任。吏典犯者，杖六十以上罢役。”

③ 王洲明、徐超：《贾谊集校注》，中州古籍出版社1989年版，第215页。

贱、明等级的思想出发，法律实施上常有对贵族官员加以优待的举措。但“法者，平之如水”，法律的价值在于公平，公平执法方能维护法律权威，实现法制应有的社会效果。“县法者，法不法也；设赏者，赏当赏也。法定之后，中程者赏，缺绳者诛。尊贵者不轻其罚，而卑贱者不重其刑，犯法者虽贤必诛，中度者虽不肖必无罪；是故公道通而私道塞矣。”①法无贵贱是法治的基本要求，中国历史上虽然有给予贵族官员刑罚上优待的传统，但是也存在对官员犯罪加重处罚的情形。从维护法律效力的目的出发，亦时有反对同罪异罚的声音。例如雍正皇帝就反对实行“八议”。他说：“夫刑罚之设，所以奉天讨罪，乃天下之至公至平，无容意为轻重者也。若于亲故功贤等人之有罪者故为屈法以示优容，则是可意为低昂，而律非一定者矣，尚可谓之公平乎？且亲故功贤等人或以效力宣劳为朝廷所倚眷，或以勋门戚畹为国家所优崇，其人既异于常人，则尤当制节谨度秉礼守义以为士民之倡率，乃不知自爱，而罹于法，是其违理道而蹈愆，尤非蚩蚩之氓无知误犯者可比也。”②雍正皇帝认为法贵公平，如果对于皇亲故旧及有功贤能之人特殊对待，就会有意改变执法尺度，不能一律按照法律的规定定罪量刑，从而破坏法律的公平价值。放弃以刑罚来体现贵贱等级，就为特定条件下对职官犯罪加重处罚扫清了道路。

历史上官员犯罪较常人加重的情况大体上有放高利贷、犯赃罪、风宪官犯罪、监临官于监所犯罪等几种情形。

1. 官员放高利贷

官员因犯高利贷而较常人加重处罚者，见于《二年律令·杂律》：“吏六百石以上及宦皇帝，而敢字贷钱财者，免之。”③普通人放贷牟利

① 《淮南子·主术训》。

② 《世宗宪皇帝上谕八旗/上谕旗务议复/谕行旗务奏议》卷六，雍正六年三月二十六日上谕。

③ 张家山二四七号汉墓竹简整理小组编著：《张家山汉墓竹简[二四七号墓]》，文物出版社2006年版，第33页。

并不犯法，但汉律禁止官员放贷牟利。后世未见类似规定。

2. 官员于所监守内犯奸加重处罚

《二年律令·杂律》："诸与人妻和奸，及其所与者皆完城旦舂。其吏也，以强奸论之。"①官员与有夫之妇通奸不以和奸论，虽和同强。《唐律疏议》规定："和奸者，男女各徒一年半。"同时规定："诸监临主守于所监守内奸者，谓犯良人。加奸罪一等。"官员在自己管辖范围内与妇女通奸，罪加一等，革职除名。《宋刑统》沿袭了唐律的精神，规定"诸奸者，徒一年半；有夫者，徒两年"。官员犯通奸罪较百姓罪加一等。《大明律》规定："凡和奸，杖八十，有夫者杖九十。"较唐宋为轻，但对官员通奸尤为憎恨，在唐宋律的基础上，将"加奸罪一等"改为"加二等"。②

3. 官吏犯赃常赦不原

唐代官吏犯赃，特别是受财枉法，系常赦所不原的严重犯罪。李渊称帝后，"命纳言刘文静等损益律令。武德二年，颁新格五十三条，唯吏受赇、犯赃、诈冒府库物，赦所不原"③。《新格五十三条》是唐王朝建立后颁布的第一部新法，明确规定官吏受贿不在赦免之列。唐高宗时，"左武侯引驾卢文操逾墙盗左藏物，上以引驾职在纠绳，乃自为盗，命诛之"④。按照《唐律》规定，只有监临主守自盗及盗所监临方判死刑，一般盗窃罪没有死刑，而以卢文操的任职看，他不属于"监临主守自盗及盗所监临"的范围，高宗重判此案，反映了对官吏犯赃

① 张家山二四七号汉墓竹简整理小组编著：《张家山汉墓竹简[二四七号墓]》，文物出版社 2006 年版，第 34 页。

② 怀效锋点校：《大明律》卷二十五，"奸部民妻女"，法律出版社 1999 年版，第 199 页。

③ 《新唐书》卷五十六。

④ (明)严衍撰：《资治通鉴补》卷一百九十九。

的痛恨。但是后来谏议大夫萧钧向高宗劝谏，高宗又依法免除了卢文操的死罪。乾隆十二年六月因奉天司议复宁海县病故崇伦永亏空库银一案，乾隆皇帝颁旨："州县官侵蚀仓库，非因公那用可比，此等贪劣之员多有身故，事发以后不过于家属名下勒限着追，迁延一二年，率以家产全无保题豁免，且并有父没而子乘机盗帑移罪于父，己仍得坐拥厚资者，故无以儆贪风。夫父子一身也，子代父罪亦理之宜。崇伦永既经身故，着将伊子崇光诵监禁追比，嗣后侵贪之案，如该员身故，审明实系侵盗库帑者，即将伊子监追，着为例。钦此。"①明确官员贪赃，父债子偿。

4. 御史犯罪加重处罚

风宪官是负责监察百官之人，风宪官犯罪较之其他官员往往危害更大。故一些朝代对风宪官犯罪尤其是赃罪加重处罚。"台宪官吏受赃，不在准首之限。"②元代一般官员受贿自首者可以免罪，但监察官员不在其中。《明史·职官二》载："凡御史犯罪，加三等，有赃从重论。"《大明律》规定："凡风宪官吏受财，及于所按治去处求索借贷人财物，若买卖多取价利及受馈送之类，各加其余官吏二等。"③《明大诰》中有一个案例，众御史设计陷害都御史，事发后其中四名御史被处凌迟，十四名御史被处其他刑罚。④《都察院风宪总例》："正统四年定：凡都察院官及监察御史、按察司官吏人等，不许于各衙门嘱托公事，违者比常人加三等，有赃者从重论。"⑤以上都说明明代对御史犯罪处罚尺度较严。

---

① 《秋审档案》乾隆十二年六月十五日上谕。

② 《元史·刑法一》"职制"。

③ 怀效锋点校：《大明律》卷二十三，"风宪官吏犯赃"，法律出版社 1999 年版，第 189 页。

④ 《大诰三编·排陷大臣第四十》。

⑤ （明）申时行等：《大明会典》卷二〇九。

二、有关条款

关于职官犯罪的秋审条款只有一条：**职官(凡文武食禄皆是)犯一应死罪，无论罪名情节轻重，俱入情实。**(嘉庆四年奏定章程：官犯一项，必须身列仕版，现食俸禄。若仅系顶戴荣身如四等职衔台吉、额外外委等项不入。有职无任，并未食俸之员有犯，俱分别情节轻重，定拟实缓，入于常犯册内办理。)

官犯一律入实条款的形成有一个过程，“从前官犯本散入常犯册内，乾隆十四年始另为一册，十六年纂为定例，仍分别情实、缓决、可矜三项进呈。嗣二十二、三、七等年，刑部因此等案犯应实者多，将例内‘缓决可矜’等字节去，而官犯无不入实者”①。实际上乾隆四十九年的条款中尚有除外条款，即将殴妻至死、擅杀罪人等情形排除在一律拟实之外。②

跟职官犯罪有一定关联的尚有一条：**奸职官妻者奸夫奸妇俱入情实。如奸妇系再醮者，将奸妇入缓；至奸夫系平人，奸妇亦系再醮，则奸夫似亦可酌缓。**此条涉及职官妻犯和奸，普通人和奸杖九十，凡职官及军民奸职官妻者奸夫奸妇并绞监候，③ 职官与职官妻犯和奸入死，本属加重，秋审且拟入情实，则是将职官妻犯和奸与职官犯死罪保持一致，同样入实。

从重处罚职官犯罪究其原因，当是认职官为一特殊群体，对其应较普通人有更高要求。乾隆十四年谕旨设立官犯册的时候，就曾说：“不思人臣服官居职，皆有一命之荣，即应秉公奉法。及其干犯刑章业于寻常人犯较重，可以其为官犯而反曲为宽宥乎……其职官犯罪，除杂犯

---

① 《大清法规大全》，卷二《法律部》，清宣统二年仿聚珍版本，藏中国政法大学图书馆，第 29 页。

② (清)沈家本：《秋审条款附案》卷一《职官》。

③ 田涛、郑秦点校：《大清律例》“犯奸”，法律出版社 1998 年版，第 521 页。

外，凡实犯罪名，秋、朝审时或应缓决，或应情实，着另为一册进呈则朕得以详阅，不致因繁混过，部臣亦不能施高下之技。而官犯与常犯有别，亦所以示廉耻等级之意。”①职官享受顶戴尊荣，应奉公守法，对其与普通民众区别对待，从严治罪，正所以明廉耻等级。“君子之德风，小人之德草，草上之风，必偃。”官员有激浊扬清，带头在道德上以身作则和遵纪守法的义务。受过良好教育，由科举踏入仕途的官员多年学习儒家经义，修身、齐家、治国、平天下，理应具有较高的道德修养。职官作为执行法律的群体，即使不是人人精通法律，但多数应该熟知法律或至少比常人更了解法律。知法犯法意味着犯罪人的主观恶性更大，这也是对职官犯罪特殊对待的原因。至于该条款实施中，实际把握的区分点在于是否食俸，则蕴含着食君之禄、忠君之事的意思。“夫国家设官置吏本以为民，然常禄之供何者不出自民间膏血？臣工明此义，即顶踵既竭，胼胝靡宁，犹恐或涉食浮之讥，何至释此而萌他念？”②对于担任官职并实际领取俸禄的官僚群体提出了更高的行为准则。因现实的优厚的物质待遇的存在，使得更严苛的刑罚具有实质上的公平意义。

重刑轻罪所以禁奸止恶，将职官犯罪另立一册一律拟实，目的不在于多杀几个官犯，而在于以必死的法律后果对潜在的犯罪人施加恐吓的效果。乾隆皇帝在十四年十一月初一日上谕中说明了对职官犯赃罪秋审俱入情实勾决的原因，“唯一犯侵贪，即入情实，且即予勾决，人人共知法在必行，无可幸免，身家既破，子孙莫保，则饕餮之私必能自禁”③。声明之所以职官犯死罪俱入情实，目的在于以重刑威慑，使为官者知道畏惧严法、克制私欲，避免触犯法网。事实上对官犯重罚并不局限于死罪。“此外又有官犯一项定章，凡遇职官犯罪按民人应拟徒者，职官从重发往军台效力；按民人应拟流者，职官从重发往新疆效力，以其知法犯法，故较民人加重数等以警官邪。”④可见清朝制度对官

① 《秋审档案》乾隆十四年十月初四日。
② （清）徐兆魁：“目击时艰疏”，雍正《东莞县志》卷十三，《艺文三·章奏》。
③ 《秋审档案》乾隆十四年十一月初一日。
④ （清）刘锦藻：《皇朝续文献通考》卷二百五十，《刑考九·徒流》。

员犯重罪从严显然是一以贯之的政策，而其中最主要的考虑就是以警官邪。毕竟职官非亡命之徒，这一群体的绝大多数人很难做到完全无视严刑峻法的威胁。

如果说职官犯死罪入实的主要原因是食君主之俸禄，职官之妻犯奸从重入实的原因则是夫荣妻贵，作为职官之妻享有了相应的荣耀，就应该受到更多的约束，一旦违法则需要承担更重的责任。而之所以只针对奸罪，则是因为在传统社会，女子的一生都处于男权的监管之下，从父从夫从子，没有独立的人格，相应的女子犯一般罪行均由家长收管。同时由于旧时代女子生活范围局限于家庭之中，她们犯其他罪行的可能性也较小。在女子需要单独承担责任的严重犯罪中，奸罪是主要的一类，也是最令职官的荣誉蒙受耻辱的一种犯罪。由于职官妻子的荣耀来自丈夫，那么最给职官抹黑的奸罪也就成为尤其应该被谴责的行为。职官之妻犯奸罪不拟杖刑而拟以死罪，秋审条款明确职官妻犯奸拟以情实，拉大了不同社会身份人犯实施同一行为所受处罚的差距。至于再醮之职官之妻犯奸处罚同于凡人，则因再醮之妇不能获封诰命①，即不能被正式承认为职官之妻，既然不享有权利，也相应可以减轻其违法责任。

三、相关案例

职官条款的适用主要考察点是职官身份的确认，现食俸禄的正式官员犯死罪均依条款入于情实。例如乾隆四十二年朝审，护军校满成殴死忤姑之妻在常犯得入可矜，九卿拟缓，部续又改实。② 乾隆五十六年秋审，四川德新事虽理直，脚踢一伤，但系职官殴毙改实。③ 道光二十五年陕西戴喜得经制外委署理把总，死者寻衅滋闹，喝殴均非致命，照

① “命妇视夫若子之品，一品封一品夫人；二品夫人；三品淑人；四品恭人；五品宜人；六品安人；七品孺人；八品，八品孺人；九品，九品孺人……妻非礼聘正室或再醮不许请封。”(《大清会典》卷七《封赠》)

② (清)沈家本：《秋审条款附案》卷一《职官》。

③ 《秋审档案》乾隆五十六年改事。

实。道光二十八年云南官犯马鑫承袭云骑尉世职，已领俸禄，照实。咸丰元年朝审官犯文光身先受伤，札由情急，系八品笔帖式，照实。同治十一年广东李麟殴毙妻命，系职官，改实。① 这些案例情节不一，但是从情节描述中不排除被害人有过错等本可以减轻加害人责任的事实，但由于加害人身系职官，均照实或改实。

不过由于条款限制职官须是现任官并现食俸禄，所以如果不符合这一条件，则不必一律拟实。道光二十五年安徽刘伦主使制缚毙命，惟疑贼有因，系额外外委，有职无俸，照缓。道光二十六年土司俞铭恩的儿子摘食芋麦两支。业主往土司衙门吵闹索赔钱数百文，俞铭恩喝令土差殴打杖责，致其十余日后身亡。因土司向来不以职官论，照缓。道光二十一年山东崔文灿系告病回籍同知，斗杀照缓。道光二十九年山西邱庭亿杀非有心，死系有心，但捐纳试用人员丁忧守制不属于官犯，照缓。同治八年江西杨金魁与人斗殴，致毙人命，系保举千总，并非食俸，照缓。同治十年广西罗铭勋他物一伤，越旬毙命，系候补教谕，并未食俸，照缓。编制外官员、告病回籍官员、丁忧守制官员、保举官员、候补官员等均因未实际领取俸禄不以职官论，土司官则在性质上不同于一般官员也不以职官论。② 因官犯入实条款要求食俸现任职官，职官于未仕之前或致仕之后犯案均不应适用该条款。乾隆三十二年黎慕莲侵蚀堤工银两，入己银八十六两零。若照监守自盗论只应拟徒，因系侵吞案首犯，从重比照官吏因公科敛有禄人枉法赃八十两拟绞监候。案发时黎慕莲已经取得官职，秋审时被拟入官犯情实。乾隆皇帝因其敛费修堤时尚未服官，不过以地方劣绅充当首事，究与现任职官贪婪者有间，将黎慕莲免勾。③

按秋审条款，职官本人犯死罪一律入于情实，此条款并不涉及普通人。不过有时候常人因为与职官有某种关联，也可能被加重处罚。例如

① (清)崇纲:《续增秋审实缓比较成案》卷二。
② (清)崇纲:《续增秋审实缓比较成案》卷二。
③ 《秋审档案》乾隆三十二年。

乾隆六十年舒城县知县周瀵之弟周渭调戏毛汪氏羞忿自缢一案，周渭定拟绞候，引诱周渭前往之快役孔升作为从犯于周渭绞罪上减一等拟流。乾隆皇帝认为周渭系知县之弟，黄夜私往官媒家调戏收管妇女，致令自缢，情节实为可恶。周渭应拟绞归入上年情实，即行予勾，以为地方官亲丁恃势滋事者戒。快役孔升引诱周渭前往，酿成人命后，听嘱独自承认罪名，亦应从重问拟，孔升改为应绞监候，秋后处决，俟秋审时入于情实办理。① 此案周渭非职官身份，但仗兄长担任县官之势调戏民女，酿成人命被加重处罚。

职官犯罪虽一律拟实，但实践中仍有不少获得优待，从而免死的机会。例如《秋谳辑要》中职官门总共收入三案，三起案件中涉案职官按秋审条款拟入情实，但均由于各种原因有机会免于一死。詹启伦威力主使殴伤胡士礼身死一案，詹启伦系前任徐州镇总兵，曾与胡士礼族兄胡士容伙开栈房，未立合同，言明获利均分。胡士礼在栈帮伙，旋因折本歇业。后来胡士礼与詹启伦发生钱债纠纷，胡士礼向詹启伦索银吵闹。光绪元年五月二十八日，詹启伦令罗衡庆同伊族人詹汶炳并代伊收租之保举守备刘占魁邀胡士礼至家算账，詹启伦喝令詹汶炳等将胡士礼殴打致死。詹启伦依威力主使殴打人致死以主使之人为首绞律拟绞监候。光绪三年秋审詹启伦应入情实。因其子詹春发、詹春和在江苏丹阳砀山、河南上蔡先后阵亡伤故，查复属实当可免死。杨汝楫谋杀本管官孔昭鈖身死一案，杨汝楫系保举补用同知直隶州，孔昭鈖系东川府知府。杨汝楫之父杨玉麟系补用游击，被孔昭鈖以纵丁干预公事为由命门丁等殴伤管押身死。同治十二年十二月初五日夜，杨汝楫带刀直入孔昭鈖寓所杀死孔昭鈖。孔昭鈖系杨汝楫寄籍知府与本管官无异。杨汝楫比依部民怀挟私仇逞凶杀害本官斩例拟斩立决，因激于义愤杀人，且系寄居东川与实在部民杀害本官者有间，奉旨改为斩监候。秋审因系职官入于情实，为父报仇黄册声叙(免勾)。荣廉临阵先退一案，荣廉承袭云骑尉世职，

① 《秋审档案》乾隆六十年二月初六日上谕。

历升佐领，派掌右司关防。同治十三年七月初六日贼匪数百人窜扑宁古塔城，署副都统双寿带队往探，荣廉随后接应，因众寡不敌失事。双寿渡江凑集兵勇，荣廉潜行回家同伊族侄云骑尉汶瑞送伊母并眷口出城躲避，仍同汶瑞回取关防钤记，贼众进院将荣廉、汶瑞绑缚拥至店内，经商众向贼央求许给银钱，将荣廉等释放。汶瑞躲避。荣廉禀见双寿，告知前情，并称贼杀，现在兵力单弱，求双寿缓进攻城。又因伊侄经众商保出，恐商民受害，仍回城内。荣廉等被御史风闻以勾匪陷城弹劾，依官军临阵先退者斩律拟斩监候，声明情罪重大即行处决，奉上谕改拟监候。光绪二年秋审荣廉应情实，因其父出征阵亡，所犯尚非十恶，黄册声叙。①

职官妻犯奸入实的案例不多见，所知的有道光十二年朝审，张大系民人与闲散世职一等轻车都尉郭兴隅之妻韩氏通奸，俱实。② 条款明确职官妻不包括再醮之妇，光绪九年贵州王氏职官再醮之妇与旧仆通奸，虽较平人为重，究系再醮之妇照缓。③

第二节　以卑犯尊

一、历史渊源

卑幼犯尊长加重处罚的根源在于孝道，《孝经》说：“夫孝，天之经也，地之义也，民之行也。”④梁漱溟说：“说中国文化是‘孝’的文化，自是没错。”⑤孝道观念究竟源起何时，可能没有一个确切的时间，《尚

① （清）子良氏辑：《秋谳辑要》卷二《职官门成案》。
② （清）沈家本：《秋审条款附案》卷三《奸盗抢窃》，“奸职官妻”。
③ （清）沈家本：《秋审条款附案》卷三《奸盗抢窃》，“奸职官妻”。
④ 《孝经·三才章第七》。
⑤ 梁漱溟：《中国文化要义》，学林出版社 1987 年版，第 307 页。

书》中“高宗谅阴，三年不言”①记述了商王武丁为父守丧三年的事迹。《诗经》有大量篇目颂扬父母恩情和子女孝思，其中最为典型的是这首《蓼莪》：“父兮生我，母兮鞠我。抚我畜我，长我育我，顾我复我，出入腹我。欲报之德。昊天罔极！”②将父母养育子女的辛劳和子女感念父母的深情表达得淋漓尽致。《论语》视孝为人伦之本，“君子务本，本立而道生，孝弟也者，其为人之本与！”③从狭义上来说，孝仅仅指小辈对长辈的义务，尤其是子孙对父祖的义务。孝，甲骨文(“老”的省略，长发长者)加上(子，后代)，老人在上，小子在下，表示儿孙搀扶老人。《说文解字》：“孝，善事父母者。从老省，从子。子承老也。”传统文化中对父辈的孝和对兄长的悌，常常并称连用。即将弟对兄的悌纳入广义的孝的范畴。清初思想家王植说：“孝友本只一事，不友即其不孝。”④清康熙、雍正皇帝的《圣谕广训》开篇即是“敦孝弟以重人伦”：“故不孝与不弟相因，事亲与事长并重。能为孝子，然后能为悌弟；能为孝子悌弟，然后在田野为循良之民，在行间为忠勇之士尔。”⑤孝悌的结合涵盖了亲族之中卑亲属对尊亲属的奉养尊敬服从义务。至于夫妻、主奴关系则被类比于父子关系，妻子对丈夫、奴婢对主人须遵从类似于孝道的尊敬和服从义务。

“五刑之属三千，而罪莫大于不孝。”⑥尽管今天已无法清楚地知道五刑三千中不孝罪的具体内容，但可以肯定的是在中国严厉处罚以卑犯尊的刑法历史非常久远。秦代已经在诉讼程序上将家内犯罪和其他犯罪相区别。秦律贼杀伤、殴他人为公室告；子盗父母，父母擅杀、刑、髡子及奴妾，不为公室告。⑦ 对父母杀死或伤害子女予以特殊对待，同时

① 《尚书·无逸》。
② 《诗经·小雅·蓼莪》。
③ 《论语·学而》。
④ (清)王植：《家训》，《崇德堂稿》卷六。
⑤ 《圣谕广训》，“敦孝弟以重人伦”。
⑥ 《孝经·五刑章第十一》。
⑦ 《睡虎地秦简·法律答问》。

对卑幼侵犯尊长的行为相应较常人加重处罚。《睡虎地秦简》中规定殴大父母，黥为城旦舂。① 汉代法律同样对子孙杀伤父母、祖父母及奴婢殴伤主人及亲属从严处罚。《二年律令·贼律》："妻殴夫耐为隶妾。子贼杀伤父母，奴婢贼杀伤主、主父母妻子，皆枭其首市。"②这是我们今天知道的最早明确规定殴父母者死的一条法律，此后在数千年传统法律史上均得到沿用。同时《二年律令·告律》规定："杀伤大父母、父母，及奴婢殴伤主，主父母妻子，自告者皆不得减。"③即此类犯罪自首者不得从轻或减轻处罚。自晋泰始律起准五服以治罪，按亲属服制关系定罪量刑。律："子贼杀伤殴父母，遇赦犹枭首；骂詈，弃市。谋杀夫之父母，亦弃市；会赦，免刑补治。"南朝宋安陆应城县人张江陵和妻子吴氏共同辱骂母亲，致使张母黄氏愤恨自缢身死，按当时法律辱骂父母应处弃市。张江陵遇赦不原，妻吴氏得免死补治。④《唐律疏议》："诸谋杀期亲尊长、外祖父母、夫、夫之祖父母、父母者，皆斩。"⑤"诸詈祖父母、父母者，绞；殴者斩；过失杀者，流三千里；伤者，徒三年。"⑥延续了殴詈父母处死的传统。元律⑦："诸子孙弑其祖父母、父母者，凌迟处死，因风(疯)狂者处死。"⑧疯狂者犯罪通常得以减轻刑罚，但杀害直系尊亲属，仍处死刑，只在执行方式上得免于凌迟之酷刑。明

① 《睡虎地秦简·法律答问》，殴伤常人，一般为耐刑，例如"夬(决)裂男若女耳，皆当耐"。

② 张家山二四七号汉墓竹简整理小组编著：《张家山汉墓竹简[二四七号墓]》，第13页。

③ 张家山二四七号汉墓竹简整理小组编著：《张家山汉墓竹简[二四七号墓]》，第26页。

④ 《折狱龟鉴》卷四《议罪》，《孔深之辨谳》。

⑤ 刘俊文点校：《唐律疏议》"谋杀期亲尊长"，法律出版社1998年版，第354页。

⑥ 刘俊文点校：《唐律疏议》"殴詈祖父母父母"，第446页。

⑦ 据学者考证《元史·刑法志》来源于元代《经世大典·宪典》，宪典应为元代法律的汇编。参见刘晓：《再论〈元史·刑法志〉的史源——从〈经世大典·宪典〉一篇佚文谈起》，《北大史学》2014年第1期。

⑧ 《元史·刑法三》"大恶"。

代"殴祖父母父母条例"："凡义子过房，在十五岁以下，恩养年久，或十六岁以上，曾分有财产，配有室家，若于义父母及义父之祖父母、父母，有犯殴骂、侵盗、恐吓、诈欺、诬告等项，即同子孙，取问如律。"①形成了抚养关系的义子如有侵犯直系尊亲属行为处罚同于亲子。清律："凡谋杀祖父母、父母，及期亲尊长、外祖父母、夫、夫之祖父母，已行者，皆斩；已杀者，皆凌迟处死。"②沿袭了对杀害尊亲属处以极刑的做法。传统法律中以卑犯尊较之凡人加重可以说是由来已久，世代传承。

二、有关条款

有关以卑犯尊的秋审条款：**有关服制等项如殴死期功尊长，及刃伤期亲尊长，并子孙、妻妾、奴婢过失杀祖父母、父母、夫、家长等案系由立决改监候者③，俱另归服制册，拟入情实。其尊长仅令殴打，卑幼则迭殴多伤致死斩候之案，嘉庆四年奏明亦归服制册办理，又刃伤期亲尊长案内讯非有心干犯及误伤者嘉庆八年始定绞候之例，亦入服制册；又子孙妻妾违犯教令致祖父母、父母、夫抱忿自尽及逼迫期亲尊长致令自尽之案，十四年奏准亦入服制册办理。**

清代法律中涉及以卑犯尊的死罪条款有谋杀祖父母父母，谋杀故夫父母，威逼祖父母父母、夫、期亲尊长致死，奴婢殴家长，妻妾殴夫，殴大功以下尊长、殴期亲尊长、殴祖父母父母，妻妾殴故夫父母等，这些罪名中有一部分法定刑是凌迟或斩立决、绞立决，也有一部分是绞监

① 怀效锋点校：《大明律》，法律出版社1999年版，第421页。

② 田涛、郑秦点校：《大清律例》"谋杀祖父母父母"，第422页。

③ 例如乾隆二十八年宁德荣致死胞兄案，宁德宝、宁德荣仅有兄弟二人，宁德荣因宁德宝欲将父遗公共铺房独占，向其分辨，当被宁德宝拾棍子殴打，复以头向碰。宁德荣将身闪避，宁德宝自行失跌磨盘石上，致将左额角磕伤，延至次日殒命。该抚按律定拟并叙明该犯父母俱故别无承祀之人，其所犯情节实可矜悯，声请减轻。奉旨将宁德荣改拟斩监候（律该斩立决）入于情实。（《秋审档案》乾隆二十八年九月十七日上谕"服制案犯不准声明孤子援请承祀"）

候或斩监候，另外本应判处立决的过失杀伤行为也多改处监候。对于此种立决改为监候的犯人，“（乾隆）十七年谕各省由立决改为监候人犯皆系服制攸关，其改拟监候已属原情酌减，若秋审时入于缓决，则减之又减，殊非慎重伦常明刑弼教之道，是以上年降旨令改入情实。此其中情节多端，如父母被殴致伤，或势在危急救护乃其至情，使父殴叔而子助父以毙叔亦得谓之救父，则是长不友不睦之风，非止辟之意。但散在各省招册中，有勾决者，有未勾决者，或未悉朕轻重权衡反滋拟议，着该部将此等案犯汇为一册，与官犯招册先期进呈候勾”①。设立服制册的初衷是因卑幼杀伤尊长立决改监候案件本系从轻判处监候，秋审不宜贸然拟缓，且此类案件有关伦常，皇帝认为秋审复核尤其应该慎重对待，故此单列一册。

服制册最初只包括卑幼殴死期功尊长、刃伤期亲尊长等由立决改处监候的案件，但后来范围有所扩大，比如嘉庆四年将听从尊属殴死本宗大小功尊长案件归入服制册。“惟查例载有卑幼听从尊长主使下手殴伤本宗大功小功兄姊即尊属至死拟斩监候一条，因其殴由尊长主使，有不得不从之势与自行逞凶者有间，故定例止拟斩候，向来秋审时因非由立决改为监候之案，俱散载各省常犯情实册内，办理相沿日久，尚无歧异。惟是此等案件，虽例应问拟斩候，究与由立决改为监候者同一有关服制，若归入常犯情实册内，似非所以重伦常而昭画一。臣等公同酌议应请嗣后凡卑幼听从尊长主使，殴死本宗小功大功兄姊及尊属之犯，照例问拟斩候者，另缮一本附于九卿改拟服制册后进呈。如蒙俞允，所有本年秋审即遵照办理，为此谨奏请旨。六月十八日奏，本日奉旨依议。”②服制册收入案件范围扩大的原因大抵是因为刑部认为卑幼听从尊长主使殴伤本宗大功小功尊属同样也是有关伦常的案件。此后嘉庆八年刃伤期亲尊长案内讯非有心干犯及误伤者定拟绞候的案件也被加入服制

① 《大清会典则例》卷一百二十五，《刑部》，“秋朝审”。

② 《秋审档案》嘉庆四年“听从尊属殴死本宗大小功尊长归入服制册”。

册，嘉庆十四年子孙妻妾违犯教令致祖父母、父母、夫抱忿自尽及逼迫期亲尊长致令自尽之案也奏准入于服制册办理。

秋审条款对于归于服制册案件的处理是一概拟入情实。有关伦常案件归入服制册并概拟情实，最先的原因当是早期的服制案件均系立决改拟监候，案件定拟时已经从宽，秋审时不宜再次从宽，所以一概拟入情实。此后服制册案件范围逐渐扩大到其他卑幼杀伤尊长的一般监候案件，由于服制案件拟实的传统，且统治者出于明刑弼教的考虑，为张扬伦常，于是仍然延续了服制案件一律拟实的做法。不过服制案件虽然不论情节概拟情实，但实际上却很少真正勾决。沈家本对此有过说明，据沈氏的说法“(乾隆十七年定服制册)当日(乾隆朝)服制候勾人犯每年必勾数起或十数起不等，嘉庆初年勾者渐少，然五年广西省曾勾一起奉有上谕，尚非一律免勾也；道光以后服制册内并无勾决之犯；光绪十二年江西杨开沅，十三年四川苟濼照二起均于黄册内从严声叙，仍蒙恩免勾。遂似一入服制册即可邀恩，是情实亦成具文，反不如从前之分别实缓较有区别”。① 沈书所说的确是实际情况，以道光年间陕西省秋审勾决情况为例。道光四年该省服制情实共八起人犯共八名，除旧事杨新春一起一名业于三年免勾时开列榜示外，新事李欣等七起七名均奉旨免勾。道光五年陕西省秋审服制情实共十五起人犯共十六名，内除旧事李欣等六起六名业于四年免勾时开列榜示，新事李爵欣等九起人犯十名均奉旨免勾。道光六年陕西省秋审服制情实共十五起人犯共十六名，内除旧事李爵欣等九起十名业于五年免勾时开列榜示外，新事苏万牟等六起六名均奉旨免勾。② 一省连续三年服制案件无一例外均系免勾，自然不会是偶然现象。而只能说明服制案件入实免勾是一个基本规律。服制案件多系过失杀伤尊亲属案件，这些案件一方面是卑幼犯尊长，严重危害伦常，另一方面又均是由于过失造成伤亡后果，毕竟情有可原，所以清

① (清)沈家本:《秋审条款附案》卷一《服制》。

② “陕西秋审榜示”,《清代秋审文献》(第十九册)。

代司法实践上以入情实体现对伦常的重视，又以免勾的结果加入对过失情节的考量。而且先以法律的裁定从严继以情理的斟酌从宽，也非常符合臣下严格执法，君主衡情决断的做法。

即使服制案件的范围经历了一个逐渐扩大的过程，但仍局限于本宗小功以上亲属的范畴，本宗缌麻亲和外姻亲属不在其中，这也符合传统亲属关系亲疏有别和重视宗亲的原则。但是以卑犯尊加重处罚这一原则是普遍适用于所有亲属关系的。所以对于其他不入服制册的犯尊行为的死刑裁量也同样遵从这一原则。这一类的秋审条款有：**残毁有服尊长死尸者应入情实(不入服制册)；因奸盗致纵容之祖父母父母被人杀死俱入情实。**此类行为虽非杀伤，但是一则时人对死者的尊严极为重视，一则致死者为至亲至尊之亲属，所以和服制案件一样规定一概入实。至于对本宗缌麻尊属和外姻尊属的侵害行为，由于亲属关系较本宗小功以上亲属亲疏关系相对较远，则没有一定之规，而是结合其他情节酌定实缓。**殴死本宗缌麻尊属之案不入服制册，若铁器伤重及他物伤多者，虽衅起理直，亦不应轻拟缓决，再亲属重奸不重盗，若殴死行窃尊长并因钱债细故而行殴情凶伤重者，俱不应率行入缓。**殴死本宗缌麻尊属之案刃伤者向多入实；殴死外姻缌麻尊长视常人只差一间，不得与本宗并论，即金刃及他物伤多，俱可核其情伤轻重分别实缓(较常斗略严)；殴死同居继父母及小功母舅之案应入情实，如系救父救母并伤迫于误及情同抵格适伤致毙者亦可缓决；殴死妻父母之案，如负恩昧良逞忿行凶者应入情实，其余理直情急，金刃一二伤及他物伤无损折者亦可缓决；妇女殴死夫缌麻以上尊长之案理直情急或伤轻者俱可缓决。违犯恩养已久义父母致令自尽照亲子取问如律拟绞之犯不入服制，仍照常犯办理。十八年直隶有改缓决之案。① 这些案件也是卑幼侵犯尊长的案件，但所涉及的尊亲属要么是本宗较远服制的亲属，要么是外姻亲属，所以虽然定罪时较常人加重，但秋审量刑环节则并非一律拟实，而是根据其他情节如犯罪动机、行为方式、危害后果等来确定实缓。

① 参见附录二《清代秋审实缓比较条款》职官服制门。

此外尚有一些非亲属以卑犯尊案件，惯例上并无一定之实缓，如情节有可原之处，可以拟缓。如**雇工人刃伤家长及家长期亲，以名分为重，多入情实，如系被殴被揪理直情急图脱，伤由失误者可以缓决。**另外，针对弟子殴死业师，沈书拟补一条款：**弟子殴死授业师由立决改监候之案，不入服制册可以酌入缓决，其定案时照凡斗问拟而情伤较重者不可轻议缓决。**①

以卑犯尊案件量刑时以入实为主，根本原因在于维护伦常之需要。即以入实表示对尊卑关系的维护，非入实不足以显示对伦常的注重。但是这些案件的犯罪人本身并非十恶不赦，反而多是事出有因、情有可原。从罪刑相当的观念看，并非一定需要执行死刑。故虽然服制案件一律入实，但并不勾决，而且两次情实后则改拟缓决。

三、相关案例

以卑犯尊加重/从重处罚的案例或在服制册中，或虽不入服制册，但也属于卑幼侵犯尊长的案件，这些案件大体有如下几类：

1. 卑幼故意犯尊

故意杀害尊亲属如无特殊情节一般均属立决范围，监候者须有其他从轻情节。例如道光二十六年四川陈正海因胞叔陈明达与伊妻刘氏通奸，将陈明达致毙，罪应拟斩，照实。道光二十七年贵州关邵明殴死胞兄，依律应拟斩立决，系救父情切非无故逞凶改为监候，照实。② 此两案一者死者系通奸罪人，一者出于救父情切，故均得免于立决。但秋审因服制关系入于情实。

2. 卑幼过失犯尊

卑幼过失伤害尊亲属致死，因无杀害故意，得入监候，秋审因服制

① （清）沈家本：《秋审条款附案》卷一《服制》，“弟子殴死授业师”。
② （清）英祥、林恩绶辑：《秋审实缓比较成案》卷二，“各项服制”。

攸关，入于情实。例如道光二十四年广东覃旺养被殴情急抵格适伤，尚非有心干犯，惟死系小功兄，服制攸关照实。同治八年陕西宋源长主使另毙胞侄一命，收手不及，致刀尖误划伤其兄额颅、眉丛、鼻梁。逃逸获犯，审悉伤由夺刀误划，委非有心干犯，惟系误伤胞兄，服制攸关，宋源长照实。①

3. 卑幼被迫犯尊

服制案件中比较令人纠结的一类案件是卑幼听从尊亲属教令谋害次尊亲属。《秋审档案》中载有乾隆年间一起听从父命致死胞兄的案件：奉天省霍三相听从伊父将胞兄霍三元捆缚，伊父自将霍三元勒死，该案原拟斩决，奉旨改为监候。秋审时盛京侍郎朝铨等以霍三相被父喝逼帮缚胞兄，系在伊父未欲致死以前，迨伊父取绳套勒令之时，该犯屡经跪地拉劝，并未下手加功，将该犯拟入缓决。被刑部以"乾隆十六年奉上谕凡服制攸关由立决改为监候人犯秋审俱入情实"驳回。② 类似的案件还有道光二十六年四川服制册中的一起致毙胞兄的案件，胡添赞迫于母命殴伤胞兄胡添甫致死，照实。③ 这类案件中，作为卑亲属有服从尊长的义务，如果不服从，可能使尊亲属气忿之下做出不理智的行为(如自尽等)，一旦发生不幸后果，卑幼在责难逃；但如果卑幼遵从尊亲属指令致次尊亲属伤亡，又不免构成严重犯罪。面对两难境地，卑幼可以说是左右为难，无论如何选择，都难以善了。

4. 卑幼有过错，尊长自尽身亡

此类服制案件中，卑幼有过错，但致尊长死亡则由于意外。例如《秋谳辑要》中"一起李氏因奸致伊姑朱氏羞忿自缢身死一案"：李氏侍姑朱氏素无违忤。朱氏族侄朱洪万常至朱氏家往来。李氏系孀居见面不

---

① (清)英祥、林恩绥辑：《秋审实缓比较成案》卷二，"各项服制"。
② 《秋审档案》乾隆三十四年。
③ (清)英祥、林恩绥辑：《秋审实缓比较成案》卷二，"各项服制"。

避，朱洪万乘间与李氏通奸。朱氏及其夫赵礼达均不知情。光绪元年三月间朱洪万黑夜潜入李氏房内续奸，李氏旋开房门欲将朱洪万放走，朱氏听闻门响，虑有窃贼，提灯出视，撞见朱洪万自李氏房内走出，知系有奸，赶向捉拿。朱洪万开门逃逸。朱氏向李氏斥骂，李氏跪求改悔。朱氏未经理会。初五日赵礼达回归，朱氏告诉前情并称李氏做此丑事自己无颜见人，又未将朱洪万捉获送究，气忿难过不如早死。赵礼达用言劝慰，并将李氏斥说，禁止其与朱洪万往来，各自进房就寝。讵朱氏羞忿莫释，乘赵礼达睡熟自缢殒命，报验差缉，朱洪万闻拿畏罪投水身死。李氏比照妇女与人通奸致并未纵容之母一经见闻杀奸不遂羞忿自尽绞例拟绞立决，奉旨改为绞监候。光绪四年秋审因服制攸关，李氏照例情实。①

类似案件例如道光二十七年四川王氏私摘公公棉花，被丈夫责打，跑回娘家，丈夫气忿自尽，王氏赶回悲痛自刎受伤，照实。② 王氏私摘棉花又跑回娘家不为无过，但其夫自尽则出乎意料。此外还有同治三年广东的一个案件：麦氏因家长之母梁氏买得豆腐，令麦氏煮食，麦氏回答说饭熟后再煮，梁氏不依，殴打麦氏，结果自己反而跌倒碰伤额颅。邻居陈氏看见，和麦氏将梁氏扶回房内，用药敷治。梁氏气愤哭骂，称麦氏违反教令难以过日，不如自尽。陈氏劝慰梁氏并让麦氏磕头赔礼，但梁氏仍于夜间投缳殒命。照实。③ 此案麦氏的身份应该是妾，她的过错是没有及时执行家长之母梁氏让她煮豆腐的指令，致使梁氏气忿自尽。

以上案件，犯罪人均有行为过错，过错大小不一，严重的如与人通奸，轻微的如没有及时煮饭，虽然行为人之过错并不能直接导致尊亲属死亡，但是尊亲属因此自尽，故犯罪人拟入情实。

---

① （清）子良氏辑：《秋谳辑要》卷二《服制门成案》。
② （清）英祥、林恩绶辑：《秋审实缓比较成案》卷二，“子孙妻妾违犯教令”。
③ （清）英祥、林恩绶辑：《秋审实缓比较成案》卷二，“妾致毙正妻”。

5. 卑幼无过错，尊长身亡

服制案件中还有一些令人觉得不可思议、为之扼腕的近乎无辜的犯罪人。例如乾隆五十五年直隶刘鄂氏向伊弟催讨借当衣饰，致伊母王氏自尽一案：刘鄂氏系已嫁之女，伊母借当衣饰，该氏将当票携回止向伊弟催讨，伊母自行投井殒命。刘鄂氏入于情实，奉旨免勾，遇赦不赦。① 此案刘鄂氏之母借当刘鄂氏衣饰，刘鄂氏没有指责母亲，仅向其弟催讨，并无过错，不料其母愤而自尽。刘鄂氏拟入情实。

道光二十七年江苏小张卢氏之姑被小张卢氏撞破奸情，主令奸夫前往图奸小张卢氏，欲令同陷邪淫。嗣复欲招奸夫至家，被小张卢氏婉劝，则嗔怒向殴，以致拉棒自行戳伤殒命。小张卢氏不肯与姑同犯邪淫，死者伤由自戳。但因服制关系，江苏巡抚拟实，刑部照实。② 此案小张卢氏劝阻婆婆与人通奸，婆婆嗔怒欲殴意外身亡，小张卢氏因婆婆身亡秋审入实。同年广西一起服制案件，游氏将毒鼠药做成饼子收在衣柜中，然后锁门前往田间工作，不料鼠药做成的饼子被丈夫祖姑取食，致令身亡，照实。③ 此案中游氏将毒鼠药放在柜子中，房间也锁了门，明显无法预见到有人进入并误食毒鼠药，可说并无过失。

这几起案件中的犯罪人实际上并无过错，甚至小张卢氏劝阻婆婆与人通奸还有维护礼教之功，但因间接致尊亲属死亡，就被判为死罪且拟入情实。

6. 卑幼故意杀害缌麻尊亲属(非服制案)

对于那些不入服制册的以卑犯尊案件，往往需要斟酌具体案情定拟实缓，但加害人和被害人的相对身份关系仍在很大程度上影响定罪量刑。例如道光二十一年广东陈乌九案，死系逾七缌麻尊属，金刃二伤，

① 《秋审档案》乾隆五十六年九月十二日。
② (清)英祥、林恩绶辑：《秋审实缓比较成案》卷二，“各项服制”。
③ (清)英祥、林恩绶辑：《秋审实缓比较成案》卷二，“过失杀祖父母父母”。

一由死者扑打致戳，一由情急搪抵，衅起理直，刀系夺获，衡情不无可原，记缓汇核，改实。① 道光二十六年陕西马耀刃毙缌尊四伤一透膜，情伤较重，虽衅起不曲，身先受伤，各伤均在不致命处所，且由抵御所致，末后重伤确由被搭气闭急情，未便率缓，改实。② 道光二十六年山西牛根溃，奸匪刃毙理阻之缌麻兄，六伤五致命三骨损二骨微损另划一伤，照实。③ 咸丰五年四川吴应嵚致缌兄金刃三伤二致命一要害一透内另划二伤，惟死先向戳，各伤均由抵御，且有被抓拼命急情，刀系夺自死者之手，稍有可原，记缓候核，改实。④ 同治七年奉天乐英刃毙年近七旬缌麻尊属，五伤二致命三骨损，推跌倒地后另划一伤，惟衅起死者私砍祖茔树株，该犯往向索分不允，两比之理并无曲直可分。虽死先向殴，伤由抵御，重伤俱在不致命处所，究难议缓记候核，照实。⑤ 此类案件两造虽系同宗亲属，但亲缘关系相对较远，故虽考虑卑幼犯尊长因素，同时也衡量其他情节，如理之曲直、手段之差异及伤情之轻重，须具有其他从重情节，方拟以情实。

7. 无服制有尊卑案件

还有一类无服制关系但可比拟服制尊卑案件，如致死家长或家长亲属，致毙业师等，此类案件的裁断也会考虑尊卑关系拟定实缓。如道光二十五年贵州蛇么系放出家奴之子，刃毙家长嫡孙(戳由抵御，一伤适毙)，照实。蛇么之父系死者家中放出家奴，蛇么和死者并无现实的主奴关系，但由于历史上存在的主奴渊源，蛇么杀害家长嫡孙的行为被从重处罚。嘉庆十八年湖广熊太系雇工，因醉酒被家长掌批驱逐，情急刃砍致命一伤又一划伤，改实。嘉庆二十五年安徽钱幅受雇跟随，先支工

① (清)英祥、林恩绶辑:《秋审实缓比较成案》卷二，“殴死本宗缌尊”。
② (清)英祥、林恩绶辑:《秋审实缓比较成案》卷二，“殴死本宗缌尊”。
③ (清)英祥、林恩绶辑:《秋审实缓比较成案》卷二，“殴死本宗缌尊”。
④ (清)英祥、林恩绶辑:《秋审实缓比较成案》卷二，“殴死本宗缌尊”。
⑤ (清)英祥、林恩绶辑:《秋审实缓比较成案》卷二，“殴死本宗缌尊”。

银未经扣满。因酒后与人口角，雇主将伊驱逐并索还预支工银，未能全给。雇主不依斥骂，该犯拔刀抵抗，划伤雇主眉丛，照实。①

比较特殊的是弟子致毙儒师案件，虽定罪时有从重倾向，但未见秋审时有因师徒关系入实案例。例如同治六年，薛惠因救护祖父，致毙儒师，按凡人斗杀例得随本减流，因死系业师，仍照殴毙期亲尊长律定拟死罪。秋审入缓。②《秋审实缓比较成案》中此类案件共三案，秋审均拟缓决。一个主要原因在于业师在定罪过程中被视为期功尊属对待，而实际上并非期功尊属，将致死业师按致死期功尊属对待已是从重处罚，故秋审为平衡起见，不依致毙期功尊属立决，改监候，一律入实处理。

8. 非杀伤性案件

其他非杀伤性犯尊案件，不入服制册，但因犯罪对象为尊亲属或拟于尊亲属之家长，也有秋审入实案例。

例如道光二十五年江西钱三仔系窃匪，丢弃母尸系图挟制，虽未残失，法难从宽，照实。③ 钱三仔遗弃母亲尸体殊属不孝，虽非杀伤，仍入实。

第三节 以下犯上

一、历史渊源

礼，履也。所以事神致福也。祭祀活动中产生了礼，通过要求不同身份的人遵循不同的行为规则，最终建立起一整套社会行为规范，礼的精神在于“亲亲尊尊”，所谓“君臣上下父子兄弟，非礼不定”。早期宗

① （清）沈家本：《秋审条款附案》卷四《杂项》，“雇工刃伤家长”。

② （清）英祥、林恩绶辑：《秋审实缓比较成案》卷三，“致毙业师”。

③ （清）英祥、林恩绶辑：《秋审实缓比较成案》卷二，“残毁有服尊长死尸”（不入服制册）。

法制社会的行为规则就建立在礼的基础上，“礼不下庶人，刑不上大夫”，礼所建构的社会本质是等级社会。对以下犯上行为加重处罚的根源在于礼制。即使此后宗法制国家瓦解，但等级制并未消亡。臣子忠于君主，下级服从上级是取代宗法制国家的官僚制国家的运行机制。百姓尊敬官员，士兵服从将帅。社会的每个单元都由等级制构成。

中国历史上第一例处罚以下犯上的案件是西周青铜器𠐇匜铭文记载的牧牛与乃师讼一案，作为下级贵族的牧牛控告上级贵族，司法官接获案件后，并未对案件具体情况进行审理，而是直接判决牧牛败诉，主要原因就是以下犯上。① 汉代《二年律令·贼律》规定“下爵殴上爵，罚金四两；殴同列以下，罚金二两”②。下爵殴上爵较之殴同级或下级爵位者罚金数增加了一倍。“鬼薪白粲殴庶人以上，黥为城旦舂。”③刑徒殴平人加一等治罪。《唐律疏议》“谋杀制使府主”条：“诸谋杀制使，若本属府主、刺史、县令及吏卒谋杀本部五品以上官长者，流二千里；已伤者，绞；已杀者，皆斩。”④而一般的谋杀罪：“诸谋杀人者，徒三年；已伤者，绞；已杀者，斩。”⑤同样是谋杀未成伤的行为，谋杀官长处流刑，谋杀常人处徒刑。“殴制使府主刺史县令”条：“诸殴制使、本属府主、刺史、县令及吏卒殴本部五品以上官长，徒三年；伤者，流二千里；折伤者，绞。”⑥而殴伤常人：“诸斗殴折跌人支体及瞎其一目者，徒三年；辜内平复者，各减二等。”⑦殴官长的行为，即使未成伤也要判徒三年，殴伤常人须造成折跌人肢体或致一目失明才会被处

① 秦永龙：《西周金文选注》，北京师范大学出版社 1992 年版，第 125 页。

② 张家山二四七号汉墓竹简整理小组编著：《张家山汉墓竹简[二四七号墓]》《二年律令·贼律》，第 12 页。

③ 张家山二四七号汉墓竹简整理小组编著：《张家山汉墓竹简[二四七号墓]》《二年律令·贼律》，第 12 页。

④ 刘俊文点校：《唐律疏议》卷十七，第 354 页。

⑤ 刘俊文点校：《唐律疏议》卷十七，第 356 页。

⑥ 刘俊文点校：《唐律疏议》卷二十一，第 426~427 页。

⑦ 刘俊文点校：《唐律疏议》卷二十一，第 417 页。

同样刑罚。元律同样按照等级身份区别处刑。“诸幕僚因公辄以恶言詈长官者，笞四十七，长官辄还殴者，笞一十七，并记过名。”①幕僚骂长官较之长官殴幕僚处罚多笞三十。“诸小民恃年老殴詈所属官长者，杖六十七，不听赎。”（量刑同于常人斗殴致折齿、毁缺耳鼻、眇一目及折手足指。）②“诸部民殴死官长，主谋及下手者皆处死，同殴伤、非致命者，杖一百七，流远，均征烧埋银。”③较之常人“杀人者死”也有处死范围的不同。明律“谋杀制使及本管长官”条：“凡奉制命出使，而官吏谋杀，及部民谋杀本属知府、知州、知县，军士谋杀本管指挥、千户、百户，若吏卒谋杀本部五品以上长官，已行者，杖一百，流二千里；已伤者，绞；已杀者，皆斩。”④而若谋杀常人，谋而已行，未曾伤人者，杖一百，徒三年。⑤ 同为谋杀已行，谋杀制使长官为流刑，谋杀常人为徒刑。明律“殴制使及本管长官”：“凡奉制命出使而官吏殴之，及部民殴本属知府、知州、知县，军士殴本管指挥、千户、百户，若吏卒殴本部五品以上长官，杖一百，徒三年。伤者，杖一百，流二千里；折伤者，绞。若殴六品以下长官，各减三等。殴佐贰官、首领官，又各递减一等。减罪轻者，加凡斗一等。笃疾者，绞；死者，斩。若流外官，及军民吏卒殴非本管三品以上官者，杖八十，徒二年。伤者，杖一百，徒三年；折伤者，杖一百，流二千里。殴伤五品以上官者，减二等。若减罪轻，及殴伤九品以上官者，各加凡斗伤二等。其公使人在外，殴打有司官者，罪亦如之。从所属上司拘问。”⑥不同于唐律，明律将殴非本管官也纳入加重处罚的范围，只是较殴本管官有所减轻。清律规定同于明律。⑦

① 《元史·刑法四》“斗殴”。
② 《元史·刑法四》“斗殴”。
③ 《元史·刑法四》“杀伤”。
④ 怀效锋点校：《大明律》卷十九，第151页。
⑤ 怀效锋点校：《大明律》卷十九，“谋杀人”条，第150页。
⑥ 怀效锋点校：《大明律》卷二十，第161~162页。
⑦ 田涛、郑秦点校：《大清律例》，第449页。

对以下犯上的加重处罚是传统法律维护等级制度的表现，而其中对本管关系(本管官与部民、本管指挥与军士)的强调，着重保护具有统辖教令关系的相对群体之间的等级秩序，又蕴含了尊卑长幼的孝道。至于明清将加重处罚范围扩大到非本管，则是超越了原有的立法旨趣，致力于保护整个社会的等级秩序。

二、有关条款

以下犯上加重处罚的秋审条款只有一条：**部民殴本管官折伤刃伤者俱拟情实，其非本管官以凡斗论之案，死者理曲自取凌辱，情伤俱轻者可以缓决，余俱入实。**此条款针对的是殴本管官犯罪人，明确有杀伤行为，即折伤、刃伤拟入情实，如所殴为非本管官或本管官非受刃伤、非致折伤，则可以拟入缓决。

以下犯上死刑监候犯人入实，目的在于遏制犯上之心。传统国家建立于等级秩序的基础上，礼法的融合使礼教对等级制度的维护与刑罚对社会的规制自然地结合在一起。对以下犯上的情节认定上强调明确的犯上故意。犯罪手段上使用了兵刃恰以证明犯上的坚决，致折伤以上则体现了不计后果的凶悍。相应地，如罪犯于犯时不知官员身份，① 虽然客观上还是存在殴伤或殴死本管官的后果，但既然犯时不知，则罪犯只有伤人的故意却无殴官的故意，故此可以从轻。由此也进一步说明以下犯上的加重重在诛心。不要求致命后果即拟死入实，目的是为了加强刑罚的威慑作用。

三、相关案例

殴本管官属于以下犯上，除特殊情况一般均拟情实，少数情节较轻者，可能免于勾决。

---

① 例如，道光八年四川杨毛狗殴死汛官，犯时不知以凡论，照缓。沈家本：《秋审条款附案》卷二《人命》，“部民殴本管官”。

1. 兵刃殴伤或致死

《秋谳辑要》中“一起旋见葆听从逞凶殴官下手已伤一案”：旋见葆族人旋罄怡有田七亩五分，土名茅田等处。旋罄怡将田立契向李奨汶押钱一百二十千文，每年交谷作为利息，契写土名井研村约。后又因母故乏用，将该田私卖族人旋汝禾管业，契写土名茅田等处。李奨汶查知不依控经该县知县王承彦集讯，供词各执，将旋汝禾押候勘明究断。同治十一年四月初二日，王承彦带领家丁胡茂并差役押同李奨汶、旋罄怡赴乡履勘。旋汝禾之母廖氏闻知，至王承彦轿前求将旋汝禾释放，王承彦谕令候断。廖氏不遵，围观人群将廖氏挤跌倒地。旋汝禾族人旋能廖以旋汝禾田非盗卖，反被管押，心怀不平，起意纠众殴打泄忿。即邀允旋见葆并族人旋亚宽等共十五人分携刀棍一齐赶出，见王承彦与胡茂等在前行走，并力追到。旋能廖喝令殴打，旋见葆用禾枪戳伤王承彦右腿，旋亚宽用刀背将胡茂殴伤捉住。旋云路等各用枪棍将差役人等殴戳致伤，并将官轿毁烂。王承彦回县禀请查办，旋见葆等逃走，廖氏畏累自尽。旋能廖向族人旋连桢告知情由，并令设法。旋连桢起意捏称廖氏因拦舆求释旋汝禾，被壮勇推跌身死控府。经府验讯，供词互异，饬县拘拿。旋能廖复起意商允旋建胜、旋云路、旋亚乾并族人旋亚轻等一同拒敌，尚未纠齐伙党，即经兵役将旋见葆等拿获，审供不讳。王承彦并胡茂等伤均平复。旋见葆按部民挟仇逞凶杀害本官已伤为从下手者拟绞监候。同治十三年秋审情实停勾。光绪元年秋审仍情实奉旨停勾，光绪二年秋审仍情实。①

《秋谳辑要》“徐怔江戳伤本部五品以上长官熊详麟身死一案”：徐怔江即徐驴娃籍隶河南，来至陕西，与熊详麟素无嫌隙。熊详麟先系河南补用游击管带抚标步队，徐怔江在部下当勇。熊详麟卸事，积欠徐怔江口粮银二十七两未给。后熊详麟来陕投效西征粮台充当差官，徐怔江另投小队充当勇丁。同治十三年六月十七日徐怔江在院用刀削瓜，熊详

① （清）子良氏辑：《秋谳辑要》卷四《人命门成案下》。

麟走至。徐怔江向索前欠粮银，熊详麟斥说讹赖。徐怔江分辨，熊详麟揪住徐怔江发辫欲殴。徐怔江用手搪抵，熊详麟闪侧，被瓜皮滑倒，将徐怔江带跌跪地。熊详麟仍不放手，称欲拼命，徐怔江情急用刀吓戳适伤其左肋松手。报验饬医，熊详麟至二十四日殒命，复验获犯审供不讳。徐怔江虽现非熊详麟部下勇丁，但熊详麟以三品武职充当粮台差官即与本部长官无异，徐怔江将其致毙，依吏卒殴本部五品以上长官死者斩律，拟斩监候秋后处决。光绪二年秋审徐怔江即徐驴娃入于情实。

沈家本《秋审条款附案》中也有一起以下犯上案件：乾隆五十六年直隶王成玉系尚书已退轿夫，殴死王府护军，手足一伤，衅不曲，照实。①

上述案件中，旋见葆用禾枪戳伤本管官，徐怔江用刀戳伤三品官身死，王成玉殴死王府护军，或涉及兵刃杀伤，或致毙命，均拟情实。

2. 手足他物伤未致命

道光二年陕西杨逢才所在村庄违制演戏，典史奉委查禁。该村乡约抗违被责，复恐带县，喝命杨逢才将典史连踢两伤。杨逢才身为部民不服拘拿，犯上殴伤本官，虽首犯业已正法，改实免勾。② 本案杨逢才致伤本县典史，未使用兵刃，且没有造成严重后果，但因以下犯上仍拟情实，不过从宽免勾。

第四节　再　　犯

一、历史渊源

“不教而杀谓之虐”③，儒家主张教而后诛，先教育，教育无效再惩罚。法家主张犯而必诛，“法者，宪令著于官府，刑罚必于民心，赏

① （清）沈家本：《秋审条款附案》卷二《人命》，“部民殴本管官”。
② （清）沈家本：《秋审条款附案》卷二《人命》，“部民殴本管官”。
③ 《论语·尧曰》。

存乎慎法，而罚加乎奸令者也”(《韩非子·定法》)。官府制定了法令就要言出法随，普遍推行。同时法家倡导以刑去刑，“设重刑而奸尽止，奸尽止则此奚伤于民也?”①对有前科的行为人加重处罚，可算是儒法的调和，即以刑弼教。刑罚本身就是一种教育，遭受刑罚的人，因畏惧刑罚而不再犯罪，就达到了教育的效果。如果已经接受过处罚的人仍然再次犯罪，则说明教育没有起到预期的效果，也说明该行为人本性难移，需要加大教育的力度，即加重刑罚，当然对于死刑来说则是认定其人已失去被教育改正的可能。对有前科的犯罪行为人加重处罚，不是因为他先前的恶行就说明了他的本性，而是在从前曾经为恶的情况下，而又再次或多次作恶，足以证明他是很难悔改也是不会回头的了。

对有前科的人犯罪加重处罚，在中国历史上可以追溯到《尚书·康诰》：“人有小罪，非眚，乃惟终……有厥罪小，不可不杀。有大罪，非终，乃惟眚灾……时乃不可杀。”这里的“终”应该就是累犯的意思，对于故意的累犯虽所犯罪小也要处死，即所谓“怙终贼刑”。古往今来，对于怙终贼刑的解释不尽相同。东汉郑玄注说：“怙其奸邪，终身以为残贼，则用刑之。”②强调犯罪人长期为非的主观恶性是导致重刑的原因。朱熹则称：“‘怙’谓有恃，‘终’谓再犯。若人有如此而入于当宥之法，则亦不宥以流而必刑之也。”③认为一犯再犯的行为人应被排除在赦宥范围之外。丘浚在《大学衍义补》中称：“有心失理为恶，怙终是为，人之有所恃而又再犯者，谳之，知其非过也，当典刑者则坐以典刑，当鞭扑者则坐以鞭扑。”④这个解释和朱熹类似。各家解释虽略有不同，但大致的意思都是犯罪之后不知悔改又犯新罪，罪不可宥的意思。“怙恶不悛，自招刑辟。”⑤

① 《韩非子·六反》。

② (清)刘逢禄：《尚书今古文集解》卷一，清光绪刻皇清经解续编本。

③ (宋)朱熹：《晦菴先生朱文公文集》卷三十七，“答郑景望”。

④ (明)丘浚：《大学衍义补》，台北“商务印书馆”1986年影印文渊阁四库全书本，第713册，第257~258页。

⑤ (明)马理《周易赞义》卷三。

前文述及西周青铜器所载倂匜铭案记载某下级贵族牧牛控告他的上级受到惩处，司法官伯扬父警告牧牛说：“乃师或以女告，则到，乃鞭千，幭剭。”①声称如果牧牛再次违背誓言冒犯上级就要加重惩罚，鞭一千下，并处幭剭刑，还要刺面蒙上黑巾。西周青铜器鬲攸从鼎所述的另一个案例也有类似记载：鬲从告攸卫牧于王，称攸卫牧租用土地未付租金，犯了违约罪。虢旅担任法官，败诉的攸卫牧被要求发誓：“我弗□(具)付匕(比)，且射(其沮厌)分田邑，则杀。”②大意是“如果我今后再不依约付给鬲从田租，就判处我流放之刑”。行为人以发誓的形式承诺如有再犯愿意接受加重的处罚。以上金文史料显示先秦时期对于再犯行为人往往以盟誓和制裁违誓的方式进行加重处罚。而在秦代对再犯的加重处罚则已成为法律规范。秦简《法律答问》：“当耐为隶臣，以司寇诬人，可(何)论？当耐为隶臣，有(又)(系)城旦六岁。”被判处耐为隶臣的罪人又以司寇罪诬告他人，应加重处罚为耐为隶臣并服六年城旦之劳役刑。“当黥城旦而以完城旦诬人，可(何)论？当黥(劓)。”本来判处黥刑和城旦刑的罪人又以完城旦罪诬告他人，加重处罚为黥刑和劓刑。由于诬告行为的特殊性，此处不能明确这些规定和严格意义上的再犯是否有所出入，但应该还是能体现再犯加重的基本精神。《汉书·刑法志》载汉文帝定“当斩右止(趾)，及杀人先自告，及吏坐受赇枉法，守县官财物而即盗之”，“已论命，复有笞罪者”不论笞数多少，“皆弃市”。前罪是当处斩右趾的犯罪和杀人自首、官吏贪赃枉法、监守自盗的重罪，即使后罪只是应处笞刑的轻罪，也要加重处以死刑。汉代《二年律令》中有不少明确的再犯加重的规定。“有罪当黥，故黥者劓之；故劓者，斩左止(趾)；斩左止者斩右止；斩右止者府(腐)之。”③以前犯过被判黥刑的罪行再犯应处黥刑的犯罪改处劓刑；以前犯过被判劓刑

① 秦永龙：《西周金文选注》，第125页。

② (清)孙诒让：《古籀拾遗古籀余论》，中华书局1989年版，第56页。

③ 张家山二四七号汉墓竹简整理小组编著：《张家山汉墓竹简[二四七号墓]》，《二年律令·具律》，第21页。

的罪行再犯改处斩左趾；以前犯过斩左趾的罪行再犯斩右趾；以前被判斩右趾的罪人再犯改处腐刑。这一规定固然是因为肉刑不可复加，但也明显有再犯加重的意思。“城旦刑尽而盗赃百一十钱以上，若贼伤人及杀人，而先自告也，皆弃市。”①已经服过城旦刑又犯盗和杀伤罪，即使自首也当处死。“女子已坐亡赎耐，后复亡当赎耐者，耐以为隶妾。”②女子犯罪本可以赎刑，但一犯再犯就不能再享有赎刑的优待。

值得注意的是，唐以后，再犯加重只针对特殊的一类犯罪，即盗罪。而对普通犯罪的再犯实际上放弃了加重处罚。《唐律疏议》规定：“诸犯罪及已配而更为罪者，各重其事。”③即按后来犯的罪累计前罚科刑。不是对新罪加重处罚，而是前后罪合并累科。只有对累犯盗罪，才有实质性加重处罚。《唐律疏议》：“诸盗经断后，仍更行盗，前后三犯徒者，流二千里，三犯流者绞。”④对于三犯该处徒流刑的盗罪的行为人直接加等入刑。元律则规定：“诸窃盗初犯，刺左臂，谓已得财者。再犯刺右臂，三犯刺项。”⑤并于其他多种犯罪均有再犯加重的规定，例如：“若伪造省府札付者，杖一百七，再犯流远。”⑥“诸频犯过恶，累断不改者，流远。”⑦明律规定与唐律类似。《明律·名例》“徒流人又犯罪”：“凡犯罪已发，又犯罪者，从重科断。已徒已流，而又犯罪者，依律再科后犯之罪。其重犯流者，依留住法，三流并决杖一百，于配所拘役四年。若犯徒者，依所犯杖数，该徒年限，决讫应役。亦总不得过四年。其杖罪以下，亦各依数决之。其应加杖者，亦如之。”⑧数罪并发

① 张家山二四七号汉墓竹简整理小组编著：《张家山汉墓竹简［二四七号墓］》，《二年律令·具律》，第21页。

② 张家山二四七号汉墓竹简整理小组编著：《张家山汉墓竹简［二四七号墓］》，《二年律令·亡律》，第30页。

③ 刘俊文点校：《唐律疏议·名例》“更犯”，第87页

④ 刘俊文点校：《唐律疏议·贼盗》“盗经断后三犯”，第408页

⑤ 《元史·刑法三》“盗贼”。

⑥ 《元史·刑法四》“诈伪”。

⑦ 《元史·刑法四》“杂犯”。

⑧ 怀效锋点校：《大明律》，第10页。

从一重断处，已发再犯则不受从一重断处之限，而是另行科罚，并在刑罚执行上进行折算。但总的来说，对一般犯罪并不因再犯加重。惟有盗罪，“初犯并于右小臂膊上刺窃盗二字，再犯刺左小臂膊，三犯者，绞”①。《大清律例》“窃盗刺字，三犯者绞”和明律相同。普通再犯的处罚方式也同于明律，其“徒流人又犯罪”的规定与明律同：“犯罪已发又犯罪者从重科断，已徒已流而又犯罪者依律再科后犯之罪，其重犯流者三流并决杖一百，于配所拘役四年，若犯徒者，依后所犯杖数该徒年限决讫应役亦总不得过四年。其杖罪以下亦各依数决之，其应加杖者亦如之。”②该条下条例“免死减等发遣新疆、宁古塔、黑龙江等处盗犯，除脱逃被获，仍照定例斩决外，如在配所杀人及犯别项无关人命罪应斩绞监候者，该将军等奏咨到部，刑部查明原案定拟斩决，分别题奏，行文该将军于众人前即行正法。犯该徒罪以上者拟斩监候，犯该笞杖者枷号三个月鞭一百。至平常发遣人犯在配杀人仍分别谋故斗殴按律定拟，如犯该遣罪者在配所枷号六个月，犯该军流者枷号三个月，该犯徒罪者枷号二个月，俱鞭一百，犯该笞杖者各照应得之数鞭责发落”③。这一条例规定了对再犯按免死减等改立决，监候改立决等加重处罚，但对象具有两个特殊性，免死减等和盗犯。对于存留养亲这样的恤刑措施，也会因是否再犯有所区别，例如“行窃逾贯拟绞之犯缓决一次例应减等发遣，此项人犯系由新疆改发内地，亲老丁单向例不准留养……抢窃满贯拟绞缓决减等等项情节较轻者二十二条准其留养一次，如不知悛改，复行犯罪仍不准留养”④。

从历史发展看再犯加重原则从早期普遍适用到后期主要适用于盗罪，有一个变化的过程，这一变化应该和儒家思想占据上风，重刑主义受到批评以及盗罪在所有犯罪中的多发性有关。

---

① 怀效锋点校：《大明律·刑律》“窃盗”，第141页。

② 田涛、郑秦点校：《大清律例》，第103页。

③ 郭成伟主编：《大清律例根原》，上海辞书出版社2012年版，第135页。

④ 《秋审档案》嘉庆三年“留养条款”。

二、有关条款

死罪量刑中再犯这一情节一般来说属于加重情节，但是否对案件实缓发生决定性作用则不能一概而论。总的来说，司法实践中会结合前案性质和后案性质分别处理。

1. 免死再犯(通常为杀人)

有关再犯的秋审条款之一针对前案系免死的案件：“**杀人免死赦回或在配复行杀人之案，嘉庆十六年奏准如两犯均系共殴斗杀，无论情节轻重概入情实。**若前案系斗杀共殴，后犯系擅杀戏杀误杀殴死妻及卑幼，或前案系擅杀等项，后犯系斗杀共殴，实系理直情轻者酌入缓决。至前后两案中或有一案系窃盗等项并非杀人，只按其后犯情节定拟实缓。十八年本部议复御史嵩条陈，除前后两犯斗杀共殴均系应缓者，仍拟情实外，如前后均应可矜或前犯缓决，后犯应入可矜者俱酌拟缓决，若前犯可矜后犯情节系例不应矜之案即不得轻议缓决。”

从条款表述可知，对此类案件，实缓关键一是是否均涉及杀人，如果前后案有一案不涉及杀人，定拟实缓只按后犯情节判断；二是如果前后案均涉及杀人则考察杀人情节，如果均系共殴斗杀则入实，如前后案中有一案非共殴斗杀，而是擅杀、戏杀、误杀或虽系殴杀但死者为妻子或卑幼也可酌入缓决。即再犯情节的加重作用需结合其他情节综合考量。杀人因素的重要性源于杀人偿命的自然正义观，而将必实案件范围限于共殴斗杀，是强调行为动机。至于视殴妻或卑幼为可原，则是尊卑等级的体现。

沈书云：至前案斗殴、后案殴死妻卑幼专指殴死者，若后犯系故杀，道光九年四川李正沅先犯斗杀减流配逃复故杀妻照实。咸丰六年江苏陆三和尚先犯斗杀减军配逃，复故杀外姻卑幼照实。① 沈家本的补充

① (清)沈家本：《秋审条款附案》卷二《人命》，“杀人免死赎回或在配复行杀人”。

对条款适用中的一个细节进行了解释，即在杀妻及卑幼的情况下应排除故杀。殴杀妻子和卑幼可以入缓，故杀则不能，区别在于主观心态上，故杀的主观恶性要大于斗杀。

2. 遣军流徒再犯

针对前案非死罪后犯杀人案件也有一相关条款：**遣军流徒各犯在配杀人及赦回复行杀人者究与免死复犯不同，无论杀死或系同配罪犯，或系在配在籍平人均照常斗略为加严，其理直伤轻无凶暴情形者俱可缓决。**对于非死罪再犯，条款规定"照常斗略为加严"，可见此种情况下，再犯的加重作用比较有限，对后犯的量刑主要考虑的应是后犯情节。沈书称多缓亦有实案：嘉庆十三年广西宋硬浪棍徒拟军在配殴死理斥差役夺棍一伤，照实。①

3. 免死盗犯再犯

"前犯窃贼赃满贯，及三犯拟绞免死减释，或在配复行窃逾贯及三犯拟绞之案，又前后两犯均系刃伤事主，或前犯刃伤事主后犯满贯，及三犯，或前犯满贯及三犯后犯刃伤事主如此等类均系怙恶不悛，虽窃赃未至五百两，刃伤止一二处，俱应入实。"此条针对窃盗免死复犯窃盗且前案或后案中涉及刃伤事主等加重情节的，规定拟入情实。

对于先犯窃后犯人命或先犯人命后犯窃则多有缓案。先犯窃后犯人命的，道光五年浙江丁阿土先因行窃逾贯在逃遇赦免罪不免缉，因死者诬人行窃向斥争殴夺棍三伤二致一损，又王阿三先犯逾贯减免后因疑窃毙命刃二均因受伤回戳均照缓。先犯人命后犯窃的，道光十二年山东郭小套先因谋杀加功援免，后复犯纠窃未得财逃走，被事主喊拿情急图脱刃戳一伤平复，缓。②

---

① （清）沈家本：《秋审条款附案》卷二《人命》，"遣军流徒各犯在配杀人"。
② （清）沈家本：《秋审条款附案》卷三《奸盗抢窃》，"前犯窃贼赃满贯及三犯拟绞免死减释"。

而关于前案系免死盗犯再犯徒罪以上的情况，秋审实缓比对条款规定：**“免死盗犯在配，犯该徒罪以上之案，如系在配逞凶怙恶藐法者应入情实，其余无心犯罪者可以缓决。”**①前犯盗罪免死后再犯徒罪以上案，当视情节而定实缓。此处再犯徒罪以上从其他条款分析，应不含再犯盗罪。

盗犯中偷窃衙署属于较为严重的盗窃行为，秋审条款中有专门规定：**“偷窃衙署之案，如系三犯，赃至五十两以上及虽系初犯，赃至一百二十两以上者，依律拟绞入于情实。（乾隆二十四年）”**②此条针对一类情节较为严重的盗案——偷窃衙署，衙署为官府办公场所，偷窃衙署可能会扰乱公务秩序，侵犯官府秘密，对此种盗窃之累犯，比之常盗加严，若盗窃衙署且涉案金额超过一百二十两，或盗窃衙署三次以上拟入情实。

4. 遣军流徒复犯盗案

前案系遣军流徒后案犯盗情况下前案不发生影响：**“因窃问拟遣军流徒赦回并别项遣军流徒赦回，复行窃逾贯或至三犯及刃伤事主，仍按赃数及刃伤多寡办理不必加重。”**前案非死罪，后犯系盗案，再犯一般不影响后案定罪量刑。沈书：较之免死复犯死罪者为轻。嘉庆道光年间成案多入缓。③ 由于具体情节不同，也不排除实案存在。

5. 窃盗为从惯犯

“窃盗满贯为从已逾数次，其分赃又在一百二十两以上者，即照为首例绞候，入于秋审情实。”④此条针对的是普通盗窃，入实的条件是盗

---

① （清）王有孚辑：《秋审指掌·比对实缓条款》。
② （清）王有孚辑：《秋审指掌·核拟比对条款附案》。
③ （清）沈家本：《秋审条款附案》卷三《奸盗抢窃》，“因窃问拟遣军流徒赦回”。
④ （清）王有孚辑：《秋审指掌·核拟比对条款附案》。

窃数次，分赃在一百二十两以上。对于主犯而言，窃盗满贯绞监候，窃盗三次也是绞监候。此条对从犯合并涉案金额巨大和再犯情节，视同首犯定罪，从严拟入情实。

从上述条款的梳理看，清代死罪量刑中，对于再犯/累犯因素的考量主要集中在杀人和盗窃，并配合考察杀人者的主观心理状态和盗窃的次数与金额及是否存在刃伤事主等加重情节。再犯入实针对的是行为人怙恶不悛的心态，当然这种心态是通过再犯行为表现出来的。对再犯加重是刑罚个性化的一种做法，但是传统中国法的再犯加重或许并不在于加强刑罚的威慑作用，而是对罪刑相当中罪的主观构成要素的评价所致，即屡次作恶之人，其罪本较初犯、偶犯为重。虽然行为后果上多次犯罪通常也比一次犯罪为重，但在对再犯的评价上更重视的仍是主观心态的衡量。正如再犯加重尤其强调免死再犯，本应处死而得免死是皇恩浩荡，而竟然胆敢再犯，势必罪无可赦。

三、相关案例

1. 免死再犯杀人

先犯死罪免死后再犯杀人，暴露本性凶残故均入情实。

例如道光十四年湖广陈克宽前犯以可矜减流，在斗杀案中情节甚轻，后犯致毙卖休之妻，与殴死凡人稍有区别，夺刀回戳三伤均由抵御，尚有一线可原，但究系免死逃流刃毙人命之案，改实。① 本案后犯杀妻但已经卖休应同凡人，所以入实。咸丰八年四川杨洪舜先犯殴毙人命拟绞累减释回，复犯斗杀，核其情节，死先向扭，回殴一伤，该犯两眼看视不明，但与双目俱瞽者不同，不能认定笃疾，照实。② 杨洪舜免

① （清）英祥、林恩绶辑：《秋审实缓比较成案》卷十四，“免死复犯死罪”。
② （清）英祥、林恩绶辑：《秋审实缓比较成案》卷十四，“免死复犯死罪”。

死再犯杀人，尽管身有残疾亦难从宽。

2. 徒流再犯杀人或其他严重罪行

徒流再犯杀人或其他严重罪行，并非一定入实，但如情节严重应拟情实。

例如乾隆五十六年秋审广西魏右流犯在配，逞忿踹毙九岁幼孩，改实。① 受害人为未成年人，情节严重，入实。道光二十六年直隶李六子逃军挟从前指拿之嫌，主使致毙其命，金刃十六伤，四致命七骨损三骨断多在倒地后，另划三伤，情伤均重，虽死者屡向挟制讹钱亦非善类，骨断重伤系在手指，改实。② 此案入实因罪犯手段残忍。

3. 免死盗犯再犯

严重盗罪免死后再犯通常视情节而定，情节严重者入实。

例如咸丰十年奉天向双憘以免死盗犯复犯纠窃，计赃该徒罪以上，且复乘间脱逃，实属怙恶不悛，本应拟实，在监病故。③ 嘉庆十八年江苏王百、顺道光四年广东吴亚笼子前后两犯窃赃逾贯，均实。道光五年山东李蛮先犯刃伤事主工人，后犯刃毙人命。该犯在树下躺卧欲俟夜深偷窃，并未行窃，以免死窃匪复萌故智因而刃毙人命改实。④ 道光二十一年浙江沈淙泼前犯行窃满贯拟绞减军中途脱逃，复犯行窃逾贯，虽赃未至五百两，照实。⑤ 上述诸案中，罪犯或再次脱逃，或刃伤事主，或再犯盗窃金额巨大，情节严重入实。

---

① 《秋审档案》乾隆五十六年改事。

② （清）英祥、林恩绶辑：《秋审实缓比较成案》卷十四，“遣军流徒复犯死罪”。

③ （清）桑春荣：《秋审实缓比较汇案》卷十四“强盗免死发遣在配该犯徒罪以上”。

④ （清）沈家本《秋审条款附案》卷三《奸盗抢窃》，“前犯窃赃满贯”。

⑤ （清）英祥、林恩绶辑：《秋审实缓比较成案》卷二十一，“窃匪免死复犯行窃”。

4. 遣军流徒复犯盗

遣军流徒复犯盗也属于视情节入实案件。

例如道光二十年山东孟传忠刺匪拟军减徒在逃，复犯奸拐。事发后因差役奉票拘拿，则起意纠伙拒捕。摔跌后刀械交加，致令骨折成废，情节较重，改实。① 此案中罪犯先因犯罪被判充军，在逃过程中又犯奸拐之罪，之后更拒捕伤人，连犯多罪，且拒捕杀伤捕役，罪难从宽，故改入情实。

5. 盗窃惯犯

盗窃惯犯入实需要具备两个要素，一是多次行窃，二是分赃金额大。

例如乾隆三十二年甘肃马得鼈案②窃盗满贯为从已逾数次，其分赃又在一百二十两以上，入于情实。

第五节 动机恶劣

一、历史渊源

追究犯罪动机③是原心论罪这一传统司法文化的最重要体现。“拾遗者刖，曰：为盗心焉。”《法经》对拾得遗失物不上交、不归还原主的

① （清）英祥、林恩绶辑：《秋审实缓比较成案》卷二十一，“先犯行窃发遣后复犯行窃及刃伤事主”。

② （清）王有孚辑：《秋审指掌·核拟比对条款附案》。

③ 本书不对犯罪目的和犯罪动机作明确界定，借鉴张明楷的定义：“所谓犯罪动机是指刺激、促使犯罪人实施犯罪行为的内心起因或思想活动，它回答犯罪人基于何种心理原因实施犯罪行为，故动机的作用是发动犯罪行为，说明实施犯罪行为对行为人的心理愿望具有什么意义。”（张明楷：《刑法学》，法律出版社 2003 年版，第 251 页。）张明楷定义的犯罪动机事实上包含了犯罪目的。本书所述之犯罪动机当指犯罪人实施犯罪行为时所怀有之内心动因。

行为处以刖刑，因为拾物不还者所具有的据他人之物为己有之心和窃贼是一样的。《商君书·开塞》称："刑加于罪所终，则奸不去……故王者刑用于将过，则大邪不生。"认为惩罚犯罪结果不如制裁犯罪动机。《韩非子·说疑》说："禁奸之法，太上禁其心，其次禁其言，其次禁其事。"主张打击奸邪最有效的是禁止恶心而非禁止恶言和恶行。至于何者为心恶，"伤良曰谗，害良曰贼……窃货为盗……保利弃义谓之至贼"《荀子·修身》。以贪图利益违反道义为大贼。

历史上最明显体现原心论罪这一原则的司法实践是春秋决狱。桓宽《盐铁论·刑德》释："春秋之治狱，论心定罪。志善而违于法者免，志恶而合于法者诛。"春秋决狱将对犯罪动机的考量上升到一个前所未有的高度。其中一个典型案例"子误伤父案"："甲父乙与丙争言相斗，丙以佩刀刺乙，甲即以杖击丙，误伤乙，甲当何论？或曰殴父也，当枭首。论曰：臣愚以父子至亲也，闻其斗，莫不有怵怅之心，扶杖而救之，非所以欲诟父也。《春秋》之义，许止父病，进药于其父而卒。君子原心，赦而不诛。甲非律所谓殴父，不当坐。"①儿子殴伤父亲但动机不是弑亲而是救父得以免罪。

重视犯罪动机为此后历朝刑法的一个通常做法。唐律号称"得天下之平"，定罪量刑考察犯罪动机也是追求实质公平的体现。以官吏犯罪为例，唐律规定"私罪"从重，"公罪"从轻。公罪乃"谓缘公事致罪而无私曲者"；私罪乃"谓私自犯及对制诈不以实、受请枉法之类"。从有无谋取私人利益的犯罪动机上区别定罪量刑。又如"诸市司评物价不平者，计所贵贱，从赃论；入己者，以盗论"。根据是否有谋利动机则定罪量刑不同。② 元律"诸殴死兄弟之子而图其财者，处死"③。殴死兄弟之子本属以尊犯卑，但因是图财杀人，故并不考量尊卑因素，仍处死

① (宋)李昉：《太平御览》卷六百四十。

② 刘俊文点校：《唐律疏议》卷二十六，《杂律》"市司评物价不平"，第536页。

③ 《元史·刑法四》"杀伤"。

刑。“诸故杀无罪子孙，以诬赖仇人者，以故杀常人论。”①杀子孙本当减轻，但为诬赖他人杀子孙，动机恶劣，与常人罪同。“诸图财谋故杀人多者，皆凌迟处死，验各贼所杀人数，于家属均征烧埋银。”②杀人者死但一般不至于凌迟，之所以处以凌迟与图财动机有关。明律也将犯罪动机纳入考察范围，个别犯罪中因犯罪动机不同，定罪量刑有明显区别。例如“庸医杀伤人”：“凡庸医为人用药、针刺，误不依本方，因而致死者，责令别医，辨验药饵穴道，如无故害之情者，以过失杀人论，不许行医。若故违本方诈疗疾病，而取财物者，计赃准窃盗论，因而致死及因事故用药杀人者，斩。”③依是否具有不法动机区别过失故意，又依谋财还是害命区别窃盗和杀人。清律也保留了不少这类律条，如“验畜产不以实”：“凡相验分拣官马牛驼羸驴不以实者，一头笞四十，每三头加一等，罪止杖一百；验羊不以实减三等。若因而价有增减者，计所增减价坐赃论，入己者以监守自盗论，各从重科断。”④检验畜产不实目的在于谋取私利的要按监守自盗论罪。纵观历史，因犯罪动机而加重处罚主要集中在贪财逐利动机上，可见“君子喻于义，小人喻于利”的传统义利观对立法和法律实施的影响。

二、有关条款

与犯罪动机有关的秋审条款比较多，这类条款中所涉及的从重情节通常与财产因素有关，也有的和图奸、藐法有关，此外动机情节常常与其他情节合并发生作用，比如手段残忍或后果严重等。

1. 图财

疏纵罪囚等案，或禁卒在监，或解役在途，得受银钱私开锁镣，致

---

① 《元史·刑法四》“杀伤”。

② 《元史·刑法四》“杀伤”。

③ 怀效锋点校：《大明律》卷十九，第156页。

④ 田涛、郑秦点校：《大清律例》卷二十一，第345页。

囚远窜无获，及疏脱情实人犯者应入情实，其余如系一时疏忽，并无受贿松刑，且所逃人犯已经拿获者可入缓决。①此条针对禁卒或解役等具有管理押送罪囚职责之人收受贿赂私放人犯的行为，此处图财动机为情实要件。

图财强卖疏远亲属之案，如有图吞产业强将孀妇抢卖，其妇不甘失节自尽者，应入情实，若并非谋产，及仅止贪图财礼因而抢嫁，尚未酿成人命者可以缓决。此条强卖疏远亲属，入实的条件是行为人须具备谋产动机且强卖行为已经酿成人命，此处因强卖行为情节性质与杀伤行为相比较轻，故不仅要求一般图财动机且要有谋产的目的。

图财害命案内应斩绞监候者俱入情实。此条可以说是最典型的以犯罪动机定生死，虽然有杀人者死的朴素正义观，但从大量清代死罪执行结果看，杀人不死并非少数情况，而此条明确规定图财害命拟以斩绞监候俱入情实，确是毋庸置疑的诛心之断。只言图财害命者入实，不涉及其他任何情节，也就是不论手段是否残忍，被害人是否有过错，等等，只考虑一个情节——图财动机。足可见图财是如何被给予最严厉的否定性道德评价。

图财放火未延烧之案俱入情实。此条与图财害命条有相似之处，都是直接针对图财的行为动机。尽管放火未延烧，也就是并未造成危害后果，但因动机系图财，放火行为也是有可能危及性命的高度危险性行为，故并不考虑后果一律拟以情实。

故杀期功弟侄之案，如因夺产争继，及因图赖图诈情节残忍者应入情实，其余如系一时触忿及致死为匪之人者可以缓决。②此条关于故杀期功卑幼，系以尊犯卑，属于可以从轻处罚的情况，所以将实缓分际定在行为人是否有夺产争继或图赖图诈的动机。夺产争继或图赖图诈均系图财动机。

① （清）王有孚辑：《秋审指掌·比对实缓条款》。
② （清）王有孚辑：《秋审指掌·比对实缓条款》。

兵丁差役粮船水手殴毙人命之案，如系索诈索赌倚势滋事情节凶暴者，俱应入实，其余亦照常斗分别实缓。兵丁差役负有特殊职责而索诈索赌倚事行凶，既有悖职责要求又有图谋私利之动机，必当严惩。

疏纵罪囚如系得赃卖放无获者应入情实，其余一时疏忽并未受贿及逃犯已经拿获者可以缓决。看管罪囚之人因图财纵放囚犯，致使囚犯逃脱且抓捕无获加重处罚，若并无图财动机或逃囚已经抓获可以缓决。

对于犯罪行为而言，只要是故意犯罪，行为人所持犯罪动机都是恶意且应该被谴责的。那么为什么图财会被认为是不赦之罪呢？《摩西十诫》第十诫说“不可贪恋人的房屋；也不可贪恋人的妻子、仆婢、牛驴，并他一切所有的”。佛教十善之第八也是“不贪欲”。道家《道德尊君想尔戒》主张“行无欲；行知止足；行推让”①。如果说人类文明史上诸多宗教都有戒贪欲的规条，只有儒家站在义利对立的角度上衡量人性中的逐利动机。孔子说：“君子喻于义，小人喻于利。”②义在这里就充当了道德评价的标准，注重义还是注重利成为区分君子与小人的分水岭。孟子甚至把义看得比自己的生命更重要。“生，亦我所欲也，义，亦我所欲也；二者不可得兼，舍生而取义者也。”③义既然拥有如此崇高的地位，和其对立的利处于什么样的地位则自不待言。将义和利放在二元对立的角度进行评判，无疑会导致对逐利动机的严厉否定。这也是立法和司法实践中将图财动机作为确定的加重情节的原因。

2. 图赖图诈

殴毙人命后故杀子女图赖卸罪者应入情实，（原犯情节本轻亦有酌缓成案）如无诈赖别情亦只按其当场之斗情轻重分别实缓。沈书云：以情节而论，凶犯自杀子女系属轻罪，他人杀伊子女即罪犯应死。诬告人

---

① 《太上老君经律》。
② 《论语·里仁》。
③ 《孟子·告子上》。

死罪未决，应拟加役流，罪名颇不为轻。①

故杀妻之案如因图诈图赖及图奸他人，因妻碍眼而杀并逼妻卖奸不从而杀者应入情实，其余并无前项残忍情形者可以缓决。②此条夫杀妻，因夫尊妻卑一般有从轻可能，但如丈夫故意杀害妻子，目的在于图诈图赖或图奸他人或逼妻卖奸，由于动机恶劣应入情实。图诈图赖和逼迫卖奸均属图财动机，因图奸他人而故杀妻子自然也有悖伦常，绝非善类。

谋故杀义子并雇工及白契所买恩养未久奴婢，如有图诈图赖憎嫌畏累等情因而残杀，及死太幼稚恩养未久者应入情实，其余俱可缓决。此条涉及谋杀故杀义子雇工或奴婢，性质是以尊犯卑可以减轻，但如行为人谋杀故杀行为具有图诈图赖、憎嫌畏累动机则入于情实，图诈图赖系为图财目的，憎嫌畏累也极有可能和财产利益有关。

诬执夫兄欺奸者应入情实。沈家本认为诬执必有所因，不过家庭细故乃遽陷夫兄于重辟，情殊险恶，自难不实。③ 诬告夫兄欺奸和图赖同属致无辜之人于法网的陷害行为。

图赖图诈均是以捏造事实的方式意图使他人陷入不利境地，损人利己，是道德批判的靶子，且犯罪人捏造事实的行为本身即是剥夺他人生命的严重犯罪，以图赖图诈的动机行杀人之实，其行固恶，其心更险。

3. 憎嫌畏累

妇女谋故杀夫卑幼之案如图诈图赖憎嫌畏累，并细故非理残杀者应入情实，若衅起管教及死者理曲犯尊亦可缓决。此条妇女谋杀故杀夫之卑幼，也是以尊犯卑，因此也要求行为人具有某些应被严厉谴责的动机即图诈图赖、憎嫌畏累，当然此处还提到非理残杀，这一说法涵盖了其

① （清）沈家本：《秋审条款附案》卷二《人命》，“殴毙人命后故杀子女图赖”。

② （清）王有孚辑：《秋审指掌·比对实缓条款》。

③ （清）沈家本：《秋审条款附案》卷三《奸盗抢窃》，“诬执夫兄欺奸”。

他一些虽不涉及财产利益但同样没有正当理由的加害动机。

僧尼及诸色匠艺人等(优伶不在内)殴死弟子之案，如有因奸挟嫌畏累等情，逞忿残杀者俱入情实，其衅起管教无残暴重情者可以缓决。此条僧尼、匠人、艺人殴死弟子，因有师徒名分本应从轻，但行为人因奸挟嫌畏累等动机破坏师徒之义在先，则不再享有因尊卑身份带来的优待，反而有倚仗身份优势肆行不法的嫌疑，故拟以情实。

憎嫌畏累是憎恶嫌弃不愿拖累，即负有照顾义务的人逃避本身应尽义务，不仅不尽尊长对卑幼的抚养义务或师长对生徒的引领之责，而且狠心加害，有悖良知，也是社会舆论谴责的对象。

4. 图奸

强奸未成刃伤本妇者应入情实。因图奸伤人性质严重难以不实。

续奸不遂殴死悔过拒绝之奸妇应入情实，如死者并非悔过拒绝，因他故不允续奸而杀，及非因奸起衅致毙奸妇者，照寻常妇女之案略为加严。

因奸因盗威逼人致死者俱入情实。

通奸行为违背道德，破坏伦理，在传统社会更是犯罪行为。曾经有过通奸行为的妇女悔过拒绝，是主动改正错误，符合社会道德的期待。犯罪人原本应该因涉事妇女的拒绝而放弃续奸念头，终止犯罪行为，如此亦可在一定程度上挽回通奸行为对社会伦常的危害。但是行为人却因妇女的拒绝而行凶杀人，这一行为因其与社会伦常的对立性加重了罪行的严重性。

5. 藐视法律

各项罪人拒捕杀所捕之人者俱入情实。沈家本称“罪人拒捕等案或事犯被拘或因奸被获，如有喊众持杖逞凶抗拒致伤应捕之人，及拒捕至残废笃疾应拟情实，其余如系情急图脱及被追无奈回殴者可以缓决……谢信斋云，犯罪之人逞凶杀所捕人其情甚凶，其罪可诛，历年秋审均系入实从无缓案”①。

抢夺拒捕刃伤及折伤无论伤之多寡俱应情实(如被扭图脱情急，刃划一二伤者亦可酌入缓决)。沈家本称乾隆三十二年条款云抢夺伤人之案，如纠众肆抢，及因事主夺赃故行殴砍多伤致成废笃疾，情形凶暴者应入情实，其余实因图脱情急无奈拘捕可以缓决。此条不知何年改定，较乾隆间办理为严。②

窃盗临时盗所拒捕刃伤事主俱入情实，亦间有因止刃划一伤入缓之案，查此项情节亦有不同，如一闻事主喊声即持刀相向，情近于强，虽止一划伤自应入实，若实系被拉被抱，划由图脱，与逃走后被追图脱事异而情同，例予斩候已有区分，似可酌量入缓。沈家本称乾隆条款如伤由图脱不论砍戳带划皆可酌缓，道光三年加严以砍戳带划分别实缓，此条款则以是否有被扭图脱急情为实缓分界。③

窃盗图脱拒捕致毙事主，无论情伤轻重俱入情实。

罪人因不法行为受到法律追究，捕役等代表官府执行法律，对犯罪之人有捕捉之责和捕捉之权。从官府角度看，罪人若知畏法，自应束手就擒，但罪人面对追捕悍然反抗甚至杀伤捕役人等，自属罪上加罪，理当从重处罚。

至于窃贼和事主的对抗、窃贼的盗窃行为，赋予了事主捕盗的权利，而在事主追捕盗贼的过程中，事主的权利代表社会正义，具有不容置疑的正当性。窃贼不仅不肯就擒反而殴伤或杀害事主，和“做贼心虚”之常理相悖，表现出行凶人对法律的藐视以及对伤害行为的无所顾忌，其行为显然具有更高的应受谴责性。

贿买案外之人顶凶已成者应入情实。

---

① (清)沈家本:《秋审条款附案》卷二《人命》,“各项罪人拒捕杀所捕人”。

② (清)沈家本:《秋审条款附案》卷三《奸盗抢窃》,“抢夺拒捕刃伤及折伤”。

③ (清)沈家本:《秋审条款附案》卷三《奸盗抢窃》,“窃盗临时盗所拒捕刃伤事主”。

行为人行凶杀人，为逃避法律制裁，贿买案外之人顶凶且已达到目的，属于严重藐视法律，故入于情实。沈家本称顶凶之例定于乾隆二十七年，原犯应入情实者拟为立决，应入缓决者秋审拟入情实。①

对具有某些动机，包括图财、图奸、藐法等的犯罪人从重入于情实，符合原心论罪的传统。那些被给予负面评价的行为动机，或是涉及主流道德观，比如贪婪、淫逸，不愿承担家庭责任；或是涉及对统治秩序的维护，比如藐法。将行为动机作为决定实缓的关键情节对待，以之作为生死分际，这一做法是在定罪量刑时将行为人的主观恶性视为衡量其罪之轻重的一个重要尺度。对具有某些恶劣动机的犯罪人从重处罚实际上还是基于刑罚报应观，而非功利观，因为从重的目的不是为了威慑和预防，而更多的是基于立法者和社会主流的价值评判。

三、相关案例

1. 贪财

与贪财逐利动机有关的秋审条款数量最多，故因此动机而被从重处罚的案件在所有案件中所占比例也最高。

乾隆三十二年，有四例官员犯死罪案件，乾隆皇帝在复核死刑裁决时，对四位涉案官员分析了他们各自的犯罪动机并据此进行了不同的处理：和衷受贿徇庇段成功情实予勾，李因培办理亏空案减数回护赐自尽，庄有恭循相沿积习为段成功开脱被施恩复职，汤聘不能揭发总督罪行改拟缓决。皇帝解释不同判罚的原因："其犯出无心，虽必示之惩创，未尝不许其湔涤自新且或弃瑕录用；若其营私藐法，孽由自作，此而曲为姑息，将使职任封圻者互相效尤，如用人何如，如国宪何如？四

① （清）沈家本《秋审条款附案》卷四《杂项》，"贿买案外之人顶凶"。

人皆系大臣，其治罪差等判然。”①四位涉案官员中和衷贪赃枉法，行为动机最恶劣，故情实勾决；李因培徇私回护无贪赃动机，较和衷为轻，故免于刑戮，赐其自尽；庄有恭无徇私动机，开脱出于惯习，得以蒙恩复职；汤聘身为下级不能揭发上司罪行，不能无罪但非为谋取私利，拟以缓决。

乾隆五十六年秋审浙江胡春发因恐窃赃败露迁怒故杀妻命，改实。② 夫杀妻本可从轻，但此案胡春发因担心妻子发现并暴露窃赃，故而杀妻，因此从重改实。

道光三年广东王国保等二犯窃贼刃伤事主，所拒伤痕各止二处，各处均止皮破，其所供带划情形尚属可信，惟因临时盗所护赃逞凶格斗刃伤事主，照实。③ 此案罪犯行窃刃伤事主，虽然伤情轻微，但目的在于护赃，所以照实。

同治四年河南李旺故杀缌麻卑幼，虽涉案田产非死者分所应得，凶手行径与图谋卑幼财产杀死卑幼不同，但系因财产故杀卑幼之案，改实。④ 此案涉及财产纠纷，但引起纠纷的田产并非死者所有，即李旺杀人目的非为夺产，但因案涉财产仍改拟情实，足见司法实践中对图产动机非常敏感并有扩大解释的倾向。

咸丰二年云南张小四两次烧人房屋，虽经救熄未曾烧毁，惟究系图财放火之案，改实。⑤ 图财放火与图财害命同为图财动机，虽并未造成延烧后果，仍不能从轻。

同治六年河南聂雨臣听从图财谋杀无服族侄身死并未加功，定案时因系同族无服照凡人论拟斩候。秋审衡情该犯系死者无服尊长，虽与同

---

① 《秋审档案》乾隆三十二年上谕“朝审官犯李因培等”。

② 《秋审档案》乾隆五十六年改事。

③ （清）沈家本：《秋审条款附案》卷三《奸盗抢窃》，“窃盗临时盗所拒捕刃伤事主”。

④ （清）英祥、林恩绶辑：《秋审实缓比较成案》卷三，“致毙本宗卑幼”。

⑤ （清）英祥、林恩绶辑：《秋审实缓比较成案》卷二十三，“图财放火”。

服亲属不同，究与凡人有间，但因案系图财害命，照实。① 此案聂雨臣谋杀无服族侄，因存在图财动机，尽管死者系其卑幼，也未能从轻。

2. 图诈图赖

图诈图赖动机有时候会和图财动机有所交叉，即图诈图赖目的也在图财，但以诈、赖为手段。

嘉庆二十四年山东朱东凤身为县役，甘当地保爪牙，听从讹诈，妄拿无辜。首先揪住被害人按倒拖拉，于众人殴倒多伤后脚踢肾囊致死，改实。② 此案朱东凤在群殴中的角色可以认为是致命伤重者，因是参与讹诈，从重拟实。

道光二十四年四川王孔树故杀年甫五岁义子图赖情殊残忍，虽经人催问即行告知实情，并自行投首尚知悔恨，照实。③ 此案王孔树故杀义子，虽有自首情节，但故杀图赖情节已决定了案件情实的裁定。

道光十六年贵州吴秉仁受伤夺刀抵戳适毙，惟故杀胞侄图赖凶狡难宽，改实。④ 吴秉仁虽是杀害卑幼，但动机是图赖，从重改实。

咸丰七年陕西周发春谋杀胞弟图赖情节较惨。虽死者不为该犯挖取野菜并向扑殴实属犯尊，究难率缓，照实。⑤ 此案未知周发春谋杀胞弟图赖的具体细节，但情实的裁定表明死者犯尊的过错未对量刑产生实质性影响，真正影响实缓的还是杀弟图赖的情节。

3. 憎嫌畏累

杀人者因憎嫌畏累而行凶，体现犯罪人试图摆脱本应承担的家庭责

---

① (清)英祥、林恩绶辑:《秋审实缓比较成案》卷五，“图财害命”。

② (清)沈家本:《秋审条款附案》卷二《人命》，“兵丁差役粮船水手殴毙人命”。

③ (清)英祥、林恩绶辑:《秋审实缓比较成案》卷三，“谋故杀义子并雇工及奴婢”。

④ (清)沈家本:《秋审条款附案》卷二《人命》，“殴毙人命后故杀子女图赖”。

⑤ (清)英祥、林恩绶辑:《秋审实缓比较成案》卷三，“谋故杀胞弟”。

任，加重了行为的应受谴责性。

嘉庆十九年广东梁氏憎嫌妾生幼子，挟恨谋毒致毙，又谋毙幼侄，改实。① 按礼法妾生子亦是嫡妻之子，梁氏对庶子有教养之责，但犯罪人梁氏因憎恶嫌弃之心竟然毒杀，兼之另外致死年幼的侄儿，心狠手辣，难以不实。

道光二十五年山西王日封憎嫌病妻故杀其命。虽死者令伊烧茶即起□通火，迨因顶撞倔强起意将其致毙，较之蓄意憎嫌惨杀无过之妻者稍觉有间，改实。② 此案王日封杀妻，虽死者有顶撞倔强的过错，但憎嫌病妻，动机不良，最终拟实。

4. 图奸

“万恶淫为首”，图奸动机也是犯罪人主观恶性较大的标志，故因奸杀人，常从重或加重处罚。

嘉庆二年，针对一起因奸谋杀庶子案，嘉庆皇帝颁布上谕：“本日阅四川省情实人犯招册内廖氏与滕义怀通奸，因庶长子周应鹤防范严密，该氏商同奸夫将周应鹤杀毙一起。将廖氏依嫡母因奸故杀庶子，其夫不致绝嗣，拟以绞候永远监禁。又殷氏因与周三耀通奸，将伊子勒毙一起，将殷氏依亲母因奸故杀子女例拟绞，因伊夫业经绝嗣，入于秋审情实。是固属按例办理，但细核前起案情，廖氏与滕义怀通奸被周应鹤撞破，以颜面攸关，遂尔隐忍。该氏恋奸情密，因伊子周应鹤防范严密，不能续旧，起意商令奸夫滕义怀在墙外撒土，该氏诡称有贼，令周应鹤往视。滕义怀即用刀将周应鹤立时戳毙。其子尚有爱父之心，而此妇淫邪乃忘其夫，不仁残忍，实出情理之外。妇道以节义为重，若身犯奸淫罔顾廉耻甚至因伊子碍眼杀其灭口，是其于夫妇之伦已乖，即于母子之恩已绝。准以母出与庙绝之义，即不得复拘泥其夫有无子嗣成例分

① (清)沈家本：《秋审条款附案》卷一《服制》，“妻谋故杀妾”。
② (清)英祥、林恩绶辑：《秋审实缓比较成案》卷四，“谋故杀妻”。

别办理。况失嫡母之义，其子本非所生，与亲母又觉有异，若于此不大为之防，则淫凶之妇，恃有名分，恋奸逞杀，实不足以维风化而饬纲常。嗣后妇女因他故起衅故杀其子者，自当仍旧办理外，其有因奸杀子者，无论嫡母亲母继母嗣母，俱照例分别斩绞，不论其夫有无子嗣，皆入于秋审情实办理。其永远监禁之条即着删去，除此案廖氏已饬照此旨改拟，以示维名节惩创邪淫之意。着为令。钦此。”①母杀子通常以是否致其夫绝嗣决定实缓，这则上谕中涉及两案，一为嫡母故杀庶子，一为母杀亲子，前者未致绝嗣，后者造成绝嗣，原拟未造成绝嗣者入缓，造成绝嗣者入实，符合条款规定。嘉庆帝以母因奸谋杀庶子，无夫妇之义，应视为已自然断绝母子之恩，不应仍视母杀子是否绝嗣为断，而应断然入实。

道光二十五年江西朱石狮子续奸不遂，刃毙悔过拒绝之妇，虽戳划均由抵御，照实。② 通奸之妇女已经悔过拒绝，罪犯因图奸不遂杀人，从重拟实。

道光二十九年朝审泳升误听其妹之言，怀疑妹妹为人奸污，为实施报复强奸他人妻子，且该犯奸毕后复令常与往来，照实。③ 此案泳升最初犯罪是出于报复之心，但事后仍纵淫乱之意，情法皆无可原，照实。

道光二十五年云南张士友因奸威逼致本夫自尽照实。④

5. 藐法

藐视法律从而破坏法律实施的表现是多方面的，包括放纵罪犯、

---

① 《秋审档案》嘉庆二年上谕“因奸杀子者无论嫡母亲母继母嗣母其夫有无子嗣俱入实”。

② （清）英祥、林恩绶辑：《秋审实缓比较成案》卷十八，“奸匪杀死悔过拒绝之妇”。

③ （清）英祥、林恩绶辑：《秋审实缓比较成案》卷十九，“强奸未成拒伤本妇”。

④ （清）黄祥、林恩绶辑：《秋审实缓比较成案》卷十九，“因奸盗威逼人致死”。

回护犯罪、受贿顶凶以及抗拒抓捕等。藐法类犯罪直接挑战法律权威，有非常恶劣的社会后果。

乾隆三十一年秋审，湖广省官犯饶佺回护拟入情实。九月十七日予勾后，皇帝发现同年浙江省有一同类回护案件，涉案之知府高蒙象仅被判发往军台效力。考虑可能存在同案不同判的情形，乾隆皇帝紧急叫停了饶佺案的执行。后经调卷比核，“高象震承审时受人朦混不能究出实情，继复固执己见，仍照前详，率昏愦无能，尚属无心之过，发往军台效力已足蔽辜。若饶佺授意改串，因袒护舞弊属员，曲为狥纵，以知府大员敢于有心欺罔，于法实无可贷”①。饶佺仍即行处决。此两案高象震无袒护故意，饶佺则意在徇私故纵，故处罚结果有生死之别。

乾隆五十五年贼犯陈筲因被差役赵荣侦见擒捕，即拔身带小刀戳伤赵荣身死一案：差役赵荣经本官委令访拿匪犯□在沙河地方，侦见贼人陈筲，上前擒捕。该犯即拔刀连戳，赵荣倒地殒命。藐法逞凶之陈筲照例本应问拟监候，福建巡抚因漳泉一带民情刁悍，请旨即行正法。乾隆皇帝谕旨：“嗣后内外问刑衙门遇有贼犯行凶，用刀立时杀毙差役，情节似此可恶者，俱应请旨即行正法，不得拘例办理，使凶犯稍稽显戮。”②

乾隆三十一年云南黄得贵共殴行贿顶凶赶入情实，受贿顶凶之黄起缓决。三十六年广东谢有道贿嘱顶凶照实，钟斗生受贿顶凶照缓。③此类案件中行贿顶凶者主导，受贿顶凶为从，故行贿者入实，受贿者可缓。

嘉庆二年直隶李若奉系受贿故纵窃贼逾贯之犯，以罪囚之赃已逾千改实。道光二十五年贵州杨二寨头受贿通线致行劫盗犯越狱脱逃，情殊藐法，难以犯已全获为解，照实。④

嘉庆十三年山东王来子刃扎事主一伤，事主因追赶跌毙，改实。道

① 《秋审档案》乾隆三十一年上谕。

② 《秋审档案》乾隆五十五年九月十九日上谕。

③ （清）沈家本：《秋审条款附案》卷四《杂项》，“贿买案外之人顶凶”。

④ （清）沈家本：《秋审条款附案》卷四《杂项》，“疏纵罪囚”。

光十一年江西叶良子行窃被缚，图脱带跌事主下磡磕毙改实。① 窃贼对抗事主，致事主身亡，从重入实。

第六节　手段残忍

一、历史渊源

所谓手段残忍是指犯罪人的行为方式超过了一般人的认知，比如使用了特殊的犯罪工具、非人的折磨手段等。对手段残忍之犯罪加重处罚的缘由在于人皆有不忍人之心，手段残忍的行为人缺乏人性，应为世人所不齿。儒家学说相信人之初、性本善，善的起点是恻隐之心。“所以谓人皆有不忍人之心者，今人乍见孺子将入于井，皆有怵惕恻隐之心——非所以内交于孺子之父母也，非所以要誉于乡党朋友也，非恶其声而然也。由是观之，无恻隐之心，非人也……”②孟子认为不忍人之心出自本能。朱子则曰：“天地以生物为心者也，而人物之生，又各得夫天地之心以为心者也。故语心之德，虽其总摄贯通无所不备，然一言以蔽之，则曰仁而已矣。请试详之：盖天地之心，其德有四，曰元亨利贞，而元无不统。其运行焉，则为春夏秋冬之序，而春生之气无所不通。故人之为心，其德亦有四，曰仁义礼智，而仁无不包。其发用焉，则为爱恭宜别之情，而恻隐之心无所不贯。”③朱子不是像孟子那样通过普通人面对“孺子入井”等情景的本能反应揭示人的本性，而是让我们通过领悟天道之善性(即春生万物，生生不息)，进而体会人性之善(人性源于天道，人应以天地之心为心)。

恻隐之心的具体表现应该是同情和怜悯。所谓同情，即对他人的苦

① (清)沈家本：《秋审条款附案》卷三《奸盗抢窃》，“窃贼图脱拒捕致毙事主”。

② 《孟子·公孙丑上》。

③ (宋)朱熹：《晦菴先生朱文公文集》卷六十七，《仁说》。

痛感同身受；所谓怜悯，则是期望他人的苦痛能够减轻或消除。恻隐之心并不必然导致怜贫济弱、扶危济困的行为，但是至少不应该追求加重他人的苦痛，并将个人的满足建立在他人的痛苦之上。落井下石、对受害人实施远超过实现犯罪目的必要程度的伤害是毋庸置疑的残忍行径。

基于人性所具有的恻隐之心的本质，失去恻隐之心，则丧失为人的基本特质，既然犯罪人失去了为人的基本特性，那么对这样的人也就不必要抱持人道的态度，给予仁慈的对待。这种否定性评价在刑罚实施上便体现为对行为手段特别残忍的犯罪人从重或加重处罚。

量刑时区分犯罪手段可追溯至汉代。《二年律令·贼律》："斗而以刃及金铁锐、锤、锥伤人，皆完为城旦舂。其非用此物而眇人，折肢、齿、指，胅体，断决鼻、耳者，耐。"①使用了金刃类凶器，较未使用金刃伤人行为手段更为残忍，故前者处完城旦舂之刑，后者尽管产生了致盲，折损肢体、牙齿、手指等严重后果，只处以耐刑。唐律："诸杀一家非死罪三人，及支解人者，皆斩；妻、子流二千里。"②疏议曰：杀人之法，事有多端，但据前人身死，不论所杀之状，即非"不道"，只依杀一人罪法。即一般杀人罪只考虑致死之人，并不涉及其他情状，但是不道杀人则需特别对待，致死一家多命或不仅致死他人且予支解，手段残忍，不负"逆节绝理"之论，故不仅须偿命，且加处亲属连坐。元律"诸挟仇杀伤人一家，俱获生免者，与已死同"③。虽然从犯罪后果看，未造成死亡的结果，但性质属于灭门，手段残忍，未杀视同已杀，从严处罚。"诸尊长辄以微罪刺伤弟侄双目者，与常人同罪，杖一百七，追征赡养钞二十锭给苦主，免流，识过于门。"④尊长伤害弟侄系以尊犯卑，本可减轻，但刺伤双目，手段残忍，足见心狠手辣，故与常人同

① 张家山二四七号汉墓竹简整理小组编著：《张家山汉墓竹简[二四七号墓]》，第12页。

② 刘俊文点校：《唐律疏议·贼盗》，第360页。

③ 《元史·刑法三》"大恶"。

④ 《元史·刑法四》"斗殴"。

罪。明《斗殴条例》："凶徒因事忿争，执持枪、刀、弓、箭、铜铁简剑、鞭、斧、扒头、流星、骨朵、麦穗、秤锤、凶器，但伤人及误伤傍人，与凡剜瞎人眼睛、折跌人肢体、全抉人耳鼻口唇、断人舌、毁败人阴阳者，俱问发边卫充军。若聚众执持凶器伤人及围绕房屋抢检家财，弃毁器物，奸淫妇女，除真犯死罪外，徒罪以上，俱不分首从，发边卫永远充军。"①严厉处罚使用利器、致人残废的犯罪行为。

对手段残忍之罪犯加重刑罚直至同样施以酷刑，是刑罚报应观的直接体现，以彼之道还施彼身，同时可以加强刑罚的威慑作用。既代表社会对犯罪行为的深刻谴责，也是对受害人/受害人家属的一种慰藉。

二、有关条款

清代并无对手段残忍的犯罪行为从重或加重惩罚的单独条款，相关内容散见于众多条款中，反映出手段残忍一般不会单独决定案件实缓，而是通常和其他情节共同发生作用。

擅杀二三命及火烧活埋者俱入缓决，若至四五命以上情节实在惨忍者亦酌入情实。此条款针对擅杀案件，将杀害人数在四五命以上和有实在残忍情节者作为定拟情实的要件。

听纠共殴致毙之案多系事不干己，如党恶凶残刀械殴扎多伤，死未还手者应入情实，其余以后下手拟抵，并同时共殴之人亦有重伤者，罪疑惟轻，尚可入缓。此条针对共殴致人死亡案件中的从犯，将手段残忍且被害人无过错作为入实要件。

扳倒割筋剜眼致毙人命之案多入情实，如衅起理直死非善类并情节不甚凶残者亦可缓决(意止欲令成废者)。此条针对以极端方式致人死亡案件，割筋剜眼等手段极为凶残，超过普通人心理的容忍程度，故规定一般拟入情实，除非加害人起衅理直，或不以杀人为目的。

威力制缚人拷打致死之案较之威力主使为重，如挟嫌借事拷打或非

① 怀效锋点校：《大明律》附录《问刑条例》，第419页。

刑凌虐或妄拷平人，一切凶暴不法情节俱应情实，其余衅起理直并疑窃有因，及制缚而未拷打，或邂逅伤轻致毙者亦可缓决。非刑凌虐被视为加重情节。

金刃伤穿透之案，如系胸前透脊背，或肚腹透腰眼，或左腋透右腋，及一切要害致命处所穿透者，其情凶近故应入情实，(如死者扑拢势猛收手不及之类亦多缓案)倘理直情急受伤回抵仅止一二伤之案，虽至洞胸贯腋亦可缓决，其余腿脚胳膊等处穿透者亦照寻常斗杀伤痕分别实缓。此条系根据伤情来判断手段之残忍。沈家本对此条中穿透伤尚可拟缓存疑："夫穿透伤之由前透后，或由后透前，由左透右，或由右透左，或直透或斜透，其伤痕自五六寸、七八寸及尺余不等，非下手极凶极狠必不能如此深重。此固非仅仅扑拢势猛及刀锋尖利之所能致也。此而谓之情凶近故，夫复何词？乃必曲为之解，总由救生不救死之说中于人心者深也。"①

手段残忍是一种融主客观为一体的情节，手段残忍既将罪犯的主观恶性表露无遗，又几乎不可避免地造成严重后果，将此情节作为加重情节合乎报应刑罚观。由于人皆有恻隐之心，对手段残忍的罪犯从重处罚也符合社会心理。

三、相关案例

1. 非人手段

嘉庆二十五年云南段文达因死者之夫行窃，在死者并非罪人且不知窃情，尤属无辜，犯代人访贼希图酬谢，则吊拷凶器戳伤致死，情殊欺凌。改实。② 对无辜之人吊拷凶器戳伤，殊属残忍。

道光二十八年直隶江中儿纠殴毙命，于余人摔倒后铁器四伤二致命

① (清)沈家本《秋审条款附案》卷二《人命》，"金刃伤穿透"

② (清)沈家本《秋审条款附案》卷二《人命》，"威力制缚人"。

一骨损，复主使挖出两眼睛，情殊凶暴。虽先殴均系他物，挖眼虑其报仇，照实。① 罪犯主使挖眼，声称防止报仇，实则为残忍的心态。

道光二十四年热河孙发金刃四伤三致命一透内，倒地后一伤由肚腹透过右后肋，勘伤奇重，虽衅起索欠，死先逞凶，先札各伤均由抵御，枪系夺自死者之手，改实。② 凶手致被害人穿透伤重，说明主观心态残忍。

咸丰八年山西贾觅眼等窃匪挟事主向斥之嫌纠殴泄忿，于伙贼殴伤后，先用石灰揉瞎两眼，撬落门牙，伙贼割伤舌尖，致令两目成笃，情殊凶暴。难以还赃寝息，揉眼系由被斥为解，改实。③ 罪犯用石灰揉瞎被害人双眼，享受被害人的痛苦，实属心狠手辣。

2. 灭绝人性

乾隆五十五年秋审陕西李玉因挟积恨计图放火烧毙胞弟不遂，用刀狠砍立毙，情殊残忍，改实。④ 此案李玉先是火烧继而刀砍，犯罪对象是自己的亲弟弟，可谓灭绝人性。

乾隆六十年图巴扎布图承袭伊侄公爵，商令喇嘛吹达尔将伊侄形容图画咒诅。经伊妻杭图屡次劝阻，该犯恐杭图并喇嘛吹达尔向人告知败露，捏称伊妻与吹达尔通奸，商令属下齐博克、札木巴拉、齐丹扎布帮同下手谋害，并恐伊子巴雅尔图及家奴都葛尔泄露，欲一并杀死。齐博克等应允。图巴扎布乘夜偕同齐博克等将伊妻、伊子并喇嘛及家奴四命一并砍毙。乾隆皇帝谕令刑部照谋杀四命之例将图巴扎布改拟斩决，其问拟绞候之齐博克等俱着照同谋杀四命并其主之例改拟绞决，以昭平允而示惩创。⑤ 此案中图巴扎布为图袭爵诅咒侄儿，并谋害妻、子并喇嘛、家奴四命，惨无人道，实难从宽。

---

① (清)英祥、林恩绶辑:《秋审实缓比较成案》卷十二，“割筋剜眼”。
② (清)英祥、林恩绶辑:《秋审实缓比较成案》卷十二，“穿透伤”。
③ (清)英祥、林恩绶辑:《秋审实缓比较成案》卷十二，“割筋剜眼”。
④ 《秋审档案》乾隆五十五年改事缓决改情实二十一起。
⑤ 《秋审档案》乾隆六十年九月初七日“图巴扎布图袭侄爵谋杀妻子四命案”。

3. 后果惨绝

手段残忍一般体现在行为上，但后果惨绝也能以客观的事实反映行凶之人主观上的残忍。

咸丰五年山西卢清纠殴致毙一家四命，该犯听纠下手致毙一命，实属党恶凶残，难以他物一伤为解，改实。① 此案罪犯尽管只以他物致毙一命，但参与灭门惨案难以从宽。

同治三年山东文三听纠聚众致毙一家祖孙父子三命，该犯致毙其中之一，照实。② 文山听从他人纠集造成一家祖孙三人遇害，虽本人只致死一人，也无法宽宥。

第七节　后果严重

一、历史渊源

刑罚与危害后果相适应是最符合人类认识规律的想法。《尚书》说“兹式有慎，以列用中罚”③，强调要适用中罚，不过轻亦不过重。孔子也有言：“刑罚不中，则民无所措手足。”④孔子认为适用中罚才可以使百姓建立对行为的合理预期。清代嘉庆皇帝曾作《刑罚论》，称：“生者虽可矜，死者尤可悯也。刑罚不中，上干天和。”认为应该在怜悯受刑者和抚慰受害者之间保持平衡，中罚方才符合天道。关于中罚的主张，实际上就是罪刑相适应的思想。罪从主观上看是罪过，即犯罪人的主观恶性；从客观上看就是罪行，主要的体现便是犯罪后果。量刑须考虑犯罪人的主观恶性，也必然需要衡量犯罪后果。

---

① （清）英祥、林恩绶辑：《秋审实缓比较成案》卷五“纠殴致毙一家四命以上”。

② （清）英祥、林恩绶辑：《秋审实缓比较成案》卷五“纠殴致毙一家三命”。

③ 《尚书·周书·立政》。

④ 《论语·子路》。

历代法律均有依犯罪后果定罪量刑的规定。例如对于盗罪，秦律规定：“不盈五人，过六百六十钱，黥(劓)以为城旦；不盈六百六十到二百廿钱，黥为城旦；不盈二百廿以下到一钱，(迁)之。”①对于非聚众犯盗窃罪按照盗窃金额量刑，涉案金额越大，所处刑罚越重。汉代《二年律令·贼律》：“矫制，害者，弃市；不害，罚金四两。”②规定伪造皇帝诏旨者视是否造成危害后果量刑，若造成危害后果，行为人将被处死；未造成危害后果，处以罚金。“贼杀人及与谋者皆弃市。未杀，黥为城旦舂。”③杀人者及其同谋均处死刑，但如果未致人死亡，则减轻处以黥为城旦舂。唐律同样有不少条款根据犯罪后果定罪量刑，例如“诸向宫殿内射，宫垣，徒二年；殿垣，加一等。箭入者，各加一等。即箭入上阁内者，绞；御所在者，斩”④。向宫殿内射箭，视所射及位置不同量刑，从徒刑至死刑。“诸妻妾谋杀故夫之祖父母者，流二千里；已伤者，绞；已杀者，皆斩。部曲、奴婢谋杀旧主者，罪亦同。”⑤区别未造成伤害后果、造成伤害后果、致人死亡的不同情况分处流刑、绞刑或斩刑。“诸斗殴折跌人肢体及瞎其一目者，徒三年……即损二事以上，及因旧患令至笃疾，若断舌及毁败人阴阳者，流三千里。”⑥殴伤他人根据伤情轻重不同处徒刑或流刑。元律斗殴量刑相对较轻，但也遵循按后果严重程度量刑的原则，“诸斗殴，以手足击人伤者，笞二十七，以他物者三十七。伤及拔发方寸以上，四十七。若血从耳目出及内损吐血者，加一等。折齿、毁缺耳鼻、眇一目及折手足指，若破骨及汤火伤人者，杖六十七。折二齿二指以上，及髡发，并刃伤、折人肋、眇人两

---

① 《睡虎地秦简·法律答问》。

② 张家山二四七号汉墓竹简整理小组编著：《张家山汉墓竹简[二四七号墓]》，第9页。

③ 张家山二四七号汉墓竹简整理小组编著：《张家山汉墓竹简[二四七号墓]》，第11页。

④ 刘俊文点校：《唐律疏议·卫禁律》“向宫殿射”，第177页。

⑤ 刘俊文点校：《唐律疏议·贼盗律》“谋杀故夫祖父母”，第356页。

⑥ 刘俊文点校：《唐律疏议·斗讼律》“殴人折跌肢体瞎目”，第417~418页。

目、堕人胎，七十七。以秽物污人头面者，罪亦如之。折跌人肢体，及瞎其目者，九十七。辜内平复者，各减二等。即损二事以上，及因旧患，令至笃疾，若断舌及毁败人阴阳者，一百七”①。明清律也有不少条款涉及按犯罪后果定罪量刑，例如：“凡诬告人笞罪者加所诬罪二等，流、徒、杖罪加所诬罪三等，各罪止杖一百、流三千里。若所诬徒罪人已役，流罪人已配，虽经改正放回，验日于犯人名下追征用过路费给还；若曾经典卖田宅者，着落犯人备价取赎；因而致死随行有服亲属一人者，绞，将犯人财产一半断付被诬之人。至死罪，所诬之人已决者，反坐以死。未决者，杖一百、流三千里，加徒役三年。”②诬告罪量刑基本原则是加等反坐，已包括视犯罪后果不同衡量量刑轻重的考虑，同时根据实际造成的已徒、已配或致人死亡的结果调整量刑，如发生致人死亡的后果则突破诬告反坐不入死的限制，将诬告者处以死刑。

不过值得注意的是，中国古代法律以犯罪后果定罪量刑所占比重并不太大，不少种类的犯罪并不考虑犯罪后果，例如唐律“诸御幸舟船，误不牢固者，工匠绞”③。“诸詈祖父母、父母者，绞；殴者，斩。”④明清时期的谋反罪，“但共谋者不分已行未行一律凌迟处死”⑤。“盗制书者皆斩。”⑥这些犯罪因侵犯的法益属于传统法律保护的重点，故此法律不考虑犯罪后果的轻重，只要行为发生就给予严厉的处罚。

二、有关条款

犯罪后果通常按致死人数、伤情轻重、死亡后果、是否绝嗣、涉案

① 《元史·刑法四》“斗殴”
② 田涛、郑秦点校：《大清律例》卷三十《诉讼》，“诬告”，第481页。
③ 刘俊文点校：《唐律疏议》卷九，“御幸舟船有误”，第209页。
④ 刘俊文点校：《唐律疏议》卷二十二，“殴詈祖父母父母”，第446页。
⑤ 田涛、郑秦点校：《大清律例》卷二十三《贼盗》，“谋反大逆”，第365页。
⑥ 田涛、郑秦点校：《大清律例》卷二十三《贼盗》，“盗制书”，第370页。

金额、是否有重大影响等方面加以衡量。

1. 致死人数

连毙二命之案，无论一故一斗，及二命俱斗杀，并内有一命即系当场杀人之犯或系正余限外身死，律不应抵者，俱应入情实。虽被害人之一律不应抵，但毕竟致死二人，拟实。

听从殴毙一家二命下手伤重从犯应绞候者，不论伤之多寡轻重俱入情实。（嘉庆十八年议复御史嵩条陈，如实在被殴危急一伤适毙，或死近罪人、死由跌溺者酌量入缓，是年四川有照缓案。）沈家本称：下手伤重之犯本止拟流，嘉庆九年改为绞候，系由生入死，稍宽似不为纵。① 传统法律致死一家多人较非一家多人严重，故虽系从犯仍拟情实。

2. 致死后果

语言调戏致妇女及良家子弟羞忿自尽，并污蔑奸情致妇女忿激自尽者俱入情实。（沈家本《秋审条款附案》小注：按语言调戏致本妇羞忿自尽之案，如无手足勾引情状，向俱于黄册内声叙蒙恩免勾，情实一次后改入缓决。②）

诬告人致死并致死其有服亲属之案，如挟嫌图诈，或假捏奸赃，或事犯到官诬扳平人，或唆贼作证，或贿嘱妄拿图泄私忿，累毙无辜，及拖累案外一二命者俱应入情实。

3. 成伤后果

聚众夺犯伤差者应入情实，未伤差者例系由流加入绞候可以缓决。夺犯伤差是少数不涉人命判拟死刑的案件，因系严重藐视法律，只要造

① （清）沈家本：《秋审条款附案》卷二《人命》，“听纠殴毙一家二命”。
② （清）沈家本：《秋审条款附案》卷三《奸盗抢窃》，“语言调戏致妇女及良人子弟羞忿自尽”。

成伤害即应入实。

4. 绝嗣后果

因奸致死子女灭口之案，亲母(无论有无子嗣)入于缓决，永远监禁，嫡母、继母、庶母如致夫绝嗣者俱入情实，未绝嗣者入于缓决永远监禁，其嫡母、继母非理殴杀庶生及前妻之子致夫绝嗣应绞监候者俱入缓决，如系故杀及为子图占财产、官职而杀者，嫡母缓决，继母情实。嫡母、继母、庶母因奸杀死子女或非理殴杀子女依照是否致使夫家绝嗣决定实缓。

5. 涉案金额

行窃库银饷鞘满贯为首，并行窃官币在外瞭望接赃从犯，及纠窃衙署官物计赃逾贯虽未至五百两俱应情实。此条主要针对盗窃官府的行为，涉案金额满贯者均拟情实。

私铸钱十千以上及为从工匠人等应拟死罪者俱入情实。

6. 酿成重案

因斗殴而酿成巨案(如起边衅之类)情伤虽轻，俱应酌入情实。斗殴是寻常犯罪，未发生人命，本非重案，但如影响重大，导致严重后果，则应入实。

依犯罪后果决定实缓，符合刑罚报应观，也和社会心理吻合。但值得注意的是犯罪后果和犯罪行为虽然通常有一定关系，但是犯罪行为和犯罪后果之间存在偶然性。譬如群殴中致死人数可能和单独犯罪人无直接关联，但影响该罪犯之实缓生死。此外，犯罪后果和犯罪人主观心态也不一定有直接关系。例如嫡母、继母、庶母致死子女(主要是子)，是否导致夫家绝嗣或许非其本人可以左右。但总的来说，以结果论罪刑符合一般公平观念。

三、相关案例

1. 致死人数

道光二十六年四川王钰春连毙二命，虽有一命系正限外因风身死，律不应抵，仍照实。① 此案王钰春连毙二命入实。

咸丰五年奉天刘利听纠致毙一家二命，系各毙各命，除一凶另拟情实外，该犯金刃三伤一要害透内，一骨微损。虽刀系抢拾，业已逃出门外，死者追及抓打，砍戳均由抵御，改实。② 此案虽凶手实际只致一人死亡，但所参与行凶之案致死一家二人，故亦拟实。

2. 致死后果

乾隆五十四年江西陈国章见大功堂兄之女在房梳洗，进房用言语调戏致令自缢。勾决。③ 此案被调戏女子羞忿自缢身亡，罪犯拟实。

嘉庆十四年湖广白扶万因竺枝斯系另案窃贼被伙贼混扳误信妄拿，尚属情理。因而疑其兄知情逼写窝窃字样，扣留其子勒令赔赃，复指名诬告到官致其妻忿激自戕，所疑本属无理，诬告近于有心，照实。④ 此案白扶万诬告导致被诬告人亲属忿激自尽入实。

3. 成伤后果

乾隆三十二年江西王大钱系贼犯，听从汪复保打夺贼犯刘老三、刘五俚。该犯首先将锁链砍断放走犯人。王子秀等各用担棍，拒伤差役。汪复保斩决，王大钱绞候。王子秀等拟遣，奉旨改绞候，俟数年秋审之

① (清)英祥、林恩绶辑:《秋审实缓比较成案》卷五，“连毙二命”

② (清)英祥、林恩绶辑:《秋审实缓比较成案》卷五，“听纠致毙一家二命”

③ (清)沈家本:《秋审条款附案》卷三《奸盗抢窃》，“语言调戏”。

④ (清)沈家本《秋审条款附案》卷四《杂项》，“诬告人致死”。

后改发乌鲁木齐。王大钱秋审入实未勾十次改缓。① 此案王大钱在夺犯伤差案中系主犯，秋审拟入情实，只是十次未勾改缓。（未伤人案多拟缓，如道光二十六年山东魏僖淋聚众夺犯未伤人，照缓。）

4. 绝嗣后果

同治八年热河王氏嫁与周耀固为妻，周耀固前妻之子周梓保年仅八龄。王氏先与周虔曜通奸，嫁后仍乘间往来，周耀固并不知情。周虔曜娶妻，王氏将卖粮食所得钱款购买贺礼送给周虔曜，被周梓保看见告知其父。王氏被丈夫盘问不过承认，周耀固要求王氏与周虔曜断绝往来并索回礼物。周虔曜起意谋杀周梓保。王氏将梓保带到河边洗衣，二人四顾无人将梓保杀害。照实。② 此案王氏因奸杀死丈夫前妻之子，致丈夫绝嗣照实。

5. 涉案金额

乾隆十五年秋审陆开江、廖体震、朝审樊广德三犯情罪较重，赃数较多，虽在两年追完限内，仍拟入情实。③ 陆开江、廖体震、樊广德三官犯均犯贪赃，按当时规则，官员犯赃能在两年限内完缴赃款，可以减等发落。但此三犯尽管在两年内上交了全部赃款，因涉案金额巨大，仍拟情实。

道光二年江苏曹洪远私铸铜钱仅止三日，钱数止十三千零，照实。④ 此案曹洪远私铸钱超十千，虽只铸造三日仍拟实。

道光二十六年江苏葛标偷窃衙署逾贯，计赃虽未至五百两，改实。⑤

① （清）沈家本《秋审条款附案》卷四《杂项》，“聚众夺犯伤差”。

② （清）英祥、林恩绶辑：《秋审实缓比较成案》卷三，“因奸致死子女灭口及非因奸”。

③ 《秋审档案》乾隆十六年官犯限期原奏（乾隆十六年九月二十六日）。

④ （清）沈家本《秋审条款附案》卷四《杂项》，“私铸钱”。

⑤ （清）英祥、林恩绶辑：《秋审实缓比较成案》卷二十一，“行窃库银饷鞘及纠窃衙署逾贯”。

此案罪犯系偷窃官衙且金额逾贯改实。

6. 酿成重案

嘉庆二十年福建杨承绪金刃一伤，惟两造挟嫌迭次互争酿成重案。该犯既刃毙人命又以一言致另行谋毙一人，谋命凶犯在逃未获，案重情凶。若无抵命之人，无以惩健斗而靖民风，外缓改实。① 此案杨承绪金刃一伤致毙人命，在斗杀案中似并不为重，但两造屡次互斗最终酿成多人死亡的重案，且尚有一犯在逃，故将已经获案之犯改实。

第八节　犯罪人负有特殊职责

一、历史渊源

对负有特殊职责的人犯罪加重处罚，源于国家/社会/他人对这些人的信任，违背职责不仅造成社会危害而且也是失信的行为。《论语·学而》中子夏曰："贤贤易色；事父母能竭其力；事君，能致其身；与朋友交，言而有信。虽曰未学，吾必谓之学矣。"信被认为是与事父母之孝、事国君之忠同等地位的为人之道。"人无信不立"，"仁义礼智信"是中国传统道德标准，因此"背信弃义"历来是被谴责的行为。"言必信，行必果"，信的重要表现是遵守承诺。那些负有特殊职责的人常常也是被寄予了一定信任的群体。当这些人有负信任、违背职责，便比普通人造成危害的行为更具应被谴责性。表现在法律中，则是该种行为在定罪量刑上会被从重/加重处罚。《睡虎地秦简·法律答问》："求(盗盗)，当刑为城旦，问罪当驾(加)如害(盗)不当？当。"意思是求盗盗窃，应刑为城旦，问是否应像害盗②那样加罪？应当。即追捕盗贼的求

① （清）沈家本《秋审条款附案》卷二《人命》，"因斗殴而酿成重案"。

② 害盗的意思应该是防范盗贼之人，参见《秦律十八种·内史杂》"侯、司寇及众下吏毋敢为官府佐、史及禁苑害盗"。

盗和防范盗贼的害盗如果自己反而从事盗窃行为都应该加重处罚。《唐律疏议》“监临主守自盗”条：“诸监临主守自盗及盗所监临财物者，加凡盗二等，三十匹绞。”①本来具有保管守卫之责而竟然监守自盗，严重违背职责，故较常盗加重处罚。“监主于监守内奸”条：“诸监临主守，于所监守内奸者，加奸罪一等。”②监临主守之官，于辖区内人民有教导保护之责，而与辖区妇女发生不法之性关系，既违背伦理又有悖职责，因此比凡奸加重一等治罪。元律规定：“诸江河津渡，或明知潮信已到，及风涛将起，贪索渡钱，淹延不渡，以致中流覆溺，伤害人命者，为首处死，为从减一等。”③推渡之人因索钱迟延推渡，导致船翻客亡，虽无杀人故意，但因其负有保障乘客安全之责，从严科罪。“诸巡捕军兵因自为盗者，比常盗加一等论罪。”④巡捕军兵被赋予捕捉盗贼的权力和职责，却反过来为盗，危害更大，加重处罚。“亲属费用受寄财物，并与凡人一体科罪，追物还主，不必论服制递减。”⑤一般情况下盗窃亲属财物，因亲属间有救助义务较常人减轻论罪，但亲属受托保管财产，被寄予充分信任却耗用财产致委托保管之亲属蒙受损失，严重辜负了亲属间的信任，故与常人同等论罪，不予减轻。清律“监守自盗仓库钱粮”：“凡监临主守自盗仓库钱粮等物，不分首从，并赃论罪。并于右小臂膊上刺盗官三字。一两以下杖八十；一两之上至二两五钱杖九十；五两杖一百；七两五钱杖六十徒一年；一十两杖七十徒一年半；一十二两五钱杖八十徒二年；一十五两杖九十徒二年半；一十七两五钱杖一百徒三年；二十两杖一百流二千里；二十五两杖一百流二千五百里；三十两杖一百流三千里；四十两斩。”⑥而常人盗仓库钱粮则是一两以下杖七

① 刘俊文点校：《唐律疏议》卷十九《贼盗》，第388页。
② 刘俊文点校：《唐律疏议》卷二十六《杂律》，第534页。
③ 《元史·刑法四》“禁令”。
④ 《元史·刑法三》“盗贼”。
⑤ 怀效锋点校：《大明律》附“费用亲属财产条例”，第385页。
⑥ 田涛、郑秦点校：《大清律例》卷二十三，第373页。

十，八十两绞。①

对负有特殊职责的犯罪行为人加重处罚，一方面是认为违背职责之人在主观恶性上高过常人，另一方面违背职责发生的犯罪行为因有职权上的便利而危害更严重。同时也是出于预防犯罪即对负有特殊职责之群体的威慑，期望通过加重处罚，使潜在的犯罪人放弃犯罪企图。

二、有关条款

1. 主仆义务

乳母闷死幼孩之案，例无明文，定案俱照乾隆二十六年谕旨拟绞。致雇主绝嗣者情实，未绝嗣者缓决。五十九年奉旨入实(乾隆五十九年徐许氏案，奉旨："嗣后遇有此等案件，讯系独子以致其宗绝嗣，即系出于无心，亦应入于秋审情实，以昭平允，钦此。")，并未指明未绝嗣者入缓。(现在办理无论是否绝嗣均拟情实。)乳母有看护幼孩之责，竟然闷死幼孩，辜负主家托付，故从重处罚。

奴婢行窃本主财逾贯未至五百两，如系负恩勾引外贼肆窃者应入情实。奴婢有护卫主人人身及财产之责，而勾引外贼行窃主家明显违背主仆义务，因此拟入情实。

2. 主客义务

船户车夫店家有主客相依之义，但经行窃逾贯虽未至五百两，系属为害商旅俱应入实，如止系船上水手、店内雇工及一切挑脚人等乘间鼠窃者，赃未至五百两，若有勾引外人伙窃情事入实，余俱缓决。船户于船客，车夫于乘客，店家于店客，均有商事上的信任义务，而竟行窃客人故加重处罚。

船户等项盗卖客货逾贯，虽赃未至五百两俱应情实，如蓄计盗卖故

① 田涛、郑秦点校：《大清律例》卷二十三，第376页。

意将船碰破，及有心放火烧毁船只、车辆、店屋者，其心最为险毒，入实无疑。若实系遭风失火，乘机盗卖客货，从前间有缓案近亦多入情实。船户车夫店家等盗卖客货或为盗卖制造事故同样也是违背主客义务，所以入于情实。

3. 治安责任

捕役私拷吓诈致毙人命者应入情实(如事系因公，无图诈邀功情事，又死非无辜者，虽拟斩亦有缓案)。沈书称，成案入实者多。惟道光七年山西张欣得巡役逞凶吊拷喝殴，皮鞭十三伤四致六重迭，死十五幼孩，惟死本旧匪，且屡认屡翻，情本可疑，与诬窃诈赃邀功者不同照缓。①

蠹役诈赃致毙人命者无论赃数多寡已未入手，俱拟情实。沈书："衙役因诈赃致毙人命，其藐法逞凶与诬窃拷打毙命情节正自相等。"②

衙门差役有抓捕盗贼、制止犯罪、维护社会安全的责任，而私刑拷打、诈骗勒索，与维护社会安全责任完全背离，因此加重处罚。

4. 执法责任

枉法赃实犯死罪者应入情实(须执法之人方是，如系在官人役亦不可轻议缓决)。执法之人本应秉公办事，清正廉洁，而竟贪赃枉法，违背职责，故此拟入情实。

信、义为道德义务，负有特殊职责的人违背职责要求所实施的犯罪行为，辜负了国家、社会和他人的信任期待，背信弃义加重了对犯罪人的负面评价。另外负有特殊职责人所实施的犯罪行为不仅是道德的沦丧，也是对彼此依存的社会秩序和生态的破坏，对此类死刑监候人犯从

① (清)沈家本：《秋审条款附案》卷四《杂项》，"捕役私拷"。

② (清)沈家本：《秋审条款附案》卷四《杂项》，"蠹役诈赃"。

重处罚，也是以重刑威慑恢复社会秩序和信任，维护社会安定、交易安全、法治状态。

三、相关案例

1. 主仆义务

乾隆五十九年乳母徐许氏压扪幼孩身死一案问拟绞候。乾隆皇帝谕旨："但似此乳母压死幼孩之案，如讯系所乳幼孩之外别有子嗣，而压扪致死实出于无心，自应照旧问拟，临时尚可免勾。若其家只此幼孩一线，别无他子，此等蠢愚乳母不知小心抚养，竟至压扪身死，甚且挟嫌怀怨，有心致毙，以致其家因此绝嗣，不可不分别核办。嗣后遇有此等案件，若乳母压死幼孩，讯系独子，以致其家绝嗣，即使出于无心，亦应入于秋审情实，以昭平允。"①此案乳母压扪幼孩身死，乾隆皇帝认为乳母有抚养之责，致死幼孩，若造成绝嗣后果或出于故意均应拟入情实，从严科断。

乾隆二十年江苏省孙二一案系乘主全家外出托伊管家之便，勾引外贼肆凶罄窃，奉旨改入情实。② 此案家奴受托管家，有保护主家财产之责，竟然勾引外贼将主人财产盗窃一空，严重违背主仆之义，故入情实。

2. 主客义务

乾隆五十八年秋审王曰朋行窃陆应棋银箱，系船户行窃客赀逾贯为害商旅，改拟情实。③ 道光四年湖广张增文骡户行窃客货逾贯改实。道光十三年广东邓己秀挑夫蓄谋纠伙五人行窃逾贯，照实。④ 此三案分别

① 《秋审档案》乾隆五十九年七月二十九日"乳母压死幼孩分别实缓"。
② （清）沈家本：《秋审条款附案》卷三《奸盗抢窃》，"奴婢行窃本主财"。
③ 《秋审档案》乾隆五十八年上谕"勾到四川省"。
④ （清）沈家本：《秋审条款附案》卷三《奸盗抢窃》，"船户车夫店家行窃"。

是船户行窃船客、骡户行窃客货和挑夫行窃客商，均属于负有照顾、保护客人人身财产安全义务之人违背主客义务的行为，故均拟入情实。

3. 治安责任

乾隆十八年十月河南巡抚蒋炳具题禁卒陈得魁贿纵申玢等脱逃越狱一案。十一月初四奉旨："禁卒典守监狱，乃于斩绞重犯受财故纵，此非寻常因事受财者可比，自应按照本律与囚同罪，但则例又载有拟绞缓决候逃囚得获审豁之条，未免法轻易犯。嗣后监犯脱逃，该督抚审出禁卒得贿情节，即视其囚犯之罪全律科断，如本犯应入秋审情实者，亦入情实；应缓决者亦拟缓决；应斩决者亦即拟以斩决，着为例，并通行传谕典狱官役知之。钦此。"①此案乾隆皇帝就禁卒受贿放纵罪囚越狱，要求按与囚同罪治罪。

乾隆五十二年赵国栋赴窝主陈三家起赃无获胆敢逞凶摔毁什物，用言恐吓，致陈三之妻刘氏、陈六之妻李氏畏累带领子女一并投井，淹毙六命。赵国栋被督抚问拟斩监候。乾隆皇帝以为所办过宽，要求将赵国栋改为立决，并将失察之青县知县吴巘革职拿问。②

乾隆五十五年秋审陕西马登蛟捕役疑贼，诬窃拷毙生员改实。③

道光二十一年广东彭仕得兵丁挟嫌诬指平人致令受伤淹毙，照实。④

道光二十六年云南董尚才蠹役索诈致妇女自尽，虽死者听从其夫借尸图赖，致酿重案，本属有罪之人，该犯吓诈仅止空言，尚无拷逼重情，改实。⑤

① 《秋审档案》乾隆十八年十一月初四日。

② 《秋审档案》乾隆五十二年四月二十八日上谕。

③ 《秋审档案》乾隆五十五年改事缓决改情实二十一起。

④ (清)沈家本:《秋审条款附案》卷二《人命》，"兵丁差役粮船水手殴毙人命"。

⑤ (清)英祥、林恩绶辑:《秋审实缓比较成案》卷二十二，"蠹役诈赃致毙人命"。

上述诸案中负有抓捕盗贼、追究犯罪、监管囚犯之责的兵丁、差役或挟嫌报复，或贪婪讹诈，或受贿买放，均属于严重违背职责，故一律被从重处罚。

4. 执法责任

乾隆三十八年朝审万保住承办官物，起意冒销帑项至四五倍，且其得赃独多，实勾。福住、德官、松海三犯分赃虽亦不少，究系听从万保住分给，实均未勾。① 此案万保住、福住、德官、松海四人于承办官物之际贪污公款，违背执行法律的廉洁义务，均拟情实。

5. 其他义务

乾隆五十六年甘肃省秋审人犯黄册内绞犯林中萃逼死李仲娃子、李进玉儿一案：李仲娃子之父李鸿在日曾典林中萃故父房屋居住，并托林中萃代为完纳房地钱粮。李鸿故后，伊妻韦氏因李仲娃子弟兄年幼，央林中萃管束，并照应家务。迨李仲娃子年长自理家务，韦氏邀林中萃到家查验账目，林中萃则将典房原契窃取烧毁，冀图自索原业免还典价。后韦氏病故，林中萃欺李仲娃子等懦弱，欲行索房，先借地粮名色向李仲娃子预支十年钱粮，肆行辱闹，逼腾房屋。李仲娃子以系典业与之分辨，林中萃即向李仲娃子索取凭据，并以若无契纸即行逐出之言恐吓。李仲娃子弟兄查检房契无获，虑被再闹，俱即投缳殒命。林中萃被问拟绞候。乾隆皇帝谕旨将林中萃即行正法，并指示当地官府查明十九岁的李仲娃是否娶妻生子。如李仲娃子已有子嗣，不但李鸿产业应归管理，即林中萃所有产业亦着给予李仲娃子之子一并管业。若李仲娃子并无子嗣，亦应查明李鸿近枝亲属，将李鸿及林中萃产业一并分给承管，以为欺孤绝嗣者戒。同时乾隆皇帝认为林中萃逼毙一家二命、绝人子嗣，仅将该犯抵法，不足蔽辜。并令甘肃巡抚查明林中萃子嗣内，再将一人拟

① （清）沈家本：《秋审条款附案》卷四《杂项》，“枉法赃实犯死罪”。

绞监候入于情实，俟明年勾到时再行酌量降旨。① 此案林中萃与李鸿素相交好，李鸿故后，李鸿之妻韦氏即托其管束幼子，照看家务。林中萃受人托付，本应怜悯孤寡，顾念交情为之尽心经理，但其心存贪念，巧计谋夺李家产业，以致故交之后二人不幸丧命。利欲熏心，辜负信任。故此乾隆皇帝特别指示将犯罪人立即处决，并连坐其子嗣。

第九节　被害人弱势

一、历史渊源

对被害人弱势案件中的犯罪人加重处罚的根源在于怜贫惜弱的社会心理和对恃强凌弱的痛恨。周公曾称赞文王"徽柔懿恭，怀保小民，惠鲜鳏寡"②，认为文王的功绩在于和善恭谨，安抚保护百姓，施恩惠于年老而穷困无靠的人。圣人为治的理想是"老有所终，壮有所用，幼有所长，鳏寡孤独废疾者皆有所养"③。孟子云："老吾老以及人之老，幼吾幼以及人之幼。"关爱老幼是最基本的同情之心，因为人皆有老幼之时。至于妇女的弱势地位则是源于体力上不及男子及始终处于男子监护下所强化的弱者定位。残疾人因为身体机能的缺陷也是被同情的对象。善待老小、残疾、妇女是社会道德的要求。正因如此，对他们实施伤害较之对一般人群的危害行为更会得到否定性评价和社会大众的谴责。总的来说，社会的共同心理是对弱势群体，譬如鳏寡孤独怀持同情之心，并在可能的情形下伸出援手。秦代要求官员"除害兴利，兹(慈)爱万姓。毋罪毋(无)罪，【毋(无)罪】可赦。孤寡穷困，老弱独传，均(徭)赏罚，(傲)悍暴……老弱（癃)病，衣食饥寒"④。慈爱百姓，救

① 《秋审档案》乾隆五十六年上谕。

② 《尚书·无逸》。

③ 《礼记·礼运》。

④ 睡虎地秦墓竹简整理小组：《睡虎地秦墓竹简为吏之道》，文物出版社1990年版，第170页。

济孤寡穷困之人是对官吏的基本要求。《礼记·月令》记载仲秋养老："是月也，养衰老，授几杖，行麋粥饮食。"①汉朝开始有居养之设，不定期给鳏寡孤独贫病者发放谷物、织物等救济物资。宋代建有居养院、安济坊收养老、疾、孤、穷、丐，国家设立的常平仓、惠民仓、福田院、广惠仓等亦有养老、恤孤、济贫的作用。对家贫无力下葬的死者，由各县拨出荒地，建设漏泽园，雇人安葬。② 元朝养济院收养"诸鳏寡孤独，老弱残疾，穷而无告者"③，安乐堂则在戍军行途"疾者医之，饥者廪之，死者藁葬之，官给其需"④。惠民药局为贫病孤残者送医送药。明代继承了元养济院和惠民药局制。清代在京师设立栖流所，收养孤老，安置贫病流民，费用由国库支付；地方则举办有社仓、义学、施医局、埋葬局、施粥厂等，对无力自存或贫病而亡者进行救助。⑤

正因为关爱弱势群体是国家的基本国策，也是社会对普通人的正常期待，故此法律对侵犯弱势群体的犯罪人往往加重惩罚。例如唐律"略人略卖人"条："诸略人，略卖人为奴婢者绞；为部曲者，流三千里；为妻妾子孙者，徒三年。"小注："十岁以下，虽和，亦同略法。"⑥两相和同而卖较之劫掠贩卖人口可减轻一等论罪，但如被卖对象为十岁以下儿童，即使未使用暴力或暴力威胁的和卖也视同略卖。元律"诸强奸人幼女者处死，虽和同强，女不坐。凡称幼女，止十岁以下"⑦。与十岁以下幼女通奸，即使女方同意，也不以和奸定罪，而是与强奸同等定罪量刑，并不追究女方责任。明律"略人略卖人"条："十岁以下，虽和，

---

① 《礼记·月令》。

② 孟昭华、王明寰：《中国民政史稿》，黑龙江人民出版社 1986 年版，第 276~277 页。

③ 《元史·刑法二》。

④ 《元史·世祖本纪》。

⑤ 孟昭华、王明寰：《中国民政史稿》，第 288 页。

⑥ 刘俊文：《唐律疏议》卷二十《贼盗》，第 399 页。

⑦ 《元史·刑法三》"奸非"。

亦同略诱法。"①对拐卖十岁以下女童和卖视同略卖。"犯奸"条："奸十二岁以下幼女，虽和，同强论。"②和奸十二岁以下幼女视同强奸。清律规定同于明律，另于"犯奸"条下增条例对强奸幼女进一步加重刑罚："强奸十二岁以下幼女，因而致死，及将未至十岁之幼女诱去强行奸污者，照光棍例，斩决。其强奸十二岁以下十岁以上幼女者，拟斩监候；和奸者仍照虽和同强论律，拟绞监候。"③

总的来看，法律规定中对于针对弱势群体的犯罪加重处罚主要集中于奸罪和拐卖人口，而这两类犯罪的对象很多情况下涉及幼童和幼女。拐卖幼童令孩童远离父母、背井离乡，面临不可知的命运，而奸淫幼女则是禽兽行为。对这两类犯罪加重处罚，体现了社会对这两类犯罪的强烈谴责。而针对年老残疾之人的犯罪行为虽未于制定法中明确加重处罚，但在司法实践中，司法官员的同情心和同理心则或于裁量之时发挥影响。

二、有关条款

1. 年幼

谋故杀义子并雇工及白契所买恩养未久奴婢，如有图诈图赖憎嫌畏累等情因而残杀，及死太幼稚恩养未久者应入情实，其余俱可缓决。此条款对谋故杀义子并雇工、奴婢规定除动机不良情形入实外，若死者年幼恩养未久也应入实，"死太幼稚"即是死者为幼童的情况。

功服以下尊长如系听从外人图财谋杀十岁以下卑幼，下手加功按平人谋杀加功律问拟绞应入实，如系期亲尊长图财听从外人谋杀十岁以下卑幼亦照此拟绞，惟服制较近应候秋审时斟酌办理。此条被害人系十岁以下未成年人，故虽加害者有功服尊长身份，也不得优待，只照常人办

① 怀效锋点校：《大明律》卷十八《贼盗》，第 144 页。
② 怀效锋点校：《大明律》卷二十五《犯奸》，第 197 页。
③ 田涛、郑秦点校：《大清律例》卷三十三《犯奸》，第 523 页。

理拟入情实。

听从伊妻谋死前夫子女仍同凡论拟绞，及殴死案内伤多情惨，死太幼稚者俱应情实。此条针对妻子谋杀前夫子女，被害人年幼是入实的因素。

轮奸为从及强奸已成，无论有无伤人，并诱奸幼女幼童虽和同强之案，俱应入情实，若冒奸已成之案究与强奸不同可以缓决。诱奸幼女、幼童虽和同强之案俱入情实的原因是被侵害对象年幼。

2. 年老

致毙老人幼孩之案，有欺凌情状者俱应入情实，如事本理直，伤由抵御及手足他物伤轻并金刃一二伤情轻者亦可入缓。此条兼及老人、幼孩，规定只要有欺凌情状即入情实。较之普通杀人案件要求谋故入实，对于致毙老幼显属加重。

3. 残疾

殴死双瞽笃疾及病人之案情伤稍重者多入情实，如理直伤轻亦可缓决，至笃疾杀人稍有可原情节即入缓决。比之老幼，殴死笃疾、病人情伤稍重多入情实，较致毙老幼似乎更有加重倾向。

4. 妇女

致毙妇女之案，如恃强欺凌情凶伤重，及他物迭殴七八伤以上，金刃四五伤以上者，俱应入情实，其余寻常互斗理直情轻者可以缓决。致毙妇女如更有恃强凌弱的主观心态，或迭殴多伤，金刃伤多的客观行为，则应入于情实。

老弱病残及妇女均是社会弱势群体，在以体力相抗的人身性犯罪中常成为被侵害的对象，容易得到社会的同情；而伤害此等人群的犯罪人由于逞武力、肆淫欲于无反抗能力的老弱病残及妇女，难免遭到唾弃和谴责。且犯罪人欺凌弱势人群的行为所映射出来的正是犯罪人主观上的残忍，对这一类罪犯从重/加重处罚是罪有应得的刑罚报应观的自然选择，也符合社会同情弱者的心理倾向。

三、相关案例

1. 年幼

乾隆五十二年刑部核复福建省李吴氏砍伤李魏氏幼子李连生身死一案，吴氏之夫系魏氏之缌麻叔，吴氏与魏氏口角争论，又被魏氏划伤手心，业经劝散。相隔数日后，复至魏氏家中吵闹，将四岁幼孩用刀连砍致毙。福建省将李吴氏依故杀例问拟斩候赶入当年秋审。乾隆皇帝谕旨："上年刑部具题杨张氏杀死八岁之李幺儿一案，以其因奸谋杀仅拟绞候不足蔽辜，曾降旨改为立决，并谕该部嗣后遇有谋杀十岁以下幼孩俱照杨张氏问拟斩决，原欲使凶恶之人共知惩创，童稚亦多所保全。立法固已周详，恐愚民未能家喻户晓，仍不免无知逞凶，自罹重辟……着各直省督抚即将上年所办杨张氏一案谕旨遍行誊黄出示，并转饬各地方官务宜随时剀切训诫，俾穷乡僻壤咸知戕死幼孩，法在不赦，庶凶暴有所惩创，童稚免于戕害。此即明刑弼教之意。所有李吴氏一案着该部即赶入本年秋审情实。"①此案对于杀害幼孩之李吴氏，乾隆皇帝认为本应改拟立决，考虑谋杀幼孩监候改立决尚未众所周知同意监候入当年秋审情实。

道光二十五年山西董氏故杀年甫八岁恩养未久义子，情节颇惨，虽衅起管教，尚无诈赖重情，改实。② 咸丰五年四川张名溃故杀妻前夫八龄幼女，死者迭次行窃，该犯管教不悛。因屡被议罚钱文，受累不堪，起意将其活埋致毙，虽与憎嫌而杀者不同。照实。③ 此两案都是家长因

① 《秋审档案》乾隆五十二年四月十六日上谕。

② （清）英祥、林恩绶辑：《秋审实缓比较成案》卷三，"谋故杀义子并雇工及奴婢"。

③ （清）英祥、林恩绶辑：《秋审实缓比较成案》卷四，"谋故杀妻前夫之子女"。

管教杀死幼孩，一为义子，一为继女，家长虽有教令之权，但因死者年仅八岁，均入实。

同治三年湖广龚耀选因年十二岁幼女罗望儿之父罗良寿同妻杨氏受雇人家帮工，留罗望儿在家守屋，该犯路过门首，闻知罗长寿夫妇外出，走进诱允罗望儿成奸，旋被获案。照实。① 此案龚耀选诱奸十二岁幼女入实。

2. 年老

乾隆五十二年秋审四川省倪世斌一案，七十五岁之道人王复先向邻寺借宿，倪世斌恐来历不明，嘱勿容留。王复先争詈相殴，倪世斌夺棍殴伤，因被脚踢，复取砖香炉掷伤王复先殒命，改实。② 此案倪世斌殴伤掷伤七十五岁老人致其死亡入实。

3. 残疾

道光二十五年山西范作容共殴致毙双瞽债主。该犯金刃致命四伤二骨损，铁器八伤一致命情伤较重。虽死者先将窗户打破，理亦不直，该犯殴非豫纠，各伤均由抵御，负欠亦非昧赖，照实。③ 此案范作容致毙双目失明之债主照实。

4. 妇女

乾隆五十六年秋审湖北绞犯蛮招因伊姊告知被夫斥詈，该犯理论被郑氏用木杆向殴，该犯夺杆回殴，郑氏殒命。致毙妇女，伤至骨损骨断以上改实。④ 此案蛮招虽然是因自卫回殴，但死者是妇女仍入实。

道光十一年直隶袁立先诱其义子赌博将麦勒抵赌欠，复因死者理斥

① （清）英祥、林恩绶辑：《秋审实缓比较成案》卷十九，“轮奸为从及强奸已成”。

② 《秋审档案》乾隆五十二年九月初二日上谕。

③ （清）英祥、林恩绶辑：《秋审实缓比较成案》卷十六，“殴死双瞽笃疾”。

④ 《秋审档案》乾隆五十六年“十八日字寄湖北巡抚”。

义子，用刀叠砍致命头面二俱裂，末后又将其手腕砍断脱落，死徒手妇女未便以情急死句余为解。改实。① 此案袁立先为父不慈，为侵占义子的财产诱骗其参与赌博，估计是他人批评其义子，袁立先担心企图被人识破，恼羞成怒动手致死主持公道之人。本案凶犯殴毙无辜妇女，外缓改实。

第十节　牵连多罪

一、历史渊源

牵连犯，是指行为人实施某一犯罪，而其手段行为或者结果行为又触犯其他罪名的情况，也可认为是同时的数罪。汉《二年律令·具律》："一人有数罪殹，以其重罪罪之。"②一人犯数罪以其中最重的罪论处。此处未说明数罪是同时所犯还是异时所犯。《唐律疏议·名例》："诸二罪以上俱发，以重者论。等者从一。若一罪先发，已经论决，余罪后发，其轻若等，勿论；重者更论之，通计前罪，以充后数。"③此处数罪包括同时发生之数罪，也包括异时发生数罪，但杂律"奸"："诸奸者，徒一年半；有夫者，徒二年。部曲、杂户、官户奸良人者，各加一等。即奸官私奴婢者，杖九十。奸他人部曲妻，杂户、官户妇女者，杖一百。强者各加一等。折伤者，各加斗折伤罪一等。"疏议曰：折伤者谓折齿或折指以上，"各加斗折伤一等"谓良人从凡斗上加，官户、杂户、他人部曲妻、官私奴婢各从本斗罪上加，与强奸为二罪，从重而科。此处强奸与殴伤为同时之二罪，为牵连犯。元律："诸奴婢背主而逃，杖七十七……诸逃奴拒捕，不曾致伤人命者，杖一百七。"④奴婢逃亡与拒

① 沈家本：《秋审条款附案》卷二《人命》，"赌匪致毙平人"。

② 张家山二四七号汉墓竹简整理小组编著：《张家山汉墓竹简[二四七号墓]》，第22页。

③ 刘俊文点校：《唐律疏议》，第133页。

④ 《元史·刑法四》"捕亡"。

捕为牵连二罪，处罚的结果是在逃亡基础上加重处罚。明清律“二罪俱发以重论”的规定同于唐律。明律“略人略卖人”条：“凡设方略而诱取良人及略卖良人为奴婢者，皆杖一百，流三千里。为妻、妾、子、孙者，杖一百，徒三年。因而伤人者，绞。杀人者，斩。”①拐卖人口因而杀伤人，为牵连犯，明律的处罚原则是在拐卖罪上加重处罚。清律“犯奸”条下条例：“强奸妇女，除以手足行强，并未执持凶器伤人者，已成、未成，仍照本律定拟(已成绞监候，未成流三千里)外；其因强奸执持金刃戳伤本妇，及拒捕致伤旁人，已成奸者，拟斩监候；未成奸者，拟绞监候。”②强奸与伤人为牵连犯，因有伤人情节，定罪量刑时较单纯强奸罪加重处罚。从上述各朝律例规定看，对牵连犯的处罚或是从一重断处或是加重处罚。尽管不是一律加重，但就重不就轻则是明确的趋向。牵连犯的从重与加重处罚，符合报应刑原理，虽以一罪为断，但由于另涉他罪，从等量报应角度出发，自当从重或加重。

二、有关条款

1. 手段行为牵连他罪

各项罪人拒捕杀所捕人者俱入情实。此条针对拒捕而杀人的情形一律入实。

续奸不遂殴死悔过拒绝之奸妇应入情实，如死者并非悔过拒绝，因他故不允续奸而杀及非因奸起衅致毙奸妇者，照寻常妇女之案略为加严。此条针对通奸杀人行为，如所杀之妇女已悔过拒绝，罪犯入实。

窃时另犯应死罪名秋审概入情实。

① 怀效锋点校：《大明律》卷十八《贼盗》，法律出版社 1999 年版，第 144 页。

② 田涛、郑秦点校：《大清律例》卷三十三《犯奸》，法律出版社 1998 年版，第 523 页。

2. 结果行为牵连他罪

因盗而强奸未成者俱入情实。此条针对盗窃而强奸行为，牵连二罪，即使强奸未成也应入实。

殴毙人命后或焚尸移尸灭迹，或致尸身漂没无获，或贿嘱仵作匿伤捏报，或诬卸他人，或狡供不认，致尸遭蒸检(此与诬告致尸遭蒸检不同)并贿买顶凶未成等类，有一于此，讯系畏罪起见，仍按其当场斗情轻重分别实缓，倘狡供致尸一再蒸检，又有贿嘱舞弊诬赖图卸种种狡诈情节并酿成巨案即斗情尚轻，应酌入情实。此条针对殴毙人命同时有焚尸灭迹等其他犯罪行为的情形，规定酿成严重后果或有恶性动机的拟实。

略卖而杀人或致令被杀者俱应情实。此条涉及略卖人而杀人或致被杀，规定此种情形一律入实。

殴毙人命后故杀子女图赖卸罪者应入情实。此条涉及殴毙人命和讹诈勒索钱财，牵连二罪入实。

从一重断处符合刑罚节约论，对于触犯多罪之人，按其最重的罪行处罚，已足以达到特殊预防的效果，而简单叠加则有用力过猛之嫌。牵连加重则符合报应刑罚观，一人犯多罪危害后果大于单一犯罪，犯罪人主观恶性亦高于犯一罪，造成的危害后果也大多重于单纯的一罪，故从罪刑相当的刑罚报应观出发规定部分牵连犯秋审入实。

三、相关案例

1. 手段行为牵连他罪

道光二十五年江西朱石狮子续奸不遂刃毙悔过拒绝之妇，虽戳划均由抵御，亦难不实，照实。① 罪犯犯通奸罪因妇女拒绝而杀人照实。

---

① (清)英祥、林恩绶辑：《秋审实缓比较成案》卷十八，“奸匪杀死悔过拒绝之妇”。

道光二十九年四川罗证才虽系致毙小功弟，惟奸通死者之妻，事后拒捕刃毙其命，乱伦逞凶，定案既照凡人拒捕难不实。照实。① 此案罪犯实际涉及三罪：通奸、拒捕、杀人，照实。

2. 结果行为牵连他罪

乾隆四十一年四川吴世贤诱拐杀人，照实。② 此案罪犯犯诱拐和杀人，入实。

嘉庆九年四川高学泗斗殴情轻，弃尸河内已失，照实。③ 罪犯斗殴杀人并遗弃尸体拟实。

道光二十四年贵州皮汝明金刃九伤，三致命三骨损一骨微损一穿透一在倒地后，另划一伤，勘伤较重，毙命后复故杀伊女图赖，情节不好。虽衅起死者理曲登门寻殴，该犯身先受伤砍戳均由抵御，故杀幼女系属轻罪亦未便率缓，记核。照实。④ 此案罪犯犯杀人和杀人勒索，照实。

道光二十六年湖广刘秋儿等因盗强奸妇女未成。照实。⑤ 此案罪人犯盗罪和强奸罪照实。

第十一节　行为危险性

一、历史渊源

对具有较高危险性的危害行为加重处罚似乎是不言而喻的，因为国

① （清）英祥、林恩绶辑：《秋审实缓比较成案》卷五，“各项罪人拒捕”。

② （清）沈家本：《秋审条款附案》卷三《奸盗抢窃》，“略卖因而杀人”。

③ （清）沈家本：《秋审条款附案》卷二《人命》，“殴毙人命后焚尸移尸灭迹”。

④ （清）英祥、林恩绶辑：《秋审实缓比较成案》卷十四，“殴毙人命后故杀子女图赖”。

⑤ （清）英祥、林恩绶辑：《秋审实缓比较成案》卷十九，“因盗而强奸妇女未成”。

家打击犯罪的目的就是为了保障社会安全，对危险性行为加重处罚符合刑罚防卫社会的价值。需要注意的是什么样的行为被认定为高度危险的行为是变化的，不同时代可能会有不同的认识。大体而言，毒药杀人，造蓄蛊毒，造魇魅及造符书，投匿名书，采生折割等都曾被视为是危险性犯罪。

以毒药杀人为危险性犯罪由来最早，汉代《二年律令·贼律》："有挟毒矢若谨(堇)毒、糯(𦬝)及和为谨(堇)毒者，皆弃市。或命糯谓𩦺毒……军吏、缘边县道，得和为毒。毒矢谨藏。即追外蛮夷盗，以假之，事已则收藏。匿及弗归，盈五日，以律论。"①持有毒箭及制造毒药的均处死刑。地方官吏可以制造毒药、毒箭，但须谨慎保管，抵御外敌时可以借出，战事结束则收回。如果有藏匿不还的超过五天即按律治罪。唐律定造蓄蛊毒罪及造魇魅及符书罪。《唐律疏议》："诸造蓄蛊毒及教令者，绞；造蓄者同居家口虽不知情，若里正知而不纠者，皆流三千里。"②制造及储存蛊毒和教令他人制造储存蛊毒的均处绞刑，同居家人及知情不纠的里正连坐处流刑。"诸以毒药药人及卖者，绞。"只要有药人及出售毒药行为就处绞刑，无论是否有毒杀后果。③ 造魇魅及符书较造蓄蛊毒为轻，"诸有所憎恶，而造魇魅及造符书祝咒，欲以杀人者，各以谋杀论减二等"④。将投匿名书视为危险性犯罪似也始自唐律"诸投匿名书告人罪者，流二千里"⑤。元律规定："诸造蛊毒中人者，处死。"⑥另将投匿名书也视为高度危险性的犯罪："诸写匿名文书，所言重者处死，轻者流，没其妻子，与捕获人充赏。"⑦元代出现了采生折

① 张家山二四七号汉墓竹简整理小组编著：《张家山汉墓竹简[二四七号墓]》，第10页。

② 刘俊文点校：《唐律疏议》卷十八"造蓄蛊毒"，第365页。

③ 刘俊文点校：《唐律疏议》卷十八，"以毒药药人"，第367页。

④ 刘俊文点校：《唐律疏议》卷十八，"憎恶造魇魅"，第368页。

⑤ 刘俊文点校：《唐律疏议》卷二十四，"投匿名书告人罪"，第474页。

⑥ 《元史·刑法三》"大恶"。

⑦ 《元史·刑法四》"禁令"。

割人的现象，“土人每遇闰岁，纠合凶愚，潜伏草莽，采取生人，非理屠戮。彩画邪鬼，买觅师巫祭赛，名曰采生。所祭之神，呼为云霄五岳之神，能使猖鬼，但有求索，不劳而得”①。针对此种行为，元大德八年定：“采生支解人者，鞫问明白，审复无冤，拟合凌迟处死，籍没家产。同居家口虽不知情，迁徙边远。”②明清律规定：“凡造蓄蛊毒，堪以杀人，及教令者，斩。造蓄者，财产没官。妻子及同居家口，虽不知情，并流二千里安置。若造魇魅、符书、咒诅，欲以杀人者，各依谋杀论。”③较之唐律类似条款变绞为斩，变谋杀减二等为依谋杀论。对于投匿名书者，明清律规定：“凡投隐匿姓名文书，告言人罪者，绞。”④同样较唐律为重。此外明清律均规定：“凡采生折割人者，凌迟处死，财产断付死者之家，妻子及同居家口，虽不知情，并流二千里安置。”⑤对于以妖术惑人，采取生人的耳目脏腑之类而折割其肢体的邪恶犯罪行为从重处罚，且罚及妇孺。嘉庆皇帝严厉斥责匿名告讦以期封奏上闻者，称此行为“蔑等冒尊，较之道旁叩阍、冲突仪仗者其情节尤为可恶。若不严设厉禁，其为害于人心风俗者甚大”⑥。

从上述梳理看，历代都曾对部分具有高度社会危险性犯罪行为从重/加重处罚。这些犯罪行为有的可以产生致人死亡的后果，有的则完全不可能产生致人死亡的后果，即所谓手段不能犯。但不论是否产生了致死后果都会被严厉处罚，通常是死刑连坐，最轻的情况也是流刑。这些犯罪被视为高度危险性或者是因为危害对象具有不确定性如毒药杀人；或者是因涉及邪术如造蛊毒魇魅采生折割等；还有的则纯粹是因为

① 陈高华、张帆、刘晓、党宝海点校：《元典章》刑部卷之三“禁采生祭鬼”，中华书局、天津古籍出版社 2011 年版，第 1423 页。

② 陈高华、张帆、刘晓、党宝海点校：《元典章》刑部卷之三“采生蛊毒”，第 1425 页。

③ 怀效锋点校：《大明律》卷十九《人命》，第 153 页。

④ 怀效锋点校：《大明律》卷二十二《诉讼》，第 174 页。

⑤ 《大明律》卷十九，《大清律例》卷二十六，“采生折割人”条。

⑥ 《清仁宗实录》嘉庆十七年十一月壬申日谕内阁。

犯罪手段的隐蔽性如投匿名书。

二、有关条款

清代秋朝审中从重/加重处罚的危险性犯罪包括当时可称为大规模杀伤性武器的火器和弩箭杀人、邪术杀人类犯罪以及作为隐蔽性犯罪的投匿名书。

1. 杀伤性

凡火器杀人之案无论疑贼误杀、因斗误杀俱入情实，间有情切救亲及无心点放(如被死者追逐碰动火机之类)亦可酌入缓决。嘉庆十八年本部议驳御史嵩条奏一概入实。(其间有情罪可原之案于黄册出语声叙，如无心点放照斗杀定拟者入缓，至火器捕贼误杀及当场致毙应抵正凶并未经报部巡役致毙盐匪之类，道光三年及十八年曾经奏明酌入缓决，应查照通行核办。)沈家本称：(此同治间改)乾隆四十九年条款则鸟枪杀人之案如因争斗施放，例以故杀论者拟情实；如系防夜致死奸盗不法之人及实系误伤情同过失原拟绞候者可以缓决。① 火器杀人的危险性在于其杀伤性，在冷兵器为主的时代火器威力还是比较惊人的。

弩箭杀人照斗杀者应情实。沈家本在《秋审条款附案》中评价此条称："……盖箭本杀人之具，其锋刃与刀枪无异，且金刃须切近方能砍戳，箭则相隔虽远亦能杀人与火器无殊。近数十年来久无此等案件。盖国朝骑射最重，习此艺者多精，凡持有弓箭之人必素习此艺之人，其杀人也较金刃为易，故从前秋审办理独严。迨后火器日精一日，而习此者亦技艺日疏，不能如从前之命中矣。此条几成虚设。"②按沈氏所说，弩箭杀人从重的原因在于弩箭能远射杀人，威力和当时的火器相当。

2. 涉及邪术

左道惑众及邪教为从者俱入情实。

---

① (清)沈家本：《秋审条款附案》卷二《人命》，"火器杀人"。

② (清)沈家本：《秋审条款附案》卷二《人命》，"弩箭杀人"。

邪术医病致毙人命者应入情实。

这两条针对的是涉及邪术的犯罪，前者因属聚众性犯罪，所以不考虑是否有杀伤性后果，俱拟情实；后者邪术医病，行医者不一定有杀人故意，极有可能医者自己也相信邪术能治病，故致毙人命者方入情实。

3. 犯罪隐秘性

投递匿名揭帖者应入情实。

投匿名书历史上因其犯罪手段的隐秘性，很多时候被用心险恶者利用作为诬告陷害的手段，故基本上一直是王朝严厉打击的对象。清代沿用了自元以来的投匿名书处死的先例，且规定秋朝审入实。

所谓危险性犯罪，质而言之，系即使实际危害后果可能并未发生，或未必有非常严重的危害后果，但依行为危险性而给予严厉处罚的犯罪。秋审条款对此类犯罪作入实处理，主要不是基于刑罚报应观，而是从重刑威慑角度出发，以严厉的刑罚达到加强一般预防的效果，是一种刑罚功利主义的观念。

三、相关案例

1. 杀伤性

道光二十四年四川杨继武系奉官设围防拿匪类之人，死系贩私罪人，因非巡盐差役即无应捕之责，不得照擅杀科断，秋审似可原情入缓。但致毙一家二命且系火器杀人，照实。①

乾隆三十五年奉天常二弓箭杀人以斗杀定案改实。②

从案例看火器杀人和弩箭杀人因武器杀伤性大，即使同时存在某些

① （清）英祥、林恩绶辑：《秋审实缓比较成案》卷五，“火器杀人”。

② （清）沈家本：《秋审条款附案》卷二《人命》，“弩箭杀人”。

减轻罪责的情节，一般也仍入实。

2. 涉邪术

嘉庆十五年贵州顾占鳌匪徒传习邪教煽惑及众，虽并无敛钱不法别情，外缓改实。① 道光二十六年山西邓三谟等听从习教妄布邪言煽惑人心照实。② 此两案均涉邪教煽惑人心入实。

同治七年奉天初奎用铡刀治病致毙人命，异端法术医人致死，照实。③ 此案邪术医病致人死亡照实。

3. 隐秘性

乾隆三十八年朝审佛保因分赃不均，匿名揭告。但积福、万保住之案由伊发觉且所告亦皆得实未勾。④ 道光二十六年云南张闲挟嫌投递匿名文书告言人罪，情殊险，照实。⑤ 此两案均系投匿名书告言人罪按条款入于情实，前案因所告属实，揭发犯罪亦属有功，虽入情实免于勾决。后案道光皇帝称："诚以匿名讦告陷人以不测之罪，而该犯转可幸逃显戮。其用心险恶异常，万无可宽。"⑥

第十二节　聚众犯罪

一、历史渊源

对聚众犯罪从重/加重处罚的原因是聚众犯罪通常造成的危害巨大，

① （清）沈家本：《秋审条款附案》卷四《杂项》，"左道惑众及邪教为从"。

② （清）英祥、林恩绶辑：《秋审实缓比较成案》卷二十二，"左道惑众"。

③ （清）英祥、林恩绶辑：《秋审实缓比较成案》卷二十二，"邪术医病致毙人命"。

④ （清）沈家本：《秋审条款附案》卷四《杂项》，"投递匿名揭帖"。

⑤ （清）英祥、林恩绶辑：《秋审实缓比较成案》卷二十二，"匿名揭帖"。

⑥ 《清宣宗实录》道光二十六年十月丁丑日。

且对社会造成恶劣的影响，有非常坏的示范效应。若不能严厉处罚，则不能最大限度地消除负面后果。非严刑不足以形成足够的威慑作用，反而可能产生法不责众的社会影响。对聚众犯罪加重处罚最早见于《法经·杂律》："越城，一人则诛，自十人以上夷其乡族，曰城禁。"翻越城墙如果是一个人实施，处以死刑；如果是十人以上实施则不仅本人处死还要诛杀其乡族。汉《二年律令·盗律》："盗五人以上相与功(攻)盗，为群盗。"①"群盗及亡从群盗，殴折人枳(肢)，胅体，及令跛蹇，若缚守、将人而强盗之及投书、县(悬)人书，恐喝人以求钱财，盗杀伤人，盗发冢(塚)，略卖人若已略未卖，桥(矫)相以为吏，自以为吏以盗，皆磔。"②汉律将五人以上的强盗行为定义为群盗，对群盗加重处以磔刑。宋仁宗时起，适用法律划分不同地域，对京师和其他一些特定地区实施重法，加重处罚。并进而不论地区，对特定犯罪实施重法。"若复杀官吏，及累杀三人，焚舍屋百间，或群行州县之内，劫掠江海船筏之中，非重地，亦以重论。"③重法地法针对的大部为聚众犯罪。西夏律规定："五人以上同谋皆往盗窃，畜物已入手，则多寡不论，当为群盗。无论主从，不论有官、庶人，一律皆当以剑斩。自己妻子、同居子女当连坐，应入牧农主中。"④对于五人以上的群盗行为，不论首从及罪犯身份，一律处斩，妻子子女连坐没为奴婢。清律"强盗"条附例"强盗杀人，放火烧人房屋，奸污人妻女，打劫牢狱仓库，及干系城池、衙门，并积至百人以上，不分曾否得财，俱照得财律，斩，随即奏请审决枭示"⑤。对聚众百人以上的强盗行为将不得财视为得财，加重处罚。

① 张家山二四七号汉墓竹简整理小组编著：《张家山汉墓竹简[二四七号墓]》，第17页。

② 张家山二四七号汉墓竹简整理小组编著：《张家山汉墓竹简[二四七号墓]》，第17页。

③ 《宋史·刑法志》。

④ 史金波、聂鸿音、白滨译注：《天盛改旧新定律令·群盗门》，法律出版社1999年版，第169页。

⑤ 田涛、郑秦点校：《大清律例》卷二十三，第378页。

二、有关条款

1. 纠伙行窃

纠众已至三人，昼则同行，夜则同住，志在必得者，但经满贯，虽未至五百两亦入情实。此条针对三人以上跟踪行窃的犯罪行为，由于是团伙作案且属于有预谋、有计划实施之盗窃行为，虽然涉案金额并未达到五百两的上限也入于情实。

回民纠伙三人以上(如内中有一民人即不以三人论)行窃逾贯虽未至五百两俱入情实。如纠伙未至三人，或虽纠伙三人并未持凶器、赃亦未至五百两均可酌予缓决(如回民结伙行窃、刃伤事主仍照寻常窃盗一体分别办理)。此条特别针对回民行窃的情况，如团伙人数在三人以上入实，三人以下可以缓决。

2. 聚众夺犯、越狱

聚众夺犯伤差者应入情实，未伤差者例系由流加入绞候可以缓决。三人以上虽未伤差亦入情实。此条规定对于抢夺罪犯行为，只要参与人数达到三人以上，即使未造成押解差役受伤也应拟入情实。

监犯越狱如纠伙三人以上原犯斩绞监候俱改立决，原犯军流俱改绞候，为首入实，为从入缓，原犯徒罪为首改为绞候入缓。若仅止一二人乘间脱逃，原犯斩绞监候应情实者即行立决，应缓决者即入情实，原犯军流为首改为绞候入于缓决，例内已有明文应查例照办(遣犯越狱应照军流办理)。此条针对监犯越狱之犯罪行为，罪犯越狱自当加重处罚，而三人以上聚众逃狱加重的幅度明显高于一二人脱逃的情况。

此外关于聚众械斗虽无单独条款，但亦曾一度为当然的加重情节。**各毙一命之案有彼此斗不同地，先后斗不同时者，各就寻常斗殴分别实缓，惟广东等省常有遇事争斗，实系一衅相因者，若至四命以上断不可**

轻议缓决。

聚众犯罪入实重在威慑，聚众犯罪中任一罪犯所造成危害后果不一定大于单独犯罪人。对聚众犯罪严厉打击，在于其极坏的示范效应、恶劣的社会影响。聚众犯罪，人多势众，群情沸腾之中，参与者自控能力受到挑战，法律意识空前淡漠，群体行为受冲动控制。聚众犯罪有致事态扩大，酿成民变的可能，于社会安全和法律秩序有严重威胁。故统治阶级希望以重刑威慑减少其发生之可能性。

三、相关案例

1. 纠伙行窃

道光二十五年陕西马六十一回民纠伙三人以上持械行窃逾贯，赃未至五百两，改实。① 此案回民三人以上纠伙行窃改实。

道光二十五年江西黄亨衡纠伙镕造锡饼，跟踪掉窃洋银计赃逾贯，与寻常鼠窃者不同，虽跟踪仅止一日，赃亦未至五百两未便率缓，照实。② 此案罪犯人等先镕造类似白银的锡饼，然后跟踪目标人士，再伺机用锡饼调换洋银，可谓处心积虑。故司法官认为黄亨衡等人的行为不能视为寻常的小偷小摸，应拟入情实。

2. 聚众夺犯越狱

嘉庆十五年河南李兆吉结伙包送私贩，复聚至十人以上，中途夺犯，藐法逞凶未便以并未伤差为解，外缓改实。③ 此案李兆吉等聚众至十人以上抢夺犯人，因涉案人数众多，虽然没有造成解差受伤，仍改实。

咸丰四年奉天常三回民纠伙持械行窃复纠伙三人越狱潜逃，情殊藐

① （清）英祥、林恩绶辑：《秋审实缓比较成案》卷二十一“回民行窃逾贯”。
② （清）英祥、林恩绶辑：《秋审实缓比较成案》卷二十一“跟踪行窃逾贯”。
③ （清）沈家本：《秋审条款附案》卷四《杂项》，“聚众夺犯伤差”。

法，难以一犯尚未逃出不以三人论为解，改实。① 此案回民常三等聚众越狱，虽然有一人未能逃出，仍被视为三人以上越狱，改实。

3. 械斗

乾隆四十二年云南喻国良、杨元因开塘误挖寨民粮田被控。喻国良向寨民卢老学理论，因被拾石掷伤，则拔刀戳伤卢老学囟门毙命。随后杨元亦与寨民陆老得斗殴，刀戳陆老得囟门毙命。持刀凶戳各毙一命，杨元照实，喻国良奉旨改实。② 此案二犯俱实，与案件被认定为械斗有关。

本章小结

本章讨论清代死刑监候案件加重情节，这些情节分别涉及犯罪主体、主观方面、犯罪对象、客观方面。从犯罪主体而言具有特殊身份的官员因读圣贤书、食君王禄且系执法牧民之人，故被从严要求，犯死罪一律入实；负有特殊职责之人犯罪因有负信任也被加重处罚。从犯罪对象而言，恃强凌弱对老弱病残等社会弱势群体犯罪加重处罚。从犯罪主体和犯罪对象关系而言，以卑犯尊、以下犯上从重惩处。从主观方面而言，动机恶劣、再犯都能体现行为人主观恶性，属于加重情节。就客观方面而言，手段残忍、后果严重、牵连多罪、行为危险性也能体现犯罪客观上具有更多应受谴责性。尽管有一部分情节出于加强刑罚威慑作用的考量，如对聚众犯罪和危险性犯罪的处罚，但加重情节作用的主要逻辑还是对罪本身包括主观与客观方面因素的评估，最终归结为应受谴责性的衡量。

---

① （清）英祥、林恩绶辑：《秋审实缓比较成案》卷二十三，“斩绞各犯越狱出逃”。

② （清）沈家本：《秋审条款附案》卷二《人命》，“各毙一命之案”。

第四章　清代死刑监候案件减轻情节

第一节　以尊犯卑

一、历史渊源

以尊犯卑得减轻甚至免于处罚源于父母对子女的生养之恩及尊长对卑幼的教令权。“棍棒底下出孝子”，家长得对子女施以棍棒，动用私刑也常常不被国法追究。即使有时候伤害行为非因教令，也在教令的名义下得到宽宥。《睡虎地秦简·法律答问》：“擅杀子，黥为城旦舂。……士五(伍)甲毋(无)子，其弟子以为后，与同居，而擅杀之，当弃市。”杀亲生子没有死刑，只判处劳役刑；杀嗣子，则应处死刑，刑罚同于凡人。“子盗父母，父母擅杀、刑、髡子及奴妾，不为‘公室告’。”子盗窃父母，父母擅杀、动用私刑惩罚子以及男女奴隶，不为公室告。即家内人告，官府不受理。汉《二年律令·贼律》：“父母殴笞子及奴婢，子及奴婢以殴笞辜死，令赎死。”①父母殴死有过之子，家长殴死有过奴婢均得赎刑。“妻悍而夫殴笞之，非以兵刃也，虽伤之，毋罪。”②

---

① 张家山二四七号汉墓竹简整理小组：《张家山汉墓竹简[二四七号墓]》，第14页。

② 张家山二四七号汉墓竹简整理小组：《张家山汉墓竹简[二四七号墓]》，第13页。

丈夫殴伤妻子，只要没有使用兵刃就不受处罚。唐律继承了前人对以尊犯卑减轻或免除刑罚的做法。《唐律疏议》规定：“若子孙违犯教令，而祖父母、父母殴杀者，徒一年半；以刃杀者，徒二年；故杀者，各加一等。即嫡、继、慈、养杀者，又加一等。过失杀者，各勿论。”①祖父母、父母殴杀子孙通常仅处徒刑。“诸殴伤妻者，减凡人二等；死者，以凡人论。殴妾折伤以上，减妻二等。”②疏议称“妻之言齐，与夫齐体，义同于幼”。妻子地位同于卑幼。“诸奴婢有罪，其主不请官司而杀者，杖一百。无罪而杀者，徒一年。”③“诸主殴部曲至死者，徒一年。故杀者，加一等。其有愆犯，决罚致死及过失杀者，各勿论。”④家长殴杀奴婢、部曲较之殴杀子孙处罚更轻。元律对尊长地位的维护与唐相似：“诸子不孝，父与弟侄同谋置之死地者，父不坐，弟侄杖一百七。”⑤子不孝，父殴子致死不坐。甚至即使子非不孝，但凡有过，为父殴死，父均不承担责任。“诸父有故殴其子女，邂逅致死者，免罪。”⑥“诸主奸奴妻者，不坐。”⑦“诸奴殴詈其主，主殴伤奴致死者，免罪。诸故杀无罪奴婢，杖八十七，因醉杀之者，减一等。”⑧明律祖父母、父母殴子孙较唐律减轻：“其子孙违犯教令，而祖父母、父母非理殴杀者，杖一百；故杀者，杖六十，徒一年。嫡、继、慈、养母杀者，各加一等。致令绝嗣者，绞。”⑨明律同时放宽对夫殴伤妻妾的处罚标准，即折伤以下勿论：“其夫殴妻，非折伤，勿论；至折伤以上，减凡人二等……至死者，绞。殴伤妾至折伤以上，减殴伤妻二等。至死者，杖一

① 刘俊文点校：《唐律疏议》卷二十二，第446页。
② 刘俊文点校：《唐律疏议》卷二十二，第442页。
③ 刘俊文点校：《唐律疏议》卷二十二，第438页。
④ 刘俊文点校：《唐律疏议》卷二十二，第439页。
⑤ 《元史·刑法四》“杀伤”。
⑥ 《元史·刑法四》“杀伤”。
⑦ 《元史·刑法三》“奸非”。
⑧ 《元史·刑法四》“杀伤”。
⑨ 怀效锋点校：《大明律》卷二十，“殴祖父母父母”条，第167页。

百，徒三年。”①主殴奴婢处罚与唐律相当，雇工人地位高于奴婢：“若奴婢有罪，其家长及家长之期亲若外祖父母，不告官司而殴杀者，杖一百；无罪而杀者，杖六十，徒一年……若家长及家长之期亲，若外祖父母，殴雇工人，非折伤，勿论；至折伤以上，减凡人三等；因而致死者，杖一百，徒三年；故杀者，绞。若违犯教令，而依法决罚邂逅致死，及过失杀者，各勿论。”②清律同于明律。值得注意的是，上官殴下官或官殴吏民无减轻之条。若官吏以公事为名殴下吏，较常人还似有加重，例如《二年律令·贼律》：“以县官事殴若詈吏，耐。所殴詈有秩以上，及吏以县官事殴詈五大夫以上，皆黥为城旦舂。长吏以县官事詈少吏者，亦得勿用此律。”③凡人相殴，若未使用兵刃等利器，则须造成折齿、折指等后果方处耐刑。④ 唐律下官殴上官加重处罚，官品相同或上官殴下官同于凡斗。⑤ 明清律也有类似规定。这都说明以尊犯卑减轻或免除处罚最主要的原因是尊长的教令权而非尊长的尊崇地位。

二、有关条款

以尊犯卑的情况包括尊长对卑幼、丈夫对妻子、妻对妾以及主奴或类主奴关系之间的杀伤行为。

谋故杀期亲以下卑幼及卑幼之妇各案，如图诈图赖争继争产畏累憎嫌，并因钱债田土口角细故逞忿残杀或非理欺虐者俱入情实，若情因管

① 怀效锋点校：《大明律》卷二十，“妻妾殴夫”条，第165页。

② 怀效锋点校：《大明律》卷二十，“奴婢殴家长”条，第165页。

③ 张家山二四七号汉墓竹简整理小组：《张家山汉墓竹简[二四七号墓]》，第15页。

④ 《二年律令·贼律》：“斗而以刃及金铁锐、锤、椎伤人，皆完为城旦舂。其非用此物而眇人，折肢、齿、指，胅体，断决鼻、耳者，耐。”见《张家山汉墓竹简[二四七号墓]》，第12页。

⑤ 《唐律疏议·斗讼》：“诸流内九品以上殴议贵者，徒一年。伤重及殴伤五品以上，若五品以上殴伤议贵，各加凡斗伤二等。”“诸监临官司，于所统属官及所部之人有高官而殴之，及官品相同自相殴者，并同凡斗法。”《唐律疏议》卷二十二，第435页。

教一时触忿并子媳理曲情凶及致毙为匪玷辱祖宗卑幼俱可缓决，其殴死功缌卑幼应绞候者，非情节实在惨忍不必遽行议实。谋故杀期亲以下卑幼非动机不良及手段残忍一般都可议缓。

夫谋故杀妻之案如图诈图赖及图奸他人因妻碍眼而杀、逼妻卖奸不从而杀、憎嫌病妻而杀并妻无大过逞忿残杀者俱应情实，其余无前项残忍情事或系事后图赖者应入缓决。此条夫谋故杀妻动机不良、手段残忍入实，若无此类情节应可缓决。

妻谋故杀妾之案如无图诈图赖及妒惨重情者俱可缓决。沈书引谢信斋云：妻之于妾有嫡庶之分，故妻殴妾与夫殴妻罪同，盖谓其情亲当矜也，历年秋审此等案件如无妬惨重情自当从缓，不可轻拟情实。① 此条针对妻谋故杀妾，处罚原则同于夫谋故杀妻。

谋故杀义子并雇工及白契所买恩养未久奴婢，如有图诈图赖憎嫌畏累等情而残杀及死太幼稚、恩养未久者应入情实，其余俱可缓决。家长谋故杀义子、雇工、奴婢非动机不良、手段残忍均可缓决。

以尊犯卑入缓，是基于伦常观念。因尊长的尊崇地位及其对卑幼的教令权，尊长伤害卑幼，或被认为是行使教令权过度，或被认为是被卑幼的过错行为所激，一定程度上可以得到谅解。从社会心理而言，其可谴责性要远远小于凡人之间的伤害行为，即在罪刑相当的观点而言，其罪较小，其刑可轻。

三、相关案例

道光二十五年四川龚云招案，死者经管伊母丧事，该犯前往守制，不给孝衣，经该犯向斥，复不依扑扭，实属理曲犯尊。该犯杀固有心，尚无图赖争产情事，不无可原。照缓。② 此案杀卑幼亲属无图赖争产动

① (清)沈家本：《秋审条款附案》卷一《职官服制》，“妻谋故杀妾”。

② (清)英祥、林恩绶辑：《秋审实缓比较成案》卷三，“谋故杀期亲以下卑幼及卑幼之妇”。

机，照缓。

道光二十六年四川张玉洪案，奸匪故杀曾经劝阻之妻，情节较重。惟该犯与族嫂通奸，业经死者劝令改悔断绝往来，后因死者妄疑向斥，复被撒泼肆骂，将其致毙。是起衅尚非因奸，死者亦属悍泼，该犯杀固有心，究无憎嫌诈赖别情，稍有可原，照缓。① 此案夫杀妻无憎嫌诈赖别情照缓。

道光二十五年直隶席氏正妻殴死妾命，铁器五伤，因死者不顾名分，用茶碗掷伤该氏所致。其先将药酒给饮，意止欲令受苦，并无谋害之心。原题声明受毒不重，死由于伤非由于毒，尚可不以之加重，照缓。② 此案妻殴死妾，考虑死者有过错，照缓。

咸丰六年山东焦氏故杀年甫十三白契所买恩养未久之婢，系恐将来伊夫收纳为妾，受其欺压起见。惟死者被斥顶撞并拉住该氏手指欲咬，实属不服管教，与衅起憎嫌图诈者究有不同，照缓。③ 此案家长杀死奴婢，因死者有顶撞情形，照缓。

但是以尊犯卑减轻处罚也不是绝对的，例如乾隆五十八年秋审张玉湘殴死女婿李万安，外缓改实，理由是挟嫌主使殴打多伤，翁婿恩义已绝。④

第二节　老幼残疾妇女弱智狂易犯罪

一、历史渊源

老、幼、残、疾、妇女、弱智、狂易分别是年迈、幼小、残疾、妇

① (清)英祥、林恩绶辑:《秋审实缓比较成案》卷四,“谋故杀妻”。

② (清)英祥、林恩绶辑:《秋审实缓比较成案》卷四,“妻杀妾及殴死”。

③ (清)英祥、林恩绶辑:《秋审实缓比较成案》卷三,“谋故杀义子并雇工及奴婢”。

④ 《秋审档案》乾隆五十八年十月十一日上谕。

女和弱智及精神失常之人，对这些人的危害行为减轻刑罚有非常久远的历史。《周礼》三赦之法，一赦曰幼弱，二赦曰老耄，三赦曰蠢愚。① 对老幼和智力低下之人犯罪进行赦免。老幼的标准，按《礼记·曲礼上》："八十、九十曰耄，七年曰悼。耄与悼，虽有罪不加刑焉。"八十以上为老，七岁以下为幼。秦律中暂未看到对年老和弱智、疯狂之人犯罪特殊对待的条款，只有优待未成年人犯罪的记录。②《睡虎地秦简·法律答问》："甲小未盈六尺，有马一匹自牧之，今马为人败，食人稼一石，问当论不当？不当论及赏(偿)稼。"甲年小，身高不满六尺，有马一匹，自己放牧，现马被人惊吓，吃了别人的禾稼，问应否论处？不应论处，也不应赔偿禾稼。

《汉书·刑法志》载汉宣帝诏令："耄老之人，齿发坠落，血气既衰，亦无暴逆之心……诸年八十非诬告、杀伤人，他皆勿坐。"对八十以上老人犯诬告杀人以外罪行不予追究。汉成帝鸿嘉元年定令："年未满七岁，贼斗杀人及犯殊死者，上请廷尉以闻，得减死。"对七岁以下犯罪人犯重罪减刑(轻罪当不论)。《二年律令·具律》："行年七十以上，若年不盈十七岁，有罪当刑者，皆完之。"③七十岁以上十七岁以下不受肉刑。"有罪年不盈十岁，除；其杀人，完为城旦舂。"④十岁以下人犯罪除杀人处徒刑外，其他免于处罚。此外，汉代还对女犯予以优待，汉平帝创女犯徒刑交钱替代之制，"天下女徒已论，归家，顾山钱月三百"⑤。汉和帝曾"诏郡国中都官徒及笃癃老小女徒各除半刑，其

① 《周礼·秋官·司刺》。

② 但秦律是否对多数犯罪均优待未成年人不详，例如法律答问中有关于未成年人盗牛的问答："甲盗牛，盗牛时高六尺，(系)一岁，复丈，高六尺七寸，问甲可(何)论？当完城旦。"似乎仅仅是未成年犯罪人暂缓服劳役。

③ 张家山二四七号汉墓竹简整理小组：《张家山汉墓竹简[二四七号墓]》，第20页。

④ 张家山二四七号汉墓竹简整理小组：《张家山汉墓竹简[二四七号墓]》，第21页。

⑤ 《汉书·平帝纪》。

未竟三月者，皆免归田里”①。此诏减免对象似是包括了残疾老小女徒在内的全体刑徒，但单独提出笃癃老小女徒有可能是这几类人的徒刑在执行方式上与其他人不同。对于精神病人犯罪，汉安帝年间三公曹陈忠奏准“狂易杀人，得减重论”②。但此后并未成为定制。

晋律规定：“其年老小笃癃病及女徒，皆收赎。”③北齐时期，“合赎者，老小阉痴并过失之属”④。“阉痴”很可能包括残疾和精神病人。高防初事周，为刑部郎中。宿州有民剸刃其妻，而妻族受赂给州，言“病风狂不语”。并不考掠，以具狱上请，大理断令决杖。防复之，云：“某人病风不语，医工未有验状，凭何取证，便坐杖刑？况禁系旬月，岂不呼索饮食？再劾其事，必见本情。”周祖深以为然，终置于法。⑤ 可见北周时有精神病人犯罪减轻刑罚的做法。

《唐律疏议·名例》：“诸年七十以上、十五以下及废疾，犯流罪以下，收赎。八十以上、十岁以下及笃疾，犯反、逆、杀人应死者，上请。九十以上，七岁以下，虽有死罪不加刑。”⑥《白氏六帖事类集》卷九《疾》条引《户令》云：“诸一目盲、两耳聋、手无二指、足无三指、手足无大拇指、秃疮无发、久漏下重、如此之类为残疾；痴哑、侏儒、腰(脊)折、一肢废，如此之类皆为废疾；癫狂、两肢废、两目盲，如此之类，皆为笃疾。”⑦据此，精神病人已经包括在笃疾之中。至于妇女犯罪，唐律规定：“妇人之法。例不独流，故犯流不配，留住，决杖、居作。”⑧“其妇人犯流者，亦留住，造畜蛊毒应流者，配流如法。流二千

① 《后汉书·孝和孝殇帝纪》。

② 《后汉书·郭陈列传》。

③ (宋)李昉：《太平御览》卷六百五十一。

④ 《隋书·刑法志》。

⑤ 《折狱龟鉴》卷四《议罪》,《高防覆狱》。

⑥ 刘俊文点校：《唐律疏议》，第89~92页。

⑦ 刘俊文：《唐律疏议笺解》，中华书局1996年版，第1565页。

⑧ 刘俊文点校：《唐律疏议》，第83页。

里决杖六十，一等加二十，俱役三年。”①虽有优待，限于无需配流而改换刑罚种类。

西夏时期，“诸人老年至九十以上，年幼七岁以下者，有一种谋逆，当依时节奏告实行。其他犯各种罪，一律勿治。有教恶者当承其罪。此外，老年七十岁以上至九十岁，幼年七岁以上至十四岁，及其他有重病等，谋逆、故意杀人、群盗、强盗等当依法承罪。此外犯各种罪者，依年龄、病轻重减免法，按以下所定实行：一等老年七十岁至八十岁，幼年十一岁至十四岁，及有聋、哑、侏儒、腰折、手脚缺一肢等病者，独自犯罪以及引导多人为造意，则当减一等，从犯减二等。重犯两次依法判断。一等老年八十岁以上至九十岁，幼年七岁至十岁，及长恶疮、有疯癫、手足缺二肢，盲二目等重病者，独自犯罪以及引导多人犯罪中，是造意则减二等，是从犯则当减三等，重犯三次时，依法判断。前述老幼者、重病等之罪已减以后，而须服多少劳役数，能赎则赎，按五日交一斤铁算。若确实不能赎有担保只关者，则当全减。犯两次、三次依法判断。”②老幼废笃疾的优待同时及于连坐。“一等连坐中，男人满八十，女人满六十，及未及老年中男有重病，女有弃病等勿连坐。”③

《元典章》载：“诸犯罪人，若年七十以上、十五以下，及笃废残疾不任杖责者，依例每杖赎中统钞一贯文。今钦奉圣旨改造至大银钞，一两准至元钞五贯，拟合每笞杖一下，罚赎至元钞二钱。若纳至大银钞或铜钱者，依例准折。”④老小残疾犯罪可以赎钞代替杖刑。“诸十五以下小儿，过失杀人者，免罪，征烧埋银。诸十五以下小儿，因争毁伤人致

---

① 刘俊文点校：《唐律疏议》卷三，“工乐杂户及妇人犯流决杖”，第 83 页

② 史金波、聂鸿音、白滨译注：《天盛改旧新定律令·老幼重病减罪门》，第 150 页。

③ 史金波、聂鸿音、白滨译注：《天盛改旧新定律令·谋逆门》，第 112 页。

④ 陈高华、张帆、刘晓、党寶海点校：《元典章》刑部卷之一，至大四年准呈施行，第 1336 页。

死者，听赎，征烧埋银给苦主。诸瞽者殴人，因伤致死，杖一百七，征烧埋银给苦主。诸病风狂，殴伤人致死，免罪，征烧埋银。”①十五岁以下小儿过失伤人和疯狂者殴伤人致死免罪征烧埋银，盲人殴人致死免死处杖刑。但是“诸子孙弑其祖父母、父母者，陵迟处死，因风狂者处死”②。此外利用老病为杀人手段的不免罪，七十岁以上老人谋杀故杀人不免。“诸以老病杀人者，不以老病免。诸谋故杀人年七十以上，并枷禁归勘结案。”③妇女犯盗罪有优待，“诸妇人为盗，断罪，免刺配及充警迹人，免征倍赃，再犯并坐其夫”④。

明清律老小疾病优待措施与唐律基本相同：“凡年七十以上、十五以下及废疾，犯流罪以下收赎。其犯死罪及谋叛缘坐应流，若造畜蛊毒、采生折割人、杀一家三人，家口会赦犹流者，不用此律。其余侵损于人，一应罪名，并听收赎。八十以上、十岁以下，及笃疾，犯杀人应死者，议拟奏闻，取自上裁。盗及伤人者，亦收赎。谓既侵损于人，故不许全免，亦令其收赎。余皆勿论。谓除杀人应死者上请，盗及伤人者收赎之外，其余有犯皆不坐罪。九十以上、七岁以下，虽有死罪，不加刑。九十以上犯反逆者不用此律。其有人教令，坐其教令者，若有赃应偿，受赃者偿之。谓九十以上、七岁以下之人皆少智力，若有教令之者，罪坐教令之人。或盗财物，傍人受而将用，受用者偿之。若老小自用，还着老小之人追征。”⑤至于妇女犯罪，明清律较之唐律有较多优待：“其妇人犯罪应决杖者，奸罪去衣受刑，余罪单衣决罚，皆免刺字。若犯徒流者，决杖一百，余罪收赎。”⑥除杖刑外，免远流同时免于居作(劳役)。明清律无专门的关于精神病人犯罪的规定，或也继承了

① 《元史·刑法四》“杀伤”。
② 《元史·刑法三》“大恶”。
③ 《元史·刑法四》“杀伤”。
④ 《元史·刑法三》“盗贼”。
⑤ 怀效锋点校：《大明律》卷一，“老小废疾收赎”，第11页。
⑥ 怀效锋点校：《大明律》卷一，“工乐户及妇人犯罪”条，第10页。

唐律将疯狂包括于笃疾之中的做法。

对老幼疾病者减免罪刑的原因，唐律疏议称："止为矜其老疾，非谓故轻其罪。"①即不是认为年老、年幼或废疾、笃疾之人罪责较轻，而是因其年幼弱小、年老体衰、疾病残废，值得怜悯与同情，才予以减免刑罚的优待。不过其中对于九十岁以上、七岁以下的行为人虽有死罪不加刑，则不仅有免刑的矜恤之意，也隐含了免罪的意思。唐律言"悼耄之人，皆少智力"②，明清律也认同九十岁以上、七岁以下之人皆少智力。之所以罪坐教令之人，说明立法者的原意是九十岁以上七岁以下之人因缺少智力，即缺乏理解和判断的思想能力和付诸实施的行动能力，故不能对自已的行为负责，这一观点已经接近现代刑法中的犯罪构成理论了。对妇女的优待一则是女性之于男性在体力上自有所不及，在智力上也长期被认为不如男子(缺少受教育机会也是一个客观情况)，故妇女也被视为弱势群体，所以自汉代以来，妇女的徒刑即有赎刑的优待，明清继承了这一做法。此外女子未嫁从父，出嫁从夫，不能自主，客观上造成妇女无单独流放之例，则流配之刑便须变通执行。这也是历代对妇女并不单独执行流刑的原因。

二、有关条款

疯病连毙二命之案俱入情实，如有一命系不应抵者(如杀死子侄)可以缓决。(即另毙二命俱不应抵，究由疯发无知，亦可入缓。)沈家本称："咸丰八年刑部奏准因疯致毙非一家二命者酌入缓决，其连杀平人非一家三命以上及杀死一家二命者、杀死一家三命者秋审俱入于情实。此条应改。"③此条针对疯病之人致毙二命的情形，实缓界限在于致毙人数及所致毙之人是否系一家上，从条款看对疯病之人仍是以同情为主，

① 刘俊文点校：《唐律疏议》卷四，"老小及疾有犯"，第91页。

② 刘俊文点校：《唐律疏议》，第92页。

③ (清)沈家本：《秋审条款附案》卷二《人命》，"疯病连毙二命"。

对其丧失自控能力的关注有限，所以当危害后果达到一定程度时，刑罚的天平即偏向报复犯罪和抚慰受害人。

十五岁以下幼孩如系斗杀，必实有凶暴情节伤多近故无一可原，及死更幼稚，死系双瞽笃疾理曲欺凌迭殴多伤者方入情实，余俱缓决。至老人杀人有彼此强弱不同，如以弱抵强，虽伤多亦可缓决，若犯本强健，而死者懦弱衰迈或系幼孩、笃疾则肆行迭殴情伤俱重者自应入实，其谋故杀等项亦与凡人同。关于此条，沈家本称："老幼犯谋故法无可宽，寻常斗殴自当量示矜恤。"①此条款的基本逻辑是对于斗殴杀人考察加害人和被害人孰为更弱、更惨，一般情况下老幼犯死罪可免于拟实，但如果被害方更为弱小、更为悲惨、更为无辜，则不能减轻对加害人的处罚。

殴死双瞽笃疾及病人之案情伤稍重者多入情实，如理直伤轻亦可缓决至笃疾杀人稍有可原情节即入缓决。笃疾之人身体严重残废，更受同情，这类人要实施杀人行为极其困难，可能性相对也较小，故只要稍有可原之处即可入于缓决，若衅起理直回殴适伤则可入矜减等发落。

一方面，老小残疾都属于弱势群体，本身不堪承受刑罚。这些人若与常人同罚，其所受痛苦由于本身的虚弱当较常人为重，故出于同情起见，予以减轻或免除在情理之中。另一方面，对这些人适当减免刑罚虽然与罪刑相当上有所背离，但却能为怜贫惜弱的社会情感所接受。值得注意的是清代秋审条款中没有妇女犯死罪的优待措施，或许与妇女死罪或涉奸罪，这是传统伦理中之大恶，或是针对更弱小的群体实施的犯罪不能得到同情有关。

---

① （清）沈家本：《秋审条款附案》卷二《人命》，"十五岁以下幼孩杀人"。

三、相关案例

1. 疯病

因疯杀死平人非一家二命之案，咸丰八年奏定章程酌入缓决，同治七年河南符铁旦连毙平人二命究由疯发无知，且死者并非一家，自应儆照章程入缓，照缓。① 疯病杀人，死者非一家二命，拟入缓决。(但若情节严重也不可免死。例如乾隆五十八年陈万瀧砍伤黄凤姑、陈刘氏一案，因疯连毙二命并砍伤二人，改实。②)

2. 老小

乾隆五十八年山东孙日周犯年逾七旬，死由痰壅外缓改矜。③ 同治六年山东部中杰金刃八伤三致命三损骨一透内，勘伤较重，惟死先扑砍，伤由抵御，刀枪均系夺自死者之手，各伤均在倒地以前，且该犯年近七旬，不无可原，照缓。此两案加害人均为七旬左右老人，前案犯人七十岁以上，死者非直接死于加害人之手；后案犯人接近七十岁，后下手杀人。两案都有一定从轻情节，但前案相对更轻，故前案改矜，后案入缓。

咸丰二年四川邱二娃致毙十一幼孩，金刃三伤一致命，骨微损，情伤不轻，惟斧系夺获，砍由急情。该犯亦年甫十四。另伤其弟，亦由被拉不放抵御所致。不无可原，照缓。④ 此案系幼孩杀死幼孩，如果严格照条款似应入于情实，不过鉴于凶器是夺自死者，砍杀由于还手防御，拟入缓决。

① (清)英祥、林恩绶辑：《秋审实缓比较成案》卷五“疯病连毙二命附因疯杀人”。

② 《秋审档案》乾隆五十八年上谕“勾到四川省”。

③ (清)沈家本：《秋审条款附案》卷二《人命》，“老人杀人”。

④ (清)英祥、林恩绶辑：《秋审实缓比较成案》卷十五，“幼孩致毙幼孩”。

3. 笃疾

道光二十六年陕西曹欣双瞽，毙命刃戳一伤系由被揪情急所致，起衅之理亦直。惟死系出嫁降为无服表姊，未便议矜，止可入缓，照缓。① 同治七年直隶程详笃疾杀人之案，犯系双瞽，金刃要害伤气嗓断，另划一伤，复另伤一人，勘伤固重。惟死者嗔该犯索钱过紧，将该犯摔倒，复令余人揪住发辫行殴。该犯吓扎一伤，确由情急抵御所致。另伤一人亦由将刀抽回致划，既未便因此加重，秋审自可备矜，改矜。② 此两案均系笃疾杀人，凶犯都有一些从轻情节，前者起衅理直，后者伤由抵御，但前案致死尊亲属，故前案入缓，后案可矜。

第三节　过失犯罪

一、历史渊源

对于过失犯罪减轻处罚的原因在于其人主观恶性较小。在惩罚犯罪时考察行为人是出于故意还是过失的起源很早。《尚书·舜典》曰："眚灾肆赦，怙终贼刑"，对于过失和偶犯主张减轻刑罚。《周礼·秋官·司寇》记载三宥制度："一宥曰不识，再宥曰过失，三宥曰遗忘。"死刑案件在最终确定判决之前，王会考察罪犯是否存在主观方面的减轻情节。对于三宥，郑玄注："识，审也。不审，若今仇雠当报甲，见乙，诚以为甲，而杀之者。"可见，"不识"是由于观察疏忽、判断失误所导致的犯罪。"过失"者，若"举刃欲斫伐而轶中人者"即今疏忽大意的过失，是由于判断错误造成危害后果的犯罪。"遗忘"者，"若间帷薄，忘有在焉，而以兵矢投射之"。③ 这实际上也是疏忽大意导致的犯罪。

① （清）英祥、林恩绶辑：《秋审实缓比较成案》卷二十四，"笃疾杀人"。
② （清）英祥、林恩绶辑：《秋审实缓比较成案》卷二十四，"笃疾杀人"。
③ （汉）郑玄：《周礼》卷九，明覆元岳氏刻本。

《秦简·法律答问》："夫盗千钱，妻所匿三百，可(何)以论妻？妻智(知)夫盗而匿之，当以三百论为盗；不智(知)，为收。"丈夫盗窃一千钱，妻子藏起三百，如果妻子知道这三百钱为赃款，则妻子当以盗窃三百钱论处；如果不知，只没收三百钱。汉《二年律令》中故意放火焚烧城邑、官舍、民房会被处以死刑或黥为城旦舂的重刑，"其失火延燔之，罚金四两"①。出于过失的失火罪和出于故意的纵火罪量刑相差悬殊。《二年律令·贼律》："诸上书及有言也而谩，完为城旦舂。其误不审，罚金四两。"②故意者服劳役，过失者罚金。"贼杀人，斗而杀人，弃市。其过失及戏而杀人，赎死；伤人，除。"③故意杀人处死，过失杀人赎刑。

(南朝)宋何承天，义熙初，刘毅镇姑孰，拔为行参军。毅尝出行，而鄢陵县吏陈满射鸟，箭误中直帅，虽不伤，处法弃市。承天议曰："狱贵情断，疑则从轻。昔有惊汉文帝乘舆马者，张释之劾以犯跸，罪止罚金，明其无心于惊马也。故不以乘舆之重，加以异制。今满意在射鸟，非有心于中人。律：'过误伤人，三岁刑。'况不伤乎？罚之可也。"④可见其时司法实践中也注重犯罪人的主观心态。

唐律对过失定义甚严："诸过失杀伤人者，各依其状，以赎论。谓耳目所不及，思虑所不到；共举重物，力所不制；若乘高履危足跌及因击禽兽，以致杀伤之属，皆是。"⑤此处过失不是应该想到而未想到，而是不可能想到，不是疏忽大意的过失而是更接近于意外事件。正因为行为性质接近意外事件，故仅处以赎刑。至于唐律中的戏杀，倒符合过失的定义："诸戏杀伤人者，减斗杀伤二等；谓以力共戏，至死和同者。

① 张家山二四七号汉墓竹简整理小组：《张家山汉墓竹简[二四七号墓]》，第8页。

② 张家山二四七号汉墓竹简整理小组：《张家山汉墓竹简[二四七号墓]》，第9页。

③ 张家山二四七号汉墓竹简整理小组：《张家山汉墓竹简[二四七号墓]》，第11页。

④ 《折狱龟鉴》卷四《议罪》，《何承天论罚》。

⑤ 刘俊文点校：《唐律疏议》卷二十三，"过失杀伤人"，第460页。

虽和，以刃，若乘高、履危、入水中，以故相杀伤者，唯减一等。”①戏者既自信可以避免伤害后果发生，又最终因疏忽大意而导致伤害后果发生。对戏杀者的处罚以减轻为一般原则，以危险方式相戏者，过于自信的程度更严重，故仅减轻一等量刑。《宋刑统》过失和戏的相关规定同于唐律，另有一条关于非故意口称造反之言的补充。“准周显德五年七月七日敕条”：“若有人或因斗争，或是酒醉，则高声唱反者决臀杖七十。”②

元律对过失杀人多处笞杖刑，“诸飏砖石剥邻之果，误伤人致死者，杖八十七，征烧埋银。诸军士习射，招箭者不谨，致被伤而死，射者不坐，仍征烧埋银。诸过误踏死小儿，杖七十七，征烧埋银给苦主。诸昏夜驰马，误触人死，杖七十七，征烧埋银。诸驱车走马，致伤人命者，杖七十七，征烧埋银。诸昏夜行车，不知有人在地，误致轹死者，笞三十七，征烧埋银之半给苦主。”③元律的过失杀人，基本上均属于疏忽大意的行为，但处罚仅为笞杖刑，较之前代颇为宽容，征烧埋银给付苦主，比之缴纳赎金给官府相对更符合人道。

明清律“戏杀误杀过失杀伤人”条：“凡因戏而杀、伤人，及因而斗殴而误杀、伤傍人者，各以斗杀、伤论。其谋杀、故杀人，而误杀傍人者，以故杀论。若知津河水深泥泞而诈称平浅，及桥梁渡船朽漏，不堪渡人而诈称牢固，诳令人过渡以致陷溺、死伤者，亦以斗杀、伤论。若过失杀、伤人者，各准斗杀、伤罪，依律收赎，给付其家。(过失，谓耳目所不及，思虑所不到，如弹射禽兽，因事投掷砖瓦，不期而杀人者。或因升高险，足有蹉跌，累及同伴。或驾船使风，乘马惊走，驰车下坡，势不能止。或共举重物，力不能制，损及同举物者。凡初无害人之意，而偶致杀伤人者，皆准斗殴杀、伤人罪，依律收赎，给付被杀、被伤之家，以为营葬及医药之资。)”④明清律已不认为戏杀可以减轻处

① 刘俊文点校：《唐律疏议》卷二十三，“戏杀伤人”，第459页。

② 薛梅卿点校：《宋刑统》卷十七，法律出版社1998年版，第308页。

③ 《元史·刑法四》“杀伤”。

④ 怀效锋点校：《大明律》卷十九，第154页。田涛、郑秦点校：《大清律例》卷二十六，第433页。

罚，但对过失杀人定义则较之唐律似有扩大，其中列举驾船使风、乘马惊走、驰车下坡等行为明显不是意外事故，而属于过于自信或疏忽大意的过失。将这些行为和真正思虑不能及的意外事件并列而处以赎刑，较之唐律有所减轻。

尽管不同朝代对过失行为定义有所不同，且基本上把意外事件包括在过失中，但可以明确的是对于意外事件和过失行为，一般均遵循减轻处罚的原则。之所以不曾严格区分意外事件和过失行为，原因在于考量的重点在杀非有心，无论意外事件还是过失行为均具有这一共同点。这也再次体现了传统司法原心论罪的特点。

二、有关条款

清代秋审中涉及过失的犯罪有认识错误和疏忽大意。

1. 认识错误

误杀期功尊长犯时不知照凡斗者应拟缓决（盗官物犯时不知者亦可照办）。此条属于认识错误，杀伤是实，只是杀伤尊长属于认识错误；盗窃财物是实，但盗窃官物是认识错误。

2. 疏忽大意

被拉并未还手同跌落河落崖，凶犯幸而得生之案应入可矜，如互拉致跌已有斗情并理曲肇衅者俱仍缓决。①拉跌落河落崖出乎意料，故视是否有斗殴情形分别入矜入缓。

行窃遗落火煤，不期将事主烧毙，照因盗威逼人致死问拟斩候之例系道光三年纂定，原奏声明遗火烧毙一命及二命而非一家者酌入缓决，烧毙一家二命及三命而非一家者入于情实。迨道光四年纂修条例时复声明秋审案件应俟临时酌核办理，毋庸将入于情实缓决之处纂入例内，查

① （清）英祥、林恩绶辑：《秋审实缓比较成案》卷二十四，“落河落崖毙命”。

此项窃贼遗火事出无心，遇有烧毙一命自可酌入缓决。若至二命以上则死者之情较惨似不应率行入缓。此条款针对行窃遗落火种引发火灾的情形，应根据伤亡人数和死亡之人是否属于一家定实缓。

疏纵罪囚如系得赃卖放无获者应入情实，其余一时疏忽并未受贿及逃犯已经拿获者可以缓决。此条针对放纵罪囚，未曾受贿，因疏忽大意致囚犯脱逃者可以缓决。

认识错误和疏忽大意的共同点是杀非有心。杀非有心，说明主观恶性较小，主观恶性较小，即是罪轻。相应地，应受谴责性较弱，对此类罪犯从轻或减轻处罚，能够得到社会认同。事实上这一文化因素的影响绵延千年而不绝，今天一般人群为自己的错误辩解时脱口而出的第一句话通常仍是："我不是故意的!"主观上缺乏故意迄今为止仍是对抗客观危害之造成的一种抗辩。

三、相关案例

1. 认识错误

道光二十七年奉天赵碌案，死者虽系该犯大功兄，惟该犯止知为伊伯乞养异姓之子。定案时因犯时不知，照凡人问拟，应按凡斗情伤分别实缓。该犯衅起护伯，先戳各伤均在不致命处所，末后重伤系由接枪两相拉送所致，共殴亦非预谋，照缓。① 本案中罪犯杀死大功兄，但犯案时只知其为伯父养子，照凡人斗杀问拟监候，有救护尊长情节，照缓。

嘉庆二年七月陈恪因挟陈世得争车田水宿嫌起意诬陷泄忿，捏称陈世得学习邪教、窝留匪类，邀刘明友及李中才往拿送官。李中才等误信应允。陈恪与刘明友先至陈世得家叫门不开，陈恪起意放火恐吓。与刘明友取火点燃延烧房屋，陈世得持斧出阻，被陈恪戳伤倒地，陈世得之

① （清）英祥、林恩绶辑：《秋审实缓比较成案》卷二"误杀尊长犯时不知"。

媳王氏怀抱年甫三岁陈女赶出喊骂，适李中才走至劝阻，王氏一并辱骂，李中才气忿赶拢向殴，王氏奔避进内，失跌倒地，将所抱陈女失手丢弃，因火势猛烈，立起往后跑走，陈女不能跑走被烧身死。李中才依斗杀而误杀其人之女例拟绞监候。秋审时刑部以李中才不知陈恪挟嫌情事，误信陈恪之言往拿教匪，与放火仇杀之从犯不同，其赶殴由于被骂，被骂由于劝阻，将李中才改拟缓决。① 此案李中才误信人言，间接导致幼女身亡，改缓。

2. 疏忽大意

道光二十五年四川聂氏被拉往后挣退，并无欲殴之心。被害人身亡由自行将手滑脱，失跌下崖所致，系妇女照矜。② 道光二十六年陕西探魁虽系番僧致毙平民，惟衅起不曲，死由追殴绊跌落崖致毙，非伊意料所及，照缓。③ 此两起落崖案件，前者脱手坠崖；后者被追落崖，罪犯于避免被害人坠亡有疏忽之责，但发生死亡后果仍有意外成分，分别入矜入缓。

道光二十六年山东张春行窃遗落火煤烧毙事主一命之案，罪犯行窃遗落火煤，延烧房屋，不期烧毙事主一命，尚非该犯意料所及，照缓。④ 此案罪犯行窃固然有罪，遗落火种出于疏忽，发生火灾出乎意料，照缓。

第四节　亲属功德

一、历史渊源

优待有功的罪犯出于两种考虑，有功的人不是大恶之人；有功是对

① 《秋审档案》嘉庆四年“礼部侍郎邹炳泰实缓两议”。
② （清）英祥、林恩绶辑：《秋审实缓比较成案》卷二十四，“落河落崖毙命”。
③ （清）英祥、林恩绶辑：《秋审实缓比较成案》卷二十四，“落河落崖毙命”。
④ （清）英祥、林恩绶辑：《秋审实缓比较成案》卷二十三，“行窃遗落火煤”。

社会的贡献，有罪是对社会的损害，功过可以在一定程度上抵消。对有功之人犯罪减轻处罚据说始于先秦。《周礼·秋官·小司寇》云："以八辟丽邦法，附刑罚。一曰议亲之辟，二曰议故之辟，三曰议贤之辟，四曰议能之辟，五曰议功之辟，六曰议贵之辟，七曰议勤之辟，八曰议宾之辟。"对八种人犯罪实行特殊对待。其中之一即为议功，是对有功劳之人的优待。汉人认为"春秋之义，以功覆过"①，并在春秋决狱中将其升华为一种司法原则。②

从现存文献资料看，秦汉之时还没有完善的议功之制，但法律中已经有一些对有爵者包括贵族的优待措施。考虑当时对于普通人来说，农事上的贡献和战争中的功勋是主要的获得爵位的渠道，也可以说已经存在广义上的议功。《睡虎地秦简·法律答问》："内公孙毋(无)爵者当赎刑，得比公士赎耐不得？得比焉。"公士是最低一级的爵位。可见有爵位的人犯罪可以得到赎刑的优待。《二年律令·具律》："上造、上造妻以上，及内公孙、外公孙、内公耳玄孙有罪，其当刑及当为城旦舂者，耐以为鬼薪白粲。"③"公士、公士妻……有罪当刑者，皆完之。"④上造以上的有爵者被判处城旦舂刑罚的可以减刑一等到鬼薪白粲；公士及以上有爵者可以不受损伤肢体器官的肉刑。唐律的议功"谓有大功勋。疏议曰：谓能斩将搴旗，摧锋万里，或率众归化，宁济一时，匡救艰难，

① 《汉书·酷吏传·田延年》。

② 董仲舒春秋决狱中有一个案例：有个大夫跟着君主出外打猎，君主打得一头小鹿，让大夫带回。半路上，碰见了母鹿，互相哀鸣。大夫可怜他们，就放了小鹿。君主要以违背君命处罚大夫。还未处罚，君主得了病，想到大夫心地好，不但免了罪，还想提拔他。董仲舒认为，当初君主捕猎小鹿，大夫没有阻止(秦汉时禁止捕杀小鹿，以及其他幼小禽兽，春天时禁止捕杀任何禽兽)，是违背了《春秋》之义，有罪。后来释放小鹿，算是有功，可以赦免。但提拔是不应该的。事见《白氏六帖事类集》卷八。

③ 张家山二四七号汉墓竹简整理小组：《张家山汉墓竹简[二四七号墓]》，第20页。

④ 张家山二四七号汉墓竹简整理小组：《张家山汉墓竹简[二四七号墓]》，第20页。

铭功太常者"①。"诸八议者，犯死罪，皆条所坐及应议之状，先奏请议，议定奏裁；议者，原情议罪，称定刑之律而不正决之。"②符合议功条件的人犯罪可以议定奏裁，流罪以下自动减刑一等。西夏律对于"功"的定义是"有大功勋，能斩将夺旗，能拓边地，支撑国难，以及率军一齐来投诚之谓"。"犯死罪时，奏议实行。"③明律"议功谓能斩将夺旗，摧锋万里；或率众来归，宁济一时；或开拓疆宇，有大勋劳，铭功太常者"。"凡八议者犯罪，实封奏闻取旨，不许擅自勾问。若奉旨推问者，开具所犯及应议之状，先奏请议，议定奏闻，取自上裁。"④清律同于明律。尽管八议制度也遭到了一些批评，但不影响其在法制史上发挥着持续的影响，而其中之"议功"也一直存续至清朝末年。

二、有关条款

凡满洲蒙古汉军绿营官员军民人等有犯死罪除十恶、侵盗钱粮、枉法不枉法赃、强盗、放火、发冢、诈伪、故出入人罪、谋故杀各项重罪外，其寻常斗殴及非常赦所原不原各项死罪，察其祖父子孙阵亡者，准免死一次。拟增例一条：阵亡之子孙有犯死罪于优免一人一次后不准声请。各犯祖人等阵亡，在内由刑部、外由督抚，于取供定罪后即咨八旗兵部查取确实简明事迹，声叙入于本，恭候钦定。⑤此条为军功免死条款，要求的条件是祖、父、子、孙有功，本人非犯十恶等重罪，限制是只能优免一人一次。

孀妇独子有犯斗殴杀人者，审无谋故别情，该犯之母守节已逾二十

① 刘俊文点校：《唐律疏议》卷一，"八议"，第19页。

② 刘俊文点校：《唐律疏议》卷二，"八议者"，第36页。

③ 史金波、聂鸿音、白滨译注：《天盛改旧新定律令》卷二，"八议门"，第132页。

④ 怀效锋点校：《大明律》卷一，"八议"，第3~4页。

⑤ 《秋审档案》乾隆二十九年。

年而又年逾五十，定案时亦准将应侍缘由声叙。孀妇守节不是通常意义上的功，但同样为朝廷旌表的行为，也同样为世人楷模，与将士殉国之功有一定可比性。此条针对守节孀妇独子犯罪情形，特别放宽存留养亲条件，不再要求父母年过七旬。

以功覆过原意是以本人的功劳贡献抵偿自己的罪责。但儒家对善恶有一种不对称的认识。《公羊传·昭公二十年》称："君子之善善也长，恶恶也短；恶恶止其身，善善及子孙。"这一观点认定恶将终结于自身，而善则可以绵延而惠及子孙。功从一定意义上也可说是一种善，故对功的奖励或功的效用通常也被认为是可以福泽家人和子孙的。这从历代的封诰和荫袭制度可见一斑。有功者的子弟父祖得免死，基于功过可以相抵的逻辑，是报应刑罚观的一种特殊体现。刑罚报应观要求罪刑相当，但罪犯亲属的功德作为罪的减分项，这种功德的存在，被认为可以在一定程度上减少罪犯本人的罪的严重性。如此减轻罪犯本人的刑罚也仍然符合报应刑罚观。

三、相关案例

1. 因功免死

乾隆二十年六月初七日刑部奉诏除谋杀故杀外如原无仇隙，偶因一时忿激相殴伤重致死者，将凶犯免死决杖一百，照例追银四十两给付死者家属。绞犯福成额系世袭恩骑尉，因堂叔喀通阿向伊索钱使用，福成额无钱不给，即被喀通阿赶打。福成额奔跑被五连色拉住，情急图脱，将五连色一推，致五连色跌伤殒命。依斗殴杀人律拟绞监候。福成额高祖员外即萨哈连，系出兵阵亡。自乾隆十七年起朝审照例情实，三次蒙恩免勾。无格斗情形，伤由失误，符合援免，杖一百，追银四十两。①

① 《秋审档案》乾隆二十年。

绞犯福成额因高祖功勋蒙恩免勾并得减刑。

乾隆二十七年吉庆因图省应赔之项，擅将存公银两那抵犯下死罪。吉庆之父常保呈请为伊子赎罪。因并非侵欺勒索婪赃入己，乾隆皇帝以吉庆平日奔走不辞劳瘁，而吉庆之父年逾八旬，加恩准吉庆捐赎，交与伊父常保在家管教。① 此案并不符合军功免罪条例，当为皇帝考虑到罪人情罪较轻且父辈有功于国，本人尚有苦劳，因此临时开恩处置。

乾隆二十九年，刑部于情实官犯册内就科敛入己和侵欺关饷之齐凌扎布和雯基将本人军功及祖父阵亡援引叙入，遭乾隆皇帝驳斥："（齐凌扎布）不特无功且当有罪……即以犯人祖父阵亡例当声叙而言，其中情罪亦各自不同。如存德以斗杀之案本无谋故别情，故历年秋审谅其祖父阵亡之劳未予勾，至雯基以知府侵税，数至万余而若竟以先世阵亡倖免，又何以处同案无可声叙之书敏乎？"②可见军功减刑不可一概而论，贪污受贿不在原免范围，而如谕旨中提到的存德犯斗杀之罪，无谋杀故杀情节方得因父祖阵亡之功劳免死。

2. 守法从宽

乾隆五十九年乾隆皇帝谕旨将福建省水灾案内畏法未逃斩绞各犯分别减等，"俾各省监犯闻知该监狱遇有猝被不虞，咸知安分守法，必得仰邀格外恩宥，倘有乘间脱逃者，即当擒获正法以昭劝惩而明法纪"③。监狱罪囚因水灾逸出灾后仍能主动投案虽不能名之为功，但也属于值得表扬之举，故得以减轻刑罚。

3. 优待节妇

乾隆五十九年秋审山西省解英陇因纠赌群殴致毙赵陇娃，拟绞入于

① 《秋审档案》乾隆二十七年九月二十七日。

② 《秋审档案》乾隆二十九年十月二十六日。

③ 《秋审档案》乾隆六十年十月十一日上谕"漳州水灾未逃斩绞各犯分别减等"。

情实，虽系孀妇独子未曾取结具题。后刑部将其改拟缓决。山西巡抚查明解英陇系孀妇独子，其母刘氏守节二十五年，现年六十一岁，被害人赵陇娃有弟赵虎娃年已十九，并非独子，同意解英陇存留养亲。① 此案孀妇独子犯死罪非谋杀故杀，得以存留养亲。

第五节　救亲和报仇

一、历史渊源

中国传统文化重视亲情，尤其是父母子女关系被视为人世间最为牢固的血缘纽带。子女于父母处于危急之时不假思索、奋不顾身加以救援是非常自然的反应。而若父母遇到不幸，子女为之复仇也是必然的选择。二十四孝中有扼虎救父的故事："(晋)杨香十四岁时随父往田获粟，父为虎曳。香惟知有父不知有虎，徒手踊跃向前，搤持虎颈，虎竟靡然而逝。"②十四岁的杨香在父亲面临生死关头的危急时刻扼住虎颈，终于使父亲逃脱虎口。历史上这一类子女勇救父母的故事不绝如缕。同样的，复仇行为在中国也有着深厚的文化土壤。《礼记》记载孔子对复仇持赞成和鼓励的态度。子夏问于孔子曰："居父母之仇，如之何？"夫子曰："寝苫、枕干不仕，弗与共天下也。遇诸市朝，不反兵而斗。"曰："请问居昆弟之仇，如之何？"曰："仕弗与共国，衔君命而使，虽遇之不斗。"曰："请问居从父昆弟之仇，如之何？"曰："不为魁，主人能，则执兵而陪其后。"③儒家从人伦孝道出发对复仇抱支持观点。但这种支持不是绝对的，复仇也受到一定限制。《公羊传·定公四年》云："父不受诛，子复仇可也。父受诛，子复仇，推刃之道也。"汉何休注曰："'不受诛'，罪不当诛也。""父以无罪"被杀而复仇，故

---

① 《秋审档案》乾隆六十年"由实改缓之案若查应留养仍令取结报部"。

② (清)李之素：《孝经内外传》外传卷二。

③ 《礼记·檀弓上》。

“可也”。而“受诛”就表明“罪当诛”。一旦“罪当诛”而复仇，“子复仇非当，复讨其子。一往一来曰推刃”。①“推刃”之说充分认识到复仇的负面效应。

先秦时期盛行复仇之风，秦汉君主专制的建立要求国家垄断刑罚权，复仇受到限制势在必行。但是由于复仇是伦理的要求，在伦理与法律之间便产生了持久的张力。法律禁止复私仇与社会心理对复仇孝子的推崇形成了一对难以解决的矛盾，虽法律已有明确规定②，但每有复仇事件发生仍会引发激烈的社会争论。而法律本身也时常有摇摆不定的情况，例如汉章帝时期就曾制定《轻侮法》，赦免那些因父亲被侮辱而杀死对方的人的死罪。曹魏时期复仇禁令以更严厉的形式得到重申，《三国志·魏文帝纪》载：“丧乱以来，兵革未戢，天下之人，互相残杀。今海内初定，敢有私复仇者，皆族之。”晋律规定：“杀人父母，徙之二千里外。”但南朝时朱谦之、朱恽、朱选之复仇均被赦免。③《唐律疏议》载：“诸祖父母、父母为人所殴击，子孙即殴击之，非折伤者，勿论；折伤者，减凡斗折伤三等；至死者，依常律。(谓子孙元非随从者。)”疏议曰：“祖父母、父母为人所殴击，子孙理合救之。当即殴击，虽有损伤，非折伤者，无罪……律文但称祖父母、父母为人所殴击，不论亲疏尊卑。其有祖父母、父母之尊长，殴击祖父母、父母，依律殴之无罪者，止可解救，不得殴之，辄即殴者，自依斗殴常法。”④唐律只规定了子孙对尊长的救护权，对复仇则未作规定。元和六年九月，宣平县人梁悦为父报仇杀人，自投县请罪。宪宗下诏曰：“在礼父仇不同天，而法杀人必死。礼、法，王教大端也，二说异焉。下尚书省

---

① (汉)何休：《春秋公羊经传解诂》卷十一，宋建安余氏刊本。

② 据《后汉书·桓谭传》载，东汉光武帝时期(公元25年—55年)，议郎给事中桓谭上书列陈复仇的诸多弊端，并提出：“今宜申明旧令，若已伏官诛而私相杀伤者，虽一身逃亡，皆徙家属于边，其相伤者，加常二等，不得雇山赎罪。如此，则仇怨自解，盗贼息矣。”这说明至迟在汉光武帝时期已有禁止复仇的法令。

③ 参见《南齐书·孝义传》。

④ 刘俊文点校：《唐律疏议·斗讼》，第455页。

议。”时任职方员外郎的韩愈因此写下《复仇状》一文：“(复仇)最宜详于律，而律无其条，非阙文也，盖以为不许复仇，则伤孝子之心，而乖先王之训。许复仇，则人将倚法专杀，无以禁止其端矣。”非常准确地描绘出传统法律在复仇这一问题上所面临的两难境地。元律允许子复父仇，有否其他限制条件不详。“诸人杀死其父，子殴之死者，不坐，仍于杀父者之家征烧埋银五十两。”①

针对情法之间的困扰，明清之人却并未放弃厘清这一问题的努力。《大明律》“父祖被殴”条明确规定：“凡祖父母、父母为人所殴，子孙即时救护而还殴，非折伤，勿论；至折伤以上，减凡斗三等；至死者，依常律。若祖父母、父母为人所杀，而子孙擅杀行凶人者，杖六十。其即时杀死者，勿论。”②清律增入：“若与祖父母、父母同谋殴人，自依凡人首从法。又，祖父母、父母被有服亲属殴打，止宜救解，不得还殴。若有还殴者，仍依服制科罪。父、祖外，其余亲属人等被人杀，而擅杀行凶人，审无别项情故，依罪人本犯应死而擅杀律，杖一百。子孙未告官而擅杀行凶之人，处杖六十。”③即时杀死行凶之人，则无须承担法律责任。清律继承了明律的规定，实际上是有条件地认可了复仇行为。之后并相继出台了数个更为具体的条例，试图对复仇案件的裁断提供明确和完善的指导。清代复仇的限制当是不能杀害无辜之人，④即不能为报复杀害行凶人之亲属。

---

① 《元史·刑法四》“杀伤”。

② 怀效锋点校：《大明律》卷二十，第169页。

③ 田涛、郑秦点校：《大清律例》卷二十八，第468页。

④ 乾隆十四年广东斩犯曾士标因鸭走入缌麻服叔曾会昌田内被曾会昌次子曾朝芳打死，与曾会昌争论，曾士标以木桃连次抵格致伤曾会昌身死。曾士标依卑幼殴缌麻尊长死律斩候，而曾会昌之子曾朝宗于结案后在山砍柴，适遇曾士标之子曾亚二，触起前恨，用刀连砍曾亚二殒命。曾士标戳死服叔，曾朝宗起意故杀，俱拟入情实。乾隆皇帝认为不应对曾朝宗从宽处置，而使曾士标父子二命抵曾会昌一命。且启仇杀之端，致彼此辗转相寻，永无休止。曾朝宗情因痛父，曾士标子死无辜，各有情节，均改绞罪。(《秋审档案》乾隆十四年十月初三日上谕)

二、有关条款

1. 为亲报仇

为父报仇谋故杀国法已伸人犯之案，乾隆五十八年曾奉谕旨入于缓决永远监禁，后即纂为定例，系专指谋故杀死伊父正凶而言，后又有因寻杀伊父正凶未遇，逢正凶兄弟即系彼时在场同殴伊父余人，被其恶言毒骂触忿故杀之案，虽非正凶而报仇之心则一，亦酌入缓决监禁。（为兄报仇杀死正凶亦同，嘉庆三年十八年俱有案，二十二年秋审河南马蔚可系故杀伊父遇赦原免之余人，照缓永远监禁。）沈家本《秋审条款附案》引谢信斋语云："定例杀正凶而入缓决者所以杜残杀，秋审并余人而亦比例入缓者所以广孝思。"①

为父报仇殴毙致死伊父正凶国法已伸之案，从前均入缓决，自嘉庆二十四年河南省有以可矜具题者，部议以报仇故杀之案照例入缓监禁，至殴死之案亦入缓决似无差等，议以照矜，嗣后此等之案似可遵照入矜。此条殴毙父仇入矜较之杀死减轻，缘于殴较之杀，致人必死之心较弱。

擅杀威逼及共殴致死本犯父母案内国法未伸之余人，此等情切天伦，较之别项擅杀更可矜原，如无谋故重情应入可矜。②此条所杀系国法未伸之余人，即参与谋害父母而侥幸逃脱法律制裁之共犯，因被害人系属罪人，故属于擅杀范畴，入于可矜。

2. 救亲情切

救亲殴死有服卑幼之案无论是否互斗概入可矜。③

---

① （清）沈家本：《秋审条款附案》卷二《人命》，"为父报仇杀国法已伸人犯"。

② （清）英祥、林恩绶辑：《秋审实缓比较成案》卷一，"矜缓比较条款"。

③ （清）英祥、林恩绶辑：《秋审实缓比较成案》卷一，"矜缓比较条款"。

例载救亲情切，伤止一二处，秋审应入可矜等语，向来救亲之案，如父母已受伤跌地复被骑压被殴，实系事在危急，例得随本减流，其情切救护而势非危急仍照本律拟绞者应入可矜，倘所殴已至三伤，或父母仅被拉抱并未被殴，或衅虽救护，死者业已收手，向凶犯殴打即属互斗，或本系凶犯理曲肇衅累父母被殴，已复逞凶毙命，或父子共殴各毙一命，此等情节俱无可原，只应缓决。①

以上条款均涉及救亲，按条款规定，只要确有救亲情形，均可减轻处罚。或矜或缓，主要考察父母危急状况、致死伤情、本人过错、所殴对象等因素。

救亲与复仇常常是伦理和法律纠结的领域，伦理视为正当的行为，法律却不能以为无罪。对救亲和复仇减轻处罚是伦理和法律之间的调和。同时因救亲和复仇犯罪的人在社会心理中是激于孝义而触犯法律，自然不能和那些因贪图他人财物、因觊觎他人妻女而犯罪之人相提并论，尽管同样是造成人身伤亡，但行为人有伦理上的正当性，死者则有一定的可责难性，导致对行为人罪的评估减轻，从而相应带来刑的减轻。

三、相关案例

1. 为亲报仇

乾隆五十六年秋审四川文思镜一犯因伊父与陈黄氏通奸，致其母自缢殒命，该犯激于义愤将陈黄氏砍毙，情实免勾。②

乾隆五十八年陕西省赵宗孔殴死赵粃麦改拟斩候一案。赵宗孔之父赵大典被赵粃麦扎死，赵粃麦拟绞减流释回。赵宗孔难忘前忿，将赵粃

① （清）英祥、林恩绶辑：《秋审实缓比较成案》卷二十四，“救亲情切”。
② 《秋审档案》乾隆五十六年八月三十日上谕。

麦致死。刑部驳改绞候。乾隆皇帝谕旨将赵宗孔入于缓决，永远牢固监禁。并着为定例。① 此案赵粃麦前已问拟绞候，国法既伸，只因遇赦减流，十年无过释回原籍，并非倖逃法网，赵宗孔不应逞私图报。但究系报复父仇，予以勾决有所不忍，但如将其释放，难免仇家逞凶报复，故予永远监禁。

2. 救亲情切

咸丰九年山东孟传冉致毙姊夫金刃十四伤，二致命一透膜肠出，一透过一骨微损，系由该犯先将死者拳殴肇衅，先扎五伤护父，余互斗，外实照实。上谕孟传冉因朱胜淀乘醉寻衅将其妻父即该犯之父孟毓峰扎伤，是死者已犯有服尊长，该犯回归救护，将朱胜淀用枪扎伤致死，是其救父情切，事在危急，不得以伤多且重入情实，孟传冉着即照例减等。② 本案孟传冉救父致死姊夫，虽伤情严重，但由于行为正当性得减等处罚。

第六节 事出有因

一、历史渊源

事出有因不同于过失或意外事件，事出有因不排除行为人主观上的故意，但是犯罪人的行为隐含有某些客观原因，一定程度上说明行为人主观恶性不大。构成事出有因的情节不一定会影响定罪，但在确定实际执行的刑罚时却有一定的影响。对部分犯罪行为以事出有因而从轻或减轻处罚，符合传统司法情理法相结合的做法。《论语·子张》云：孟氏使阳庸为士师，问于曾子。曾子曰："上失其道，民散久矣。如得其

① 《秋审档案》乾隆五十八年四月十九日"为父报仇杀人斩候永远监禁"。

② （清）沈家本：《秋审条款附案》卷五《矜缓比较》，"救亲情切"。

情，则哀矜勿喜。”曾子主张断狱须深究情理，能理解罪案背后的人情，就不会单纯满足于刑罚的惩罚和报复作用，而能以哀矜之心面对审判事务。元张养浩《牧民忠告》亦称：“人之良，孰愿为盗也？由长民失于教养，冻馁之极，遂至于此，要非其得已也。尝潜体其然，使父饥母寒，妻子愠见，征负旁午，疹疫交攻，万死一生，朝不逮暮，于斯时也，见利而不回者能几何？人其或因而攘窃，不原其情，辄置诸理，婴笞关木，彼固无辞。然百需丛身，孰明其不获已哉！古人谓：‘上失其道，民散久矣。如得其情，则哀矜勿喜。’呜呼！人能以是论囚，虽欲惨酷，亦必有所不忍矣。”①张养浩这段论述分析罪犯或出于饥寒交迫、生存危机而犯罪，正视犯罪背后深层次的社会治理缺陷、人民生活窘困等社会原因，同时指出基于造成犯罪的客观原因，可以考虑对罪犯从宽对待。

实践中，地方官和最高统治者也时有因情有可原而对犯罪减轻处罚的事例。《折狱龟鉴》记载：“魏陈矫，为魏郡西部都尉。是时耕牛少，杀者罪至死。曲周民父病，以牛祷，县结正弃市。矫曰：‘此孝子也。’表赦之。”②孝子杀牛为父祈祷得到赦免。《新唐书·列女传》载：“山阳女赵者，父盗盐，当论死，女诣官诉曰：‘迫饥而盗，救死尔，情有可原；能原之邪？否则请俱死。’有司义之，许减父死。”女子称父亲迫于饥饿盗窃，请予轻判并表示如不能免，愿意父女同死，最后官府减轻了父亲的刑罚。《宋史·刑法志》载：“凡岁饥，强民相率持杖劫人仓廪，法应弃市，每具狱上闻，辄贷其死。真宗时，蔡州民三百一十八人有罪，皆当死，知州张荣、推官江嗣宗议取为首者杖脊，余悉论杖罪。帝下诏褒之。遣使巡抚诸道，因谕之曰：‘平民艰食，强取糇粮以图活命尔，可从盗法科之。’天圣初，有司尝奏盗劫米伤主，仁宗曰：‘饥劫米可哀，盗伤主可疾。虽然，无知迫于食不足耳。’命贷之。”宋时历代皇

---

① (元)张养浩：《三事忠告·牧民忠告·慎狱第六》“存恕”。

② 《折狱龟鉴·议罪》，《陈矫赦子》。

帝均有减轻饥民抢劫罪行的实例，似乎已经形成一种惯例。此外，为民除害也成为减免罪刑的理由，《折狱龟鉴》载："（宋）马亮尚书，知潭州。属县有亡命卒剽攻，为乡村患。或谋杀之，在法当死者四人。亮谓其僚属曰：'夫能为民除害，而反坐以死，岂法意耶？'乃批其案，悉贷之。"①元律也有不少条款于定罪量刑时酌情考量犯罪的客观原因。"诸年饥民穷，见物而盗，计赃断罪，免刺配及征倍赃。"②饥民盗窃免刺配和双倍收缴赃款。"诸女在室，丧其父，不能自存，有祖父母而不之恤，因盗祖父母钱者，不坐。"③孤女难以为生，盗窃祖父母免罪。"诸省部小史，为人误毁行移检扎，辄自刻印信，伪补署押，求盖本罪，无他情弊者，杖七十七，发元籍。"④衙门书办人等因文书毁损被迫私刻印信减轻处罚。

明清地方官也经常在审判实践中考虑当事人之情理。明末浙江嘉善知县李陈玉在其所著《退思堂集》中记载了一起"张其施人命案"：张其施因为偷盗而逃逸多年，归家后旧习不改，将其母胡氏的财物窃去。其母责之，张其施持砖殴母。其弟张七见状十分气愤，上前扭住张其施，胡氏从身后以大杖击打致死。李陈玉判云："今按张其施罪状种种，不得援故杀子孙之律，且其母之于子，莫解天性，自非穷凶极恶，忍断割焉！"判其母无罪还家。⑤ 康熙四十四年，因山东省前岁俭收，衣食维艰所以犯法者众。皇帝下旨将山东所属地方人犯照江南浙闽恩例概从末减。⑥ 清人黄六鸿称："贫难小民，为饥寒所迫；无知乡愚，为匪类所引；计所得之赃，衣不过数件，银不过数两，而遽令骈颈就戮，不亦惨乎？"⑦对小民迫于生计的犯罪行为抱有同情之心，而认同司法官对此类

① 《折狱龟鉴·议罪》，《马亮贷死》。
② 《元史·刑法三》"盗贼"。
③ 《元史·刑法三》"盗贼"。
④ 《元史·刑法四》"诈伪"。
⑤ （明）李陈玉：《退思堂集·谳语摘略》卷一。
⑥ 《清圣祖实录》康熙四十四年闰四月癸丑日。
⑦ （清）黄六鸿：《福惠全书》卷一二，《刑名部·问拟余论》。

案件于断案时酌情裁断。

清代司法实践向来讲究定罪依法、秋审衡情，故事出有因、情有可原也就成为秋审中得以影响案件实缓的一个考量因素。和其他情节相比，因常诉诸情理，事出有因，情有可原，这一量刑情节更可能是酌定情节，即需依赖法官的道德情感，而无法完全和成文法的规定相一致。即使法律或条例存在一些规定，也通常只具有指导性意义。

二、有关条款

1. 基于在先情节

抢夺(沈书作强)良家妇女奸占为妻妾之案，如本妇先经愿嫁从中被人阻挠，该犯抢回奸污者亦可酌入缓决；若无前项可原情节系殴逼成奸者应入情实。此条对于曾议嫁娶之后发生抢夺的犯罪行为拟以缓决。沈书引志稿：强抢妻女内惟曾经许嫁未曾下礼，争抢有因及两姓互争一女，互相抢夺与并未逼奸成婚者可缓。此等案情总以已未成奸为轻重。①

抢夺有服亲属计赃逾贯及先经借贷不遂纠抢有因者可入缓决。此条入缓的情况为有救助义务的亲属之间的抢夺行为和借贷不成抢夺行为。

2. 动机有一定合理性

威力主使殴人致死之案较凡斗为重，如衅起理直、伤亦不多、无恃强凶暴情形者可以缓决。此条疑贼有据威力主使殴人致死可以入缓。沈书引志稿云：死者实系有罪之人或素有为匪实据及误认贼赃与死者自尽者则可入缓，若并未相争，借端泄忿疑贼无因，毒殴残杀者则须入实。②

---

① (清)沈家本：《秋审条款附案》卷三《奸盗抢窃》，“强夺良家妇女奸占为妻妾”。

② (清)沈家本：《秋审条款附案》卷二《人命》，“威力主使殴人致死”。

指称旱魃刨坟毁尸为首拟绞者如有挟仇泄忿情事例应入实，讯无嫌隙者缓决。刨坟毁尸是重罪，但如仅仅是因为迷信——尸体变成旱魃而刨坟毁尸而非出于挟仇泄忿可以缓决。

贪图吉壤发冢致坏人尸棺骸罐者亦以见尸科罪，应入情实，如系山地被人盗埋盗葬及心疑盗葬出于有因而发冢坏人尸棺骸罐者亦可酌入缓决。此条针对发冢见尸，如事因盗葬和怀疑盗葬可以入缓。

诬良为窃逼毙人命者应入情实，其事出有因，并非有心诬捏及死本旧匪可以缓决。诬良为窃本应入实，事出有因者可以入缓。（没看到缓案——著者注）

3. 行为迫于情势

凡一死一伤及二三伤并另伤一人成废之案，如系情急抵御，或被伤之人系夺刀致划俱不必因此加重入实，如一死而又另伤四人以上则不可轻议缓决，其有衅起理直，实有以寡敌众急情可原者亦可入缓。此条涉及致伤多人，如致伤有因出于抵御或误伤可以入缓。

凡与夫弟兄通奸者应入情实，如始终系被逼无奈者亦可酌拟缓决。与夫兄弟通奸严重危害伦常，此条规定若妇女有被迫情节可以缓决。

事出有因，情有可原，强调的是行为的客观原因，但证明的是行为人的主观心态。这种主观心态不是过失，但是却足证罪犯并非穷凶极恶。故于罪刑相当的观点看，可以适当予以减免刑罚。由于传统刑罚观不注重刑罚的改造功能，所以这种做法主要不是出于功利刑罚观，仍属于刑罚报应主义的产物。

三、相关案例

1. 基于在先情节

道光四年奉天朱焕彩因与本妇之家素有瓜葛，媒说不允，主使抢回与族弟为妻，已被奸污，照缓。沈家本称罪犯尚非自行奸占，情有可原。① 此案罪犯之家与被抢妇女之家曾经议婚不成，因此抢婚，因媒说在先，照缓。

嘉庆十年广西邹学贤抢夺素有周恤无服亲属②；九年广西何炳华赌匪输钱借贷不允纠众抢夺均照缓。③ 前案亲属之间本有救助义务，平素屡有周济，可能此后不肯继续救助导致罪犯实施抢夺。后案系因借贷不成导致抢夺，均入缓。

2. 动机有一定合理性

乾隆三十四年秋审山东王大振奉差访查割辫附会捏禀一案，泗水县盘获割辫匪犯通杲，巡抚饬委邹县知县承审。因刑讯逼供，通杲诬认曾在费县地方割过冯文、李小良发辫。该县随即差衙役王大振访查冯文、李小良被割发辫下落，王大振以道远(邹费两县相隔三百余里)限迫(限五日往返)捏禀证实，导致铸成冤案。经军机大臣审明通杲系被迫诬认，并无冯文、李小良其人。此案原拟情实，刑部因王大振捏禀系冀图销差，并无挟嫌邀赏，有心栽害诬陷等情改拟缓决。大理寺少卿周于礼以剪辫重罪，系差役捏禀性质严重且改缓恐致胥吏乘机舞弊之渐提出签商。经刑部奏明情形，皇帝同意刑部做法。④ 此案差役为逃避超期责任造假改缓。

嘉庆十四年山东老吴四、道光四年河南谭定基等均系邀打旱魃刨毁尸棺，均讯无挟嫌情事，照缓。⑤ 两案罪犯邀打旱魃但并无挟嫌泄愤动机，照缓。

道光十一年湖广胡显明虽系发冢开棺，惟初意只欲掘取尸棺另埋，

① 沈家本：《秋审条款附案》卷三《奸盗抢窃》，“抢夺良家妇女奸占为妻妾”。

② 沈家本：《秋审条款附案》卷三《奸盗抢窃》，“抢夺有服亲属”。

③ 沈家本：《秋审条款附案》卷三《奸盗抢窃》，“抢夺有服亲属”。

④ 《秋审档案》乾隆三十四年“大理寺少卿周于礼两议”。

⑤ 沈家本：《秋审条款附案》卷三《奸盗抢窃》，“指称旱魃刨坟毁尸”。

因刨开坟土之时棺盖腐烂被锄带开，始将骨殖移藏他处。与撬开棺盖者迥殊，缓。躬逢恩旨监禁二年减军。① 此案发冢本无开棺之意，见尸由于意外，故从轻减轻处罚。

3. 行为迫于情势

乾隆五十六年朝审，扎郎阿与胞兄继妻章佳氏通奸，挟制吓取财物，该氏恐伊子被扎郎阿陷害，遂将奸情自首，改缓。扎郎阿一并免勾。② 光绪十一年河南李氏被夫兄吓逼成奸外缓照缓。③ 此两案都是妇女被迫与夫兄弟通奸，因存在非自愿因素，入缓。

道光四年直隶姜发祥扎止一伤，死越旬余，另伤四人，系以寡敌众。照缓。④ 此案罪犯虽致死一人又另伤多人，但系在寡不敌众情势下，仍照缓。

第七节　手段温和

一、历史渊源

对手段相对温和的犯罪人减轻或从轻处以刑罚，源于手段温和在一定程度上代表行为人内心并非极端凶残，从现代刑法学角度看即是主观恶性较小。同时手段温和也意味着造成的危害后果也会相对较小。手段温和的表现可能是未使用会导致严重伤害的作案工具，或未使用公认的邪恶、残暴的犯罪手段。汉《二年律令·贼律》："妻悍而夫殴笞之，非以兵刃也，虽伤之，毋罪。"⑤妻子行为凶悍，丈夫殴打妻子，如果没有

① 沈家本：《秋审条款附案》卷三《奸盗抢窃》，"贪图吉壤发冢致坏人尸骸罐"。

② 沈家本：《秋审条款附案》卷三《奸盗抢窃》，"与夫兄弟通奸"。

③ (清)沈家本：《秋审条款附案》卷三《奸盗抢窃》，"与夫兄弟通奸"。

④ (清)沈家本：《秋审条款附案》卷二《人命》，"一死一伤及二三伤"。

⑤ 张家山二四七号汉墓竹简整理小组：《张家山汉墓竹简[二四七号墓]》，第13页。

使用兵刃，虽然令妻子受伤，不以丈夫为有罪。汉律中，丈夫地位高于妻子，夫殴妻得减轻处罚，但若使用了兵刃致伤妻子也是要受到刑罚的，这里之所以不加罪与未使用兵刃伤害有关。《唐律疏议·斗讼》："诸斗殴人者，笞四十；伤及以他物殴人者，杖六十。"手足殴人处笞四十，而如果发生伤人后果或使用了其他工具，则要处杖六十，增加的刑罚一方面和成伤后果有关，一方面和使用了工具有关。《唐律疏议·贼盗》："诸强盗，不得财徒二年；一尺徒三年，二匹加一等；十匹及伤人者，绞；杀人者，斩。其持杖者，虽不得财，流三千里；五匹，绞；伤人者，斩。"强盗若不持杖，主要以涉案金额和危害后果定罪量刑，涉案金额达到十匹以上及发生伤人后果的处以绞刑。若持杖则只需涉案金额达到五匹就要处以绞刑。元律："诸斗殴，以手足击人伤者，笞二十七，以他物者三十七。伤及拔发方寸以上，四十七。若血从耳目出及内损吐血者，加一等。折齿、毁缺耳鼻、眇一目及折手足指，若破骨及汤火伤人者，杖六十七。折二齿二指以上，及髡发，并刃伤、折人肋、眇人两目、堕人胎，七十七。以秽物污人头面者，罪亦如之。折跌人肢体，及瞎其目者，九十七。辜内平复者，各减二等。即损二事以上，及因旧患，令至笃疾，若断舌及毁败人阴阳者，一百七。"①以手足伤人、以他物伤人、以汤火伤人及刃伤，手段不同，应处的刑罚分别为笞二十七、三十七、六十七、七十七。尽管由于元律普遍量刑较轻，刑等差距看起来不大，但立法旨趣则是明确的。明律"斗殴"条："凡斗殴，以手足殴人，不成伤者，笞二十……以他物殴人不成伤者，笞三十……用汤火、铜铁汁伤人者，杖一百……刃伤人者，杖八十，徒二年。"②伤害手段的不同直接影响量刑。清律的规定同于明律。

从成文法的规定看，手段残忍或温和这一情节主要在杀、伤行为中起作用，并且常与伤害后果具有等价效果。源于使用何种手段能够比较

① 《元史·刑法四》"斗殴"。

② 怀效锋点校：《大明律》，第159页。

直观地反映行凶之人的主观动机，而伤害后果当然也在一定程度上能反映行为人的心理状态。

二、有关条款

1. 人身案件

秽语村辱妇女致令轻生又致其夫痛妻自尽者例内载明入缓应遵照办理。虽有侮辱之实但没有动手尚可入缓。

套拉毙命之案多近失误，如无凶横情节可以缓决。套拉属于比较温和的行为方式，故此条规定套拉毙命缓决。

屏去人服食致死之案如情节不甚凶暴者亦当酌量拟缓。不给衣食致人冻饿而死从手段凶残上看不能和兵刃、毒药等能相比，故此条规定入缓。

蒙古抢夺伤人照蒙古例拟绞之案如伤非金刃，伤轻平复，按照刑例罪止拟军者可以缓决，若伤系金刃按照刑例拟罪。抢夺伤人但未使用金刃，手段较为温和入缓。

窃贼图脱拒捕仅止金刃一二伤亦无凶暴情形此外或事主追逐自行跌毙者亦可缓决。沈书引谢信斋云：事主追逐跌毙初非本犯意料所及与失财窘迫自尽者不同，向不以之加重，系属例缓可以遵办。①

2. 其他

买受伪札诈假官者应情实，如假官并未造有凭札，罪系计赃从重加入绞候可以缓决。此条针对的是假冒官员身份行为，如果假冒官员身份，但没有伪造身份凭证，尚属手段温和，可以入缓。

对手段温和的犯罪减轻处罚，是将犯罪手段作为罪的度量维度之

① （清）沈家本：《秋审条款附案》卷三《奸盗抢窃》，“窃贼图脱拒捕金刃一二伤”。

一。手段温和未必后果轻微，但听其言观其行，手段温和通常意味着行为人心态上尚非十恶不赦。而且手段温和在社会心理上造成的冲击也会小很多，罪行受到的社会谴责相对较轻，故在一定程度上减轻其处罚符合情理，并非不能接受。

三、相关案例

1. 人身案件

嘉庆二年河南省孙殿英调戏孙吴氏致氏羞忿自缢身死一案，孙殿英系孙刘氏无服族侄，同村往来，与孙刘氏童养孙媳吴氏见面不避。嘉庆二年二月二十四日上午，孙殿英在集饮醉回归，路经孙刘氏门首，进内讨火吸烟，见孙吴氏在院纺棉。询知孙刘氏外出，孙殿英顷萌淫念，用言语调戏，孙吴氏不依嚷骂。孙殿英当即跑逸。维时孙刘氏在孙子强家帮工，闻声趋视，孙吴氏哭诉前情，孙刘氏劝慰，许俟伊子孙成勋回家控究。孙吴氏羞忿莫释欲寻短见，经孙刘氏日夜防范劝慰，延至十七日夜，乘间投缳殒命。孙殿英供认不讳，诘无手足勾引情事。孙殿英系孙刘氏无服族侄，与孙吴氏并无服制，孙殿英依例拟绞监候。孙母张氏守节二十年，年逾六旬，家无次丁。刑部以若将该犯监禁囹圄，致使守节孀妇无人侍奉，情殊可悯，题请将孙殿英准其留养。① 此案孙殿英调戏妇女，致其羞忿自尽，但因并无动手动脚情节得以入缓。

道光二十二年陕西蔡四秽语村辱致姑嫂二人俱羞忿自尽比照此例拟缓。② 此案虽致二人死亡，由于只是语言侮辱，仍拟缓。

乾隆五十八年湖广鞠大理时当十月索欠无偿，剥脱衣服冻死（欠债人）；道光十四年朝审李莲舟屏去人服食致十二岁幼孩冻毙，惟多方解救尚无致死之心……均入缓。③ 此两案系屏去人服食致人死亡均为缓案。

道光二十五年直隶王大小窃盗拒捕刃划二伤，系由被揪情急图脱所

---

① 《秋审档案》嘉庆二年“语言调戏致氏羞忿自尽准其留养”。

② （清）沈家本：《秋审条款附案》卷三《奸盗抢窃》，“秽语村辱妇女”。

③ （清）沈家本：《秋审条款附案》卷二《人命》，“屏去人服食”。

致，尚无护赃护伙格斗重情，其先因割辫误划二伤系属轻罪，向不以之加重，照缓。① 此案窃贼图脱拒捕致伤情节较轻入缓。

2. 其他案件

乾隆三十二年奉天周笃恭因父亲选授训导赴任病发，邀令姚铎顶冒父名谒见上司，照有故官员凭札卖与他人，照实未勾十次改缓。② 此案周笃恭找人冒充有官员身份的父亲，因并未伪造官员凭札，入实未勾。

道光六年朝审王国聘因母老孀居望伊得一功名，与人谈及只有书吏役满考职有执照可以报捐分发。刘应贵经人说合将描成役满县吏王庭用假照卖与王国聘得银花用。王国聘报捐分发签掣安徽，到省试用尚未署事，旋经户部行文该省查明解京，审出实情，照例拟斩。刘应贵伪造凭札诓骗得赃实属藐法，王国聘被骗受买报捐分发，尚未署事与业经赴任有间，惟名器攸关，俱拟情实。奉旨刘应贵勾决，王国聘监候。③ 刘应贵、王国聘两人系共犯，但其中刘应贵有伪造假照情节，情实勾决；王国聘仅买受假照，情实未勾。

第八节 后果有限

一、历史渊源

对罪行的客观度量上犯罪后果是最直观最重要的尺度。犯罪后果严重属于加重情节，相应地，后果有限则为相对的减轻情节。犯罪后果涵盖的内容较为宽泛，可以是人身伤害的程度，可以是财产损失的数额，还可以是影响官府秩序、法令效力的状态。《睡虎地秦简·法律答问》："捕赀罪，即端以剑及兵刃刺杀之，可(何)论？杀之，完为城旦；伤

① (清)英祥、林恩绶辑：《秋审实缓比较成案》卷二十，"窃盗图脱刃伤事主"。

② (清)沈家本：《秋审条款附案》卷四《杂项》，"买受伪札诈假官"。

③ (清)沈家本：《秋审条款附案》卷四《杂项》，"买受伪札诈假官"。

之，耐为隶臣。”捉拿应判处赀罪的人，却故意用刀剑将其刺杀，如果造成死亡的后果判处完为城旦，造成受伤的后果耐为隶臣。汉《二年律令·贼律》：“谋贼杀伤人，未杀，黥为城旦舂。”①预谋杀人，没有杀死，处黥刑和城旦舂的劳役刑。《二年律令·具律》：“证不言情，以出入罪人者，死罪，黥为城旦舂；它各以其所出入罪反罪之。狱未鞫而更言请(情)者，除。”②伪证出入人罪，如果是死罪的，处黥刑和城旦舂的劳役刑，其他罪则反坐。但是如果在审讯之前坦白的，可以免予处罚。即因未造成实际损害后果而免刑。唐律“窃盗”条：“诸窃盗，不得财笞五十；一尺杖六十，一匹加一等；五匹徒一年，五匹加一等，五十匹加役流。”③窃盗按得财金额的多少决定刑罚轻重，若未得财则处以笞五十的较轻的刑罚。元律：“若伪造省府札付者，杖一百七……其文理讹谬不堪行用者，九十七。”④札付是上级衙门发给下级衙门的公文，伪造公文应受刑罚，但如伪造之公文文理错乱荒谬、不足以行用的，因未造成危害后果可以适当减轻处罚。明律“人命”：“凡故向城市及有人居止宅舍，放弹、射箭、投掷砖石者，笞四十；伤人者，减凡斗伤一等；因而致死者，杖一百，流三千里。”⑤故意向城市和民居放弹、射箭、投掷砖石属高度危险行为，严重的可处以流刑，但如未发生伤害后果，则处笞四十的轻刑。清律：“凡窃盗已行而不得财，笞五十，免刺；但得财，以一主为重并赃论罪，为从者各减一等……掏摸者罪同。一两以下杖六十，一两以上至一十两杖七十，二十两杖八十，三十两杖九十，四十两杖一百，五十两杖六十徒一年，六十两杖七十徒一年半，七十两杖八十徒二年，八十两杖九十徒二年半，九十两杖一百徒三年，一百两杖一百流二千里，一百一十两杖一百流二千五百里，一百二十两杖一百流

---

① 张家山二四七号汉墓竹简整理小组：《张家山汉墓竹简[二四七号墓]》，第11页。

② 张家山二四七号汉墓竹简整理小组：《张家山汉墓竹简[二四七号墓]》，第24页。

③ 刘俊文点校：《唐律疏议》卷十九，第388页。

④ 《元史·刑法四》“诈伪”。

⑤ 怀效锋点校：《大明律》，第155页。

三千里，一百二十两以上绞（监候）。”①清律同于唐律按窃盗得财金额量刑，所不同的是将唐律计赃的单位绢之匹数换成了银之两数。

将犯罪后果作为量刑情节考虑，符合人们朴素的正义情感，但是有时候却不一定合理和公平。虽然大多数时候，犯罪后果的造成与犯罪行为人的主观动机和所实施的行为包括工具、手段等有一定关联。比如意图杀人且实施了杀害行为的犯罪人极有可能造成致人死亡的犯罪后果；意图诈骗的犯罪行为人同时实施了伪造欺诈等相关行为极可能使受害人上当受骗。但是犯罪后果虽然和行为人主观动机、行为手段有密不可分的联系，却仍然存在相当的偶然性。比如实施人身伤害的行为人遇到抵抗未能实现犯罪目的；图谋诈骗的行为人被高明的当事人识破，等等。更为典型的是实施盗窃的罪犯，行为人盗窃所获赃款、赃物的数额基本上不是犯罪人所能决定的，存在很大的不确定性。在这些情形下，若过于重视犯罪后果，会使行为人所应受之处罚受外界不确定因素左右，也即变相地造成动机及行为相似的犯罪人仅仅因非本人可控因素的不同而承担了不一样的罪责。然而尽管考虑犯罪后果作为量刑情节存在此种弊端，但因犯罪后果是受害的个体与社会所遭到的损害的具体表现，也是社会对犯罪负面评价之基础，即犯罪行为应受谴责性之来源，故仍是一个不易回避的选择。

二、有关条款

1. 盗窃

盗窃案之犯罪后果均以涉案金额为断，满贯拟死但未到五百两可以缓决。

窃贼满贯之犯乾隆五十七年本部堂官面奉谕旨逾五百两者情实，未至五百两者缓决。

① 田涛、郑秦点校：《大清律例》卷二十四，第391~392页。

窃贼二三次满贯同时并发及积匪行窃一次逾贯但未至五百两者可以缓决。

行窃官员公寓逾贯究与行窃衙署不同，未至五百两亦入缓决。沈书：向多入缓，从无实案。①

窃贼满贯未至五百两，此外另有图脱拒捕，或将事主推跌，或他物一二伤情节不甚凶暴者俱属轻罪，仍以未至五百两入缓。

2. 伤害

殴本宗缌麻尊长至笃疾之案，究无人命亦与刃伤期亲尊长不同，其情节略有可原者俱入缓决。沈书引谢信斋语："按殴本宗缌麻尊长至笃疾律应绞候系由平人满流罪上加至于死，业已从重治罪，自当入缓。"此条虽是以卑犯尊，但并未致人死亡，所以可以缓决。

3. 诈骗

伪造印信如冒支钱粮及诓骗得赃者俱入情实，其余诓骗未成者尚可酌入缓决。此条针对伪造印信行为，诈骗未成的可以缓决。(未见缓案——著者注)

4. 贪污

侵亏仓库实犯之案秋审朝审概拟缓决，两年限内全完入可矜减等。②

---

① (清)沈家本:《秋审条款附案》卷三《奸盗抢窃》，"行窃官员公寓"。

② 《秋审档案》乾隆十四年五月十五日上谕："刑部向来将侵亏仓库实犯之案秋审朝审概拟缓决。该犯明知其必不正法，虽有二年之限，从无交完，以致帑项虚悬，而各省侵亏之案亦不一而足，无以儆贪风而申国宪。是以于乾隆十二年命大学士九卿详核议定条例，分别情节入册候勾。其中有应入情实者五案，朕特再予限一年，或能完项自赎，其罪尚可照法外之仁。今据刑部查奏，自定例以后，各省参劾侵亏之案渐少，而五案中现在全完者一案，完有七分者二案，其余二案亦俱有交完之项。是该犯等尚知儆惕，急图完公。应酌量加恩宽宥，着刑部存记所有全完之吴浩一犯入于可矜减等发落，其余着于勾到时将完过分数声明，候朕临时酌夺，嗣后俱照此办理。钦此。"

侵吞公物公款案发后能在一定期限内退赔，挽回了犯罪后果可以减轻处罚。

以犯罪后果论罪的重轻，从而定刑之重轻，符合普通人的常识，也符合刑罚报应观。尽管危害后果的产生也会受其他一些偶然因素影响，但大体上仍和行为人行为方式、主观故意密切相关，虽是客观尺度，也在一定程度上与犯罪人的主观心态吻合。按犯罪后果决定刑罚相对公平，易为社会公众认可。

三、相关案例

1. 盗窃案

嘉庆十五年云南金印斗鼠窃官员公寓非窃衙署可比，仍照寻常鼠窃办理，未至五百两，照缓。①

道光二年浙江顾阿六行窃十二次，逾贯者五次，三次系该犯为首，又复拒伤事主，是积匪而又逞凶，惟系同时并发与免死复犯不同，他物拒捕又系轻罪照缓。此案情节较条款为重，而亦入缓，盖因同时并发例系从一科断，故不加重也。②

道光二十六年江苏张扣二辞歇佣工盗窃雇主，辞工不以雇工论，鼠窃赃逾贯尚未至五百两，照缓。③

2. 伤害案

道光十一年浙江杨潮伦因缌麻尊亲凶横，屡向借钱未还。该犯戳瞎其两眼照缓减等。此案系殴伤缌麻尊长至笃疾拟缓（若致二人以上缌尊

---

① （清）英祥、林恩绶辑：《秋审实缓比较成案》卷二十一，“行窃官员公寓逾贯”。

② （清）沈家本：《秋审条款附案》卷三《奸盗抢窃》，“窃贼二三次满贯”。

③ （清）英祥、林恩绶辑：《秋审实缓比较成案》卷二十一，“窃贼满贯”。

笃疾或不能缓决，例如乾隆三十八年江西刘復俚殴伤缌尊二人成笃入实）。① 未酿人命，虽至笃疾仍予适当从宽。

3. 贪污案

乾隆十四年侵亏人犯吴浩原拟情实，在一年展限中照数全完改拟可矜减等发落。李铭盘、丁棻未能全完，但未完数不到一千两，改入缓决。② 犯官贪污公款，但能积极退赃，可视退赃程度不同分别减轻或从轻处罚。

第九节　被害人过错

一、历史渊源

以被害人的过错而减轻加害人的责任基于两个理念，其一为公平观，若不考虑被害人过错，则因被害人过错而引发犯罪行为的罪犯与非因被害人过错而实施犯罪行为的罪犯被同等对待，存在有失公平之处；其二为报应观，被害人存在过错，且其过错直接或间接引发了加害人的犯罪行为，被害人便须为自己的行为承担责任。《二年律令·贼律》"斗殴变人，耐为隶臣妾。怀子而敢与人争斗，人虽殴变之，罚为人变者金四两"③。斗殴致怀孕妇女流产，要处耐刑并以奴婢身份为官府服役，而怀孕妇女与人争斗，也要处以罚金。此条法律虽未明确被害人的过错可以减轻加害人的责任，但是明显对受害人身怀有孕与人争斗行为也是抱谴责态度的。"诸吏以县官事笞城旦舂、鬼薪白粲，以辜死，

① （清）沈家本：《秋审条款附案》卷一《服制》，"殴本宗缌麻尊长尊属至笃疾"。

② 《秋审档案》乾隆十四年十月初八日。

③ 张家山二四七号汉墓竹简整理小组：《张家山汉墓竹简［二四七号墓］》，第13页。

令赎死。”①官吏因官府公事责打服城旦舂或鬼薪白粲劳役刑的刑徒，这些刑徒有罪而死，官吏虽有一定责任，但可以赎刑，说明刑徒自身的过错减轻了滥用酷刑的官吏的责任。

《唐律疏议》“夜无故入人家条”规定：“诸夜无故入人家者，笞四十。主人登时杀者，勿论；若知非侵犯而杀伤者，减斗杀伤二等。其已就拘执而杀伤者，各以斗杀伤论，至死者加役流。”②对闯入者主人可以当即杀死而无罪。“诸奴婢有罪，其主不请官司而杀者，杖一百。无罪而杀者，徒一年。期亲及外祖父母杀者，与主同。”③“子孙违犯教令，而祖父母、父母殴杀者，徒一年半；以刃杀者，徒二年；故杀者，各加一等。”④家长、父母虽居尊长，杀害奴婢或子女仍应承担责任，但卑幼有罪可以减轻责任。

杀死窃贼法无明文(夜间入室为盗除外)，《折狱龟鉴》记载：“(宋)胡向少卿，初为袁州司理参军。有人窃食，而主者击杀之，郡论以死。向争之曰：‘法当杖。’郡将不听，至请于朝，乃如向议。”《折狱龟鉴》评论：“此以名分言之，则被击者窃食之盗也，击之者典食之主也；以情理言之，则与凡人相殴击异矣。登时击杀，罪不至死也。然须击者本无杀意，邂逅致死，乃坐杖罪。或用刃，或绝食，或残毁，则是意在于杀，法所不许也。又当原其情理，岂可一概科断？尽心君子亦宜察焉。”⑤元律规定：“诸有人戏调其妻，夫遇而殴之，因伤而死者，减死一等论罪，仍征烧埋银。”⑥殴死调戏妻子的人可以减罪。“诸夫卧疾，妻不侍汤药，又诟詈其舅姑，以伤其夫之心，夫殴之，邂逅致死

① 张家山二四七号汉墓竹简整理小组：《张家山汉墓竹简[二四七号墓]》贼律，第15页。

② 刘俊文点校：《唐律疏议》卷十八，第374~375页。

③ 刘俊文点校：《唐律疏议》卷二十二，第438页。

④ 刘俊文点校：《唐律疏议》卷二十二，第446页。

⑤ (宋)郑克：《折狱龟鉴》卷四《议罪》，《胡向科杖》。

⑥ 《元史·刑法四》“杀伤”。

者，不坐。”①丈夫殴有过之妻意外致死者无罪。

明清律“夜无故入人家”条与唐律类似：“凡夜无故入人家者，杖八十。主家登时杀死者，勿论。其已就拘执，而擅杀伤者，减斗杀伤罪二等。至死者，杖一百，徒三年。”②“杀死奸夫条”：“凡妻妾与人奸通，而于奸所亲获奸夫奸妇，登时杀死者，勿论。”③“夫殴死有罪妻妾”：“凡妻妾因殴骂夫之祖父母、父母，而夫擅杀死者，杖一百。若夫殴骂妻妾因而自尽身死者，勿论。”④“若奴婢有罪，其家长及家长之期亲若外祖父母，不告官司而殴杀者，杖一百；无罪而杀者，杖六十，徒一年。”⑤明清律不同于唐律之处在于赋予了丈夫对妻妾的教令权，故杀死有过妻妾免罪或减轻刑罚。

被害人有过错可相应减轻加害人罪责，减轻的程度则通常视被害人过错之大小而定，但此等情节的存在一般只能减轻而不能免除加害人罪责。因被害人过错免除加害人罪责需要同时具有其他特定条件，即加害人因特殊情势难以控制加害的手段方法和危害程度。比如夜无故入人家，因是夜间无故闯入，对主人安全造成极大威胁，主人情急之下难以从容选择适度的手段方法，故登时杀死无罪。而本夫杀死奸夫奸妇无罪则是考虑了男人的尊严被挑战后无法控制的愤怒。

二、有关条款

1. 杀死奸罪罪人

男子拒奸无据，审无起衅别情，仍照谋故斗杀定拟之案例内已载明

① 《元史·刑法四》“杀伤”。

② 怀效锋点校：《大明律》卷十八，第146页。

③ 怀效锋点校：《大明律》卷十九，第151页。

④ 怀效锋点校：《大明律》卷十九，第155页。田涛、郑秦点校：《大清律例》卷二十六，第435页。

⑤ 怀效锋点校：《大明律》卷二十，第165页。

人缓应查例照办。沈家本称此系罪疑惟轻之意。① 此条针对男子拒奸，虽被害人是否确有犯罪事实存疑，但仍对加害人减轻处罚。

非应许捉奸之人杀死奸夫仍以谋故斗杀定拟各案，嘉庆十五年奏明果系本宗情好素密，实出一时气忿并无起衅别情，仍入缓决，如有挟嫌讹诈等情，应照寻常谋故斗杀酌核情节分别实缓。理论上可以捉奸之人限于本夫及近亲属，其他人无权捉奸，但毕竟死者是犯奸罪之人，故仍对加害人从轻处罚。

2. 杀死其他罪人

擅杀二三命及火烧活埋者俱入缓决，若至四五命以上情节实在惨忍者亦酌入情实。清律擅杀系指杀死有罪之人，因死系罪人，故虽至二三命或者火烧、活埋手段极其残忍亦可缓决。

杀有过之人其罪轻，源于有过之人理应受到惩罚，其被受害人或其家属杀死，可谓罪有应得。社会心理对这种情况下的杀人行为常抱同情之心，对杀死罪人之人减轻处罚，易为公众接受。但杀死有罪之人虽罪轻一般不能视为完全无罪，因刑罚权为国家垄断，个人不得僭越而代国家行使刑罚权。

三、相关案例

1. 杀死奸罪罪人

乾隆五十五年秋审江苏卢先之死系奸淫放火罪人，杀由义忿，缓决改矜。②

乾隆五十八年秋审叶勇碧殴死缌麻服叔叶现用一案，因叶现用与孀

① （清）沈家本：《秋审条款附案》卷二《人命》，“男子拒奸无据”。

② 《秋审档案》乾隆五十五年“缓决改可矜三起”。

居堂弟妇李氏通奸，复经李氏拒绝，叶现用复萌淫念，潜往求奸。李氏挣扎喊叫，经叶勇碧瞥见，忿激拉住叶现用欲行送究。叶现用撞头叫骂，叶勇碧拔木搭向殴殒命。乾隆皇帝谕旨：“殴由义忿，死系淫恶乱伦罪人，自应列入缓决，乃该督等将叶勇碧问拟情实，又属失入。”①

同治八年山东钟小松男子拒奸杀人，勘伤虽多，并无谋故重情，照缓。②

2. 杀死其他罪人

乾隆二十七年姚士英因左元珍黑夜酒醉闯入内室，喝问不逊，向殴被扭，暗中踢伤肾囊，越十二日殒命。刑部议姚士英应拟缓决并准予留养，奉旨依议。③

道光二十年安徽张泳汰死系杀人应抵正凶，犯系奉差往拿之人，定案时以该犯有挟嫌索诈情节，仍按共殴拟抵，不无可原照缓。④

嘉庆二十一年直隶倪万清擅杀六命，均系行窃罪人，殴由被拒被詈，亦无残忍情状，外缓照缓。⑤

第十节　偶犯/初犯

一、历史渊源

《尚书·舜典》称：“眚灾肆赦”，灾即偶然。偶犯者因其主观恶性较小，通常可以被减轻处罚。前文所述鬲从攸卫牧地租案，攸卫牧初犯违约罪，法官让他立誓，未予以惩罚，若再次违约，则处以流放之刑，

① 《秋审档案》乾隆五十八年“勾到四川省”。
② （清）英祥、林恩绶辑：《秋审实缓比较成案》卷五，“男子拒奸杀人”。
③ 《秋审档案》乾隆二十七年九月初六日“官犯声请留养”。
④ 沈家本：《秋审条款附案》卷二《人命》，“兵丁差役粮船水手殴毙人命”。
⑤ 沈家本：《秋审条款附案》卷二《人命》，“擅杀二三命”。

加重处罚。① 历朝法律中并无偶犯/初犯从轻之条，但有再犯加重之条。例如唐律："诸盗经断后，仍更行盗，前后三犯徒者，流二千里；三犯流者，绞。"②加重的原因是"行盗之人，实为巨蠹。屡犯明宪，罔有悛心"。王者之政莫急于盗贼，盗罪是严重危害社会秩序的犯罪，屡次犯盗是主观恶性较大的体现。此条虽不及于其他犯罪，但对屡次犯罪持更严厉的否定态度则是明确的。而对偶犯或可从轻也是题中应有之义。

南宋时期，曾任知州的胡太初在《昼帘绪论》中叙述了初犯从轻的观点："今有初犯及盗不满匹者一为势利所怵，便与断刺，不知鞭挞至惨，肌肤犹有可完之时，一经刺环瘢痕永无可去之理，所犯出于一时不得已，而罪至于终身不雪，此所当戒者三。"③《宗忠简集》记载宗泽重用岳飞的事迹："时岳飞偶犯，有司欲正典刑，公一见奇之，曰此将材也，留军前。适羽报敌犯汜水，遣飞为踏白使，以五百骑授之。公语曰：'吾释汝罪，今当为我立功，且戒无轻斗。'飞禀命即行。凯还补为统领。"④《元典章》赃罪条例："诸职官及有出身人等，今后因事受财，依条断罪，枉法者，除名不叙；不枉法者，须殿三年，再犯不叙。"⑤对受财不枉法的官犯初犯停止晋升三年，再犯则不再录用。元律对盗犯也区分初犯再犯，初犯从轻，再犯加重。"盗牛者，初犯为首七十七，徒一年半，为从六十七，徒一年；再犯加等，罪止一百七，出军。盗驴骡者，初犯为首六十七，徒一年，为从五十七，刺放；再犯加等，罪止徒三年。盗羊猪者，初犯为首五十七，刺放，为从四十七，刺放；再犯加

① 隹(唯)卅又二年三月初吉壬辰，王才(在)周康徲大(太)室，鬲比(以)攸卫牧告于王，曰：女孚我田徼，弗许鬲比，王令相史南以虢旅，虢旅乃事(使)。攸卫牧誓曰：☐弗(具)付匕(比)，且射(其沮厌)分田邑，则杀，攸卫牧则誓，比乍(作朕)皇且(祖)丁公、皇考寅(惠)公(尊)鼎，鬲攸比其彳万年(其万)，子子孙孙永宝用。

② 刘俊文点校：《唐律疏议》卷二十"盗经断后三犯"，第408页。

③ (宋)胡太初撰：《昼帘绪论》，《用刑篇》第十二。

④ (宋)忠泽：《宗忠简集》卷七，四十五页。

⑤ 陈高华、张帆、刘晓、党宝海点校：《元典章》刑部卷之八，第1544页。

等，罪止徒三年。”①对盗罪以外的犯罪也有区分初犯、累犯，例如“若伪造司县印信文字，追呼平民，勒取财物者，初犯杖七十七，累犯不悛者一百七”②。明代在盗罪以外，也对一些犯罪区分初犯和再犯，例如“宰杀马牛条例”：“凡宰杀耕牛，并私开圈店及知情贩卖牛只与宰杀者，俱问罪，枷号一个月，发落；再犯、累犯者，免其枷号，发附近充军。若盗而宰杀及货卖者，不分初犯、再犯，枷号一个月，照前发遣。”③雍正《浙江通志》叙述对偷逃税款之罪：“若经过士客赍带礼物，并小民无知偶犯，与前项奸商地棍不同酌量发放。”④

对于初犯、偶犯之从轻处罚往往并无成文法的明确规定，法律中通常只有对再犯累犯加重处罚的规定。即偶犯已排除作为定罪情节。而在司法实践中，偶犯或初犯仍有可能作为量刑情节而存在。对偶犯或初犯的从轻处罚是与对再犯或累犯的加重处罚并行的，但更有可能取决于司法官的自由裁量。

二、有关条款

发冢之案在外瞭望一二次者可以缓决。此条针对发冢行为，盗墓者往往习以为常，以之为业，故若只是偶尔参与犯罪且系从犯者，可以从轻处罚。

伙众抢夺妇女为从及抢夺路行妇女为从之案，道光五年奏定章程，嗣后聚众伙谋抢夺妇女已成案内从犯如业经入室，或虽未入室而事后奸污，或帮同架拉，或伙抢不止一次，或被抢数至三人，或系致酿人命案内帮同逼迫之犯，或系拒捕杀人案内在场助势之犯，或本犯自行拒捕伤人，或由本犯领卖致被抢之人尚无下落者拟入情实，其无前项情事拟入缓决。至聚众抢夺路行妇女已成之从犯则以曾否动手为断，但经动手抢

① 《元史·刑法三》“盗贼”。

② 《元史·刑法四》“诈伪”。

③ 怀效锋点校：《大明律·问刑条例》，第402页。

④ （清）嵇曾筠：雍正《浙江通志》卷八十六，“国朝税额”。

夺之犯均入情实，其未动手抢夺有奸污及前项情事者亦入情实，如无前项情事拟入缓决。此条规定抢夺妇女未入室奸污妇女，非多次抢夺，非抢夺多名妇女，未酿成人命的可以拟以缓决。初犯为从轻情节之一。

对初犯、偶犯者减轻或从轻处罚的逻辑，或可以为是一种刑罚的折扣，故此当行为人再犯时就丧失享受折扣的权利。清代司法实践中只就聚众和惯习性犯罪规定对初犯、偶犯从轻处罚，可能还有区分聚众犯罪中各人罪行轻重的作用，初犯、偶犯参与度较低，按罪刑相当观点，可以适当减轻刑罚。

三、相关案例

1. 发冢

同治七年福建赵四听从发冢见棺锯缝凿孔帮同刨土一次，照缓。同治七年山西任蕾斗听从赵八十发掘坟冢一次，仅止用镢刨开坟土露见棺木，迨后开棺剥取尸衣均系赵八十一人动手，该犯止系在外瞭望，并未下坑，照缓。① 此两起发冢案件罪犯参与作案仅只一次，且均系为从帮忙刨土、在外瞭望，故从轻拟缓。

2. 抢夺妇女

道光二十四年奉天张瑞听从伙抢妇女一次，尚无入室架拉及随同奸污情事，其听从强借钱文未成系属轻罪，自应照立章程入缓。照缓。② 此案罪犯张瑞仅参与抢夺妇女为从一次，且并无其他严重情形故得照缓。

---

① (清)英祥、林恩绶辑：《秋审实缓比较成案》卷二十，“开棺见尸未见尸”。

② (清)英祥、林恩绶辑：《秋审实缓比较成案》卷十九，“伙众抢夺妇女为从及抢夺兴贩妇女为首”。

第十一节 为 从

一、历史渊源

《尚书》记载："歼厥渠魁，胁从罔治。"①首恶必诛，胁从者可以免于处罚。据此，尽管现存史料中未见如何区分首从的具体规定，但似可推断先秦时期有可能存在对首犯、从犯区别对待的刑法原则。不过秦律似并不区分首从，《秦简·法律答问》："甲盗，臧直千钱，乙智其盗，受分臧不盈一钱，问乙可(何)论？同论。"未参与盗窃且仅分赃、金额极小的共犯和主谋及主要行为人同样处罚。汉律类于秦律，例如《二年律令·钱律》："智(知)人盗铸钱，为买铜、炭，及为行其新钱，若为通之，与同罪。"②盗铸铜钱的共犯即使只是实施了购买原材料及行用新钱的行为，也和盗铸之人同罪。唐律则对除严重犯罪如谋反大逆及身自犯以外大部分犯罪均明确区分首从："诸共犯罪者，以造意为首，随从者减一等。若家人共犯，止坐尊长。"③"诸同谋共殴伤人者，各以下手重者为重罪，元谋减一等，从者又减一等；若元谋下手重者，余各减二等；至死者，随所因为重罪。"④一般共同犯罪以倡首先言者为首犯，随从减等；家人共犯只处罚尊长；同谋共殴伤人以下手重者为重罪。元律同样对犯罪大多区分首从，但并未统一规定为从减一等，例如，"诸白昼剽夺驿马，为首者处死，为从减一等流远"⑤。但"诸私宰官马牛，为首杖一百七，为从八十七"⑥。"诸被胁从上盗，至盗所，复逃去，

---

① 《尚书·胤征》。

② 张家山二四七号汉墓竹简整理小组：《张家山汉墓竹简[二四七号墓]》贼律，第35页。

③ 刘俊文点校：《唐律疏议·名例》，第125页。

④ 刘俊文点校：《唐律疏议》卷二十一，第421页。

⑤ 《元史·刑法三》"盗贼"。

⑥ 《元史·刑法四》"禁令"。

不以为从论。”①“诸兄盗牛，胁其弟同宰杀者，弟不坐。”②即从犯减轻刑罚一等至数等，胁从犯不坐。明律共同犯罪同唐律区分首从：“凡共犯罪者，以造意为首，随从者，减一等。若家人共犯，止坐尊长。”③例如关于私铸铜钱的规定：“凡私铸铜钱者，绞。匠人罪同。为从及知情买使者，各减一等。”④清律共犯区分首从的规定同于明律。

首犯全刑、随从减等，表面看是一个自然的取向，但其中也有值得探究之处。现代共同犯罪理论是从行为人在犯罪中角色及作用不同解释主从犯之间的量刑差异，故所有犯罪均区分首从。但古代法律尚存在严重犯罪不分首从，身自犯不分首从。严重犯罪不分首从通常表述为“皆斩”，如“诸谋反及大逆者，皆斩”⑤，“诸杀一家非死罪三人，及支解人者，皆斩”⑥。身自犯则包括“强盗及奸，略人为奴婢，阑入，逃亡及私度、越度关栈垣篱”⑦。《唐律疏议》解释这些“亦无首从”的情况或为“各肆威力”，或为“身并自犯”。前者无首从，在于系严重犯罪，即使区分首从，从犯也同样罪大恶极，应处极刑，故无区分之必要；后者无首从，在于各人参与程度都不轻，难以分出首从，因此干脆不分首从。换而言之，区分首从的犯罪就是那些或不至罹于极刑且犯罪参与人所起作用不等，造成危害轻重有别的犯罪。至于为从之界定按照自唐以来通行的标准则是一般共同犯罪中非造意者，同谋共殴伤人情况下非下手最重者，家人共犯中听从家长实施犯罪者，即一般来说，不是主谋和主使也非造成最严重危害结果者，换言之，无论在主观还是客观上均非最应被谴责者。

---

① 《元史·刑法三》“盗贼”。
② 《元史·刑法三》“盗贼”。
③ 怀效锋点校：《大明律》卷一，第 17 页。
④ 怀效锋点校：《大明律》卷二十四，第 193 页。
⑤ 刘俊文点校：《唐律疏议》卷十七，第 348 页。
⑥ 刘俊文点校：《唐律疏议》卷十七，第 360 页。
⑦ 刘俊文点校：《唐律疏议》卷五，第 127 页。

二、有关条款

1. 盗窃为从

首犯赃逾五百两，从犯因三犯拟绞者仍入缓决。沈家本评论此条："首从各别"①虽参与盗窃金额巨大，且系三犯，但因系从犯，仍拟缓决。

偷窃蒙古四项牲畜三十匹及二十匹以上为首入于情实，为从入于缓决。偷窃蒙古大牲口且数额巨大是严重罪行，但为从者可入缓决。

发冢三次为从仅止在外瞭望者缓，若帮同开棺及为从至三次以上者，情实。例内已有明文，其盗未殡未埋尸棺为从三次以上应绞候者，如仅在外瞭望亦可酌入缓决。沈家本追溯此条源流：同治四年开棺见尸为首斩决，锯缝凿孔为首绞决，为从绞候。五年开棺见尸为从帮同下手者不论次数俱情实；在外瞭望一二次缓决，三次及三次以上者情实；锯缝凿孔为从帮同下手三次及三次以上者入于情实，一二次缓决……光绪十二年开棺见尸为从绞犯无论是否帮同下手在外瞭望均入情实，锯缝凿孔为从但经帮同凿锯不论次数并在外瞭望已至三次以上者俱入情实……②此条针对发冢为从行为，尽管沈家本称，自光绪年间，对于发冢为从且情节较轻的罪犯已不再能得到优待，而是同样拟入情实。但在相当长一段时间内发冢为从情节较轻的例如在外瞭望或帮同下手仅只一二次的罪犯是可以减轻处罚的。

2. 抢夺为从

伙众抢夺妇女为从及抢夺路行妇女为从之案，道光五年奏定章程，嗣后聚众伙谋抢夺妇女已成案内从犯如业经入室，或虽未入室而事后奸

---

① （清）沈家本：《秋审条款附案》卷三《奸盗抢窃》，"首犯赃逾五百两"。

② （清）沈家本：《秋审条款附案》卷三《奸盗抢窃》，"发冢三次为从"。

污，或帮同架拉，或伙抢不止一次，或被抢数至三人，或系致酿人命案内帮同逼迫之犯，或系拒捕杀人案内在场助势之犯，或本犯自行拒捕伤人或由本犯领卖致被抢之人尚无下落者拟入情实，其无前项情事拟入缓决，至聚众抢夺路行妇女已成之从犯则以曾否动手为断，但经动手抢夺之犯均入情实，其未动手抢夺有奸污及前项情事者亦入情实，如无前项情事拟入缓决。此条针对抢夺从犯，未曾入室、未曾动手，情节较轻者可以缓决。

蒙古强劫什物未伤人及抢夺十人以上并计赃逾贯为从者俱入缓决。十人以上抢夺且计赃逾贯罪行不轻，但如属从犯可以缓决。

为从减轻，原因是从犯在犯罪中起的作用是辅助和次要的，可能是行为人相对缺乏作恶的胆量，也可能是行为人不是犯罪团伙中恶念最强的成员。首犯/主犯需要对全部成员的犯罪行为负责，从犯则可适当减轻，按罪刑相当的理论，从犯之罪小于首犯/主犯，故而在符合一定条件的情况下可以免死。

三、相关案例

1. 盗窃为从

嘉庆八年直隶李五听从剥取尸衣分赃已至三次，残及枯骨，怙恶不悛，未便以仅止瞭望为解，改实。进呈递后奉旨入缓。① 此案李五发冢三次为从奉旨改缓。

同治七年朝审福建陈四等均听从发冢，见棺锯缝凿孔在外瞭望二次，均未帮同刨土，照缓。② 陈四等发冢为从仅止在外瞭望照缓。

① （清）沈家本：《秋审条款附案》卷三《奸盗抢窃》，“发冢三次为从”。

② （清）英祥、林恩绶辑：《秋审实缓比较成案》卷二十，“开棺见尸未见尸”。

同治八年奉天理保儿偷窃蒙古牲畜三十匹以上为从，照缓。① 此案理保儿偷窃马匹四次同时并发，均在三十匹以上，但究系为从，仍入缓决。

2. 抢夺为从

道光二十八年奉天郭俊听从聚众抢夺妇女已成，该犯仅止随同进院并未入室，亦无帮同架拉情事，至首犯将本妇吓逼成婚，已在该犯走散之后，拟缓。② 此案系抢夺妇女，郭俊参与聚众抢夺妇女，但系从犯且并未入室也未帮同架拉故得入缓。

道光二十六年山西新章心等虽系叠次听从十人以上抢夺牲畜十匹以上，计赃逾贯同时并发，惟系为从，究未伤人，照缓。③ 章心等十人以上聚众抢夺牲畜十匹以上，但为从未伤人入缓。

第十二节　悔　　过

一、历史渊源

《尚书》中有记载："既道极厥辜，时乃不可杀。"④指出如果行为人能够如实供述罪行，就可以被免于死刑。这段文献被视为后世自首免罪或减刑的源头。而行为人如实供述罪行很多情况下的确也是心存悔过，并希望挽回犯罪行为所造成损失的表现。当然犯罪人能主动交代犯罪事实，也必然会减轻国家机关追究犯罪的成本，从而有利于社会的整体利

---

① （清）英祥、林恩绶辑：《秋审实缓比较成案》卷二十一，"蒙古抢窃四项牲畜十匹及二十三十匹"。

② （清）英祥、林恩绶辑：《秋审实缓比较成案》卷十九，"伙众抢夺妇女为从及抢夺兴犯妇女为首"。

③ （清）英祥、林恩绶辑：《秋审实缓比较成案》卷二十一，"蒙古抢劫什物未伤人"。

④ 《尚书·康诰》。

益。因此历朝法律均有鼓励自首、立功的相关规定。《睡虎地秦简》中有自告和自出的记载："司寇盗百一十钱，先自告，可(何)论？当耐为隶臣，或曰赀二甲。"司寇盗一百一十钱自首，如何处理？应耐为隶臣或罚二甲。"把其(假)以亡，得及自出，当为盗不当？自出，以亡论。其得，坐臧(赃)为盗；盗罪轻于亡，以亡论。"①携带借用的官有物品逃亡，被捕获以及自首，应否作为盗窃？自首，以逃亡论罪。如系捕获，按赃数作为盗窃。如以盗窃处罪轻于以逃亡处罪，则仍以逃亡论罪。司寇盗窃一例中，自首被判耐为隶臣或赀二甲是否从轻判决不详。但携带官物逃亡一例则很清楚自出即自首会得到从轻处罚。汉《二年律令·告律》："诬告人以死罪，黥为城旦舂；它各反其罪。告不审及有罪先自告，各减其罪一等。"②《史记·淮南衡山列传》："闻律先自告除其罪，又疑太子使白赢上书发其事，即先自告，告所与谋反者救赫、陈喜等。"则汉律已有自首免罪或减刑的一般规定。后世法律更进一步完善了自首制度。《唐律疏议·名例》："诸犯罪未发而自首者，原其罪。"③"其知人欲告及亡叛而自首者，减罪二等坐之。"④"诸犯罪共亡，轻罪能捕重罪者，及轻重等，获半以上首者，皆除其罪。"⑤"诸盗、诈取人财物而于财主首露者，与经官司自首同。"⑥犯罪未发情况下自首者可以免罪，犯罪已发也可因自首而减刑。在犯罪逃亡情况下，若能捕获其他同案犯满足一定条件也可以免除刑罚。送还财物等具有主动挽回犯罪损失性质的行为均可视同自首。西夏律规定，告发犯罪、捕获逃亡等立功行为可抵罪："诸人有捕逃人功抵罪者中，自十五人以上逃走已行，引导队列，同时捕得之，及其数以上有各迁部，诸人告举是重情，

---

① 《睡虎地秦简·法律答问》。

② 张家山二四七号汉墓竹简整理小组：《张家山汉墓竹简[二四七号墓]》，第 26 页。

③ 刘俊文点校：《唐律疏议》，第 110 页。

④ 刘俊文点校：《唐律疏议》，第 114 页。

⑤ 刘俊文点校：《唐律疏议》，第 116 页。

⑥ 刘俊文点校：《唐律疏议》，第 118 页。

可与有大小杂逆罪相抵。”①除自首和立功外，犯罪中止也能体现行为人的悔过心理，故元律规定：“诸挟仇放火，随时扑灭，不曾延燎者，比强盗不曾伤人不得财，杖七十七，徒一年半，免刺。”②“诸职官受赃，即改悔还主，其主犹执告者勿论。”③明清律的规定基本同于唐律。但于条例中也有一些补充，例如清律“犯罪自首”条所附条例：“在监重囚有因变逸出、旋即投归者，除不准自首之犯仍照原拟治罪外，余俱免死，杖一百发落。其自行越狱及看守通同贿纵者，虽投归不在此例。”④

中止、自首、闻拿投首、立功等均是以行为人认识到行为的非正义性或违法性为基础，但其主观心理状态并不一样，有的行为人可能是发自内心地认识到行为的错误，有的行为人只是出于对可能面临的刑罚的畏惧，甚至还有行为人是出于投机的心理，利用法律规定作了最有利的选择。或许立法的本意在于奖励悔过自新，但由于只能借助行为外观对犯罪人区别对待，法律对悔过的正面激励，实际上所起到的作用更多的是降低司法成本，但这也是无可奈何之事。放下屠刀立地成佛，是美好的期望，虽然最后的结果可能不是立地成佛，但能放下屠刀也是有重大社会意义的。

二、有关条款

窃贼刃伤事主，闻拿畏惧将原赃送还，除确有证据者依例减流外，若系一面之词，别无证据，仍拟绞候，照例入于缓决。窃贼刃伤事主若无减轻情节应入情实，闻拿退赃体现了行为人的悔改意图，条款规定对于闻拿退赃若有确凿证据可以减为流刑，证据不足的入于缓决。

伙盗被获供出首盗所在拿获者，系曾经伤人伤轻平复之犯，减为斩监候秋审入于缓决，其首盗供获伙盗及伙盗供获伙盗者均拟以斩候，秋

① 史金波、聂鸿音、白滨译注：《天盛改旧新定律令》，第455页。

② 《元史·刑法四》“禁令”。

③ 《元史·刑法一》“职制上”。

④ 田涛、郑秦点校《大清律例》卷五，第114页。

审时核其情节分别实缓。此条针对盗贼立功情况，从犯提供线索抓获主犯，可认为是重大立功行为，故对从犯从轻拟以缓决；主犯提供线索抓获从犯或从犯提供线索抓获从犯算是一般立功行为，并不必然导致从轻定拟。此处的核其情节分别实缓，即所谓法无可贷者入实，情有可原者入缓。法无可贷者：曾经转纠党羽、持火执械、涂脸入室、助势搜赃、架押事主送路，到案诬扳良民，并行劫已至二次，及滨海沿江行劫过船搜赃者是也；情有可原者：在外瞭望接递财物，并未入室过船搜赃，并被人诱胁随行上盗，或行劫只此一次，并无凶恶情况者是也，皆指未伤人伙犯而言。①

监守盗仓库钱粮一千两以上拟斩之案，例应入实，如勒限追赃，限内全完例应死罪上减二等发落，如原奏声明系书吏舞弊不准减等已属从严，若再入实不特无以为完赃者劝，亦且无以为不完赃者惩，秋审衡情可以缓决。此条明确完赃减等的目的是鼓励犯官退赔赃款，对于书吏舞弊虽完赃不得减等，但也可从轻缓决。

悔过减轻处罚，一方面是有自首、立功等悔过表现的行为人主观恶性较小，在评估其罪行时，应受谴责性较轻，按刑罚报应观，可以适当减轻处罚。另一方面对自首立功者减轻或从轻处罚，重在示范效应，是刑罚功利主义的表现，当然自首、立功行为本身也会带来降低追究犯罪成本的现实利益，本身就具有功利价值。上述条款基本上是在犯罪人有实质性的挽回犯罪后果的前提下才能得到刑罚的优待。

三、相关案例

1. 窃盗悔罪立功

光绪三年山东殷茂东悔罪于五日外充作眼线，指获盗犯八名，内兼

① （清）沈家本：《秋审条款附案》卷三《奸盗抢窃》，“伙盗被获供获首盗”。

有盗犯二名，拟缓。① 此案殷茂东悔过立功，协助抓获盗犯多名得以改缓。

2. 官犯完赃赎罪

乾隆十七年参革叙永厅照磨沈国实亏空私收秤头铜斤，并侵扣买铜秤余各项，共计入己赃银五千零七两八钱六分。十八年五月内时值热审，该犯先只完过银六百两，未完银四千四百余两，拟入情实具题。后查知沈国实遣令伊子沈诗材回籍变产并各处凑办，因水路阻风稽迟时日，已将未完银四千四百余两俱已全数交完贮库。沈国实完赃在一年限内，照例应免死再减一等发落，但究属拟入情实之后，将沈国实免死减为杖一百流三千里。② 此案沈国实侵吞公款数额巨大，未能在一年限期内完纳，已被拟入情实，后查明系因不可抗力导致赃款迟延入库，仍得减轻处罚。

虽然完赃作为悔改表现是明确的减轻情节，但其效果也不是绝对的。乾隆二十二年杨灏身为藩司，侵渔三千余两，犯限内完赃归入缓决。乾隆皇帝严加批斥，称："试思藩司大员狼藉至此，犹得以限内完赃概从末减，则凡督抚大吏皆可视婪赃亏帑为寻常事，侵渔克扣肆无忌惮，幸而不经发觉，竟可安然无恙，即或一旦败露，亦不过于限内完赃，仍得保其首领，其何以饬官方而肃法纪耶?"将原拟之蒋炳着交部严加治罪，三法司着交部从重严加议处，其九卿科道等俱着交部议处。③ 二十三年，道员钮嗣昌侵亏库项仓储入己一万余两，问拟斩候，因限内完赃减等发往军台效力。乾隆皇帝下旨缩小完赃减等适用范围，将其局限于因公那移及仓谷霉浥情有可原等情形，侵亏入己者限内完赃永远停止。(钮案不溯及既往。)④

① (清)英祥、林恩绶辑:《秋审比较汇案续编》卷七，"行劫盗犯供获伙盗"。
② 《秋审档案》乾隆十八年十月二十六日。
③ 《秋审档案》乾隆二十二年九月初九上谕。
④ 《秋审档案》乾隆二十三年九月十五日上谕。

本章小结

与加重情节相类，清代死刑监候案件的减轻情节也从主体、主观方面、犯罪对象、客观方面对犯罪人和犯罪行为进行衡量。从犯罪主体看得以减轻的是以下几种情况：以尊犯卑和弱势群体犯罪、亲属功劳。以尊犯卑减轻是基于尊长对卑幼的教令权。弱势群体犯罪减轻，一则这些人本身即是命运不公的承受者例如残疾人，老幼妇孺也被认为心智体力不如人，对这一群体减轻刑罚符合社会同情心。至于亲属功劳导致的减轻，可以视为功过相抵。从主观方面看过失犯罪、救亲报仇、悔过为减轻情节：过失犯罪犯罪人主观上非故意；救亲报仇的犯罪人虽然犯下死罪，但其动机具有一定正当性；悔过或立功则直接反映行为人对罪的自认，并能在一定程度上主动挽回犯罪后果。从犯罪对象看，被害人有过错可以减轻。从犯罪客观方面看事出有因、手段温和、后果有限、初犯/偶犯、为从是减轻情节：事出有因是客观情况但体现的是犯罪人主观上的心态，虽然仍是故意行为，但恶性相对较小；手段温和一则主观恶性较小，一则后果可能不那么严重；后果有限是从实质上降低了犯罪的严重程度；初犯/偶犯说明罪犯主观上尚非怙恶不悛；为从是在共同犯罪或团伙犯罪中只起到次要和辅助的作用，故其所负罪责有一定限度。综上，减轻情节与社会心理密切相关，在社会心理中值得同情或不那么具有可谴责性的罪人与罪行往往能够得到减轻或从轻处罚。

第五章　轻重之间的权衡——量刑情节的实际运用

第一节　实缓衡量之指导思想

一、情罪允协

情罪允协是指罪行的严重程度要和所受到的惩罚协调一致，轻罪轻罚，重罪重罚。关于情罪允协，乾隆皇帝曾有过说明，“从来明刑弼教，贵于平允，决狱之宜轻宜重，必须详慎推勘，使情与罪符，方足以成信谳……过重则乖钦恤，过轻则长奸恶”①。他认为情轻罪重有悖体恤百姓之道，情重罪轻则会滋长犯罪，惟有罪刑相当，才是中道。乾隆皇帝自称其“所勾者，必其情之不可恕，所原者，必其情之有可原”②。

情罪允协要求执法适中，不过重也不过轻，但是清朝的历代君主都认为臣下一味从宽是实现情罪允协的最大障碍。康熙皇帝曾经批评臣下开脱杀人犯：“罪疑惟轻，以其罪之情由有可疑之处而轻之也。若无可疑，则以公平为贵。现在杀人之人情罪显然，又何所疑而欲从宽乎？执法之人但当详情据理以定罪，一味从宽，则恶人何所儆戒？”③司法官员

---

① 《秋审档案》乾隆九年十月二十九日。

② 《秋审档案》乾隆十四年十月十九日。

③ 《清圣祖实录》康熙四十四年十月乙巳日。

之所以救生不救死，多是顾虑杀人有伤阴骘，帝王们则非常不赞同这样的想法。雍正皇帝说：“不知其人无罪而蹈颠危，果能救之则为阴骘。傥系犯罪应死之人而故意宽纵是为枉法殃民。”①认为平反冤狱是阴骘，宽纵罪人则非但不是阴骘而且是败坏法制，为害百姓。

乾隆皇帝也反对刻意从宽。“即如一殴杀也，狱成定谳必以为曲在死者，其有事关服制，以卑幼而伤及尊长，不曰救亲情急，即曰尊长起衅，凡若此类招册中不可枚举。总以转辗回护曲为之贷。殊不思人命关天，必期死生两无憾。若徒为生者力为保全，则死者不且重被冤抑乎？将谓生者之命可惜，则死者独非命乎？在督抚州县等以为如此办理，可使该犯留一线之生，而部臣定议亦以已成之案乐于从宽完结。不知事关刑狱，务期情罪允当，有意从宽与有意从严其为刑罚不中一也……”②乾隆皇帝认为罪犯的生命固然可惜，被害人的生命价值也不应被忽略，不应一味寻求宽贷罪人而使死者含冤。乾隆二十九年刑部奏请将三起伤死缌麻尊长案③(督抚拟情实)改缓决。但乾隆皇帝怀疑臣下有意宽纵，要求刑部清查十年以来同类案件。后来得到清查结果方认可了刑部的观点，卑幼殴杀缌麻尊长情有可原，可以拟缓。④

嘉庆皇帝主张生杀皆为仁道。嘉庆四年陈用敷及臬司福庆办理秋谳

---

①　《清世宗实录》雍正五年八月癸丑日。

②　《秋审档案》乾隆二十二年十月十三日上谕。

③　四川杜廷顺殴死缌麻服叔杜许现。起因是杜许现到杜廷顺家闲走留饭，自夸力大不怕打，让杜廷顺打。杜廷顺打了一下，杜许现还让他再打，杜廷顺于是又打了四下。杜许现当时并无异样，结果回家当晚死亡。另一起广东省黄喧权殴死缌麻服兄黄煊国，黄煊国偷窃黄喧权家木椅，被黄喧权之父撞到扭住，黄煊国用刀扎伤黄喧权父亲手腕，黄父受伤奔逃，黄煊国持刀追赶扬言杀死抵命。黄喧权情急救护，用竹子扁挑殴伤黄煊国倒地磕伤殒命。旧案中广东省赵亚九伤毙缌麻兄赵亚女，缘于赵亚女欲占公供木碓，赵亚九之母向其理论被赵亚女推跌倒地。该犯工作回家上前救护，复被赵亚女赶殴，遂用拳回抵伤死。赵亚九本拟斩候，八次蒙恩免勾改缓决。

④　《秋审档案》乾隆二十九年九月初四日，“殴毙命缌麻尊长杜廷顺等三案刑部错改缓决”。

失出多至九案，嘉庆皇帝严词申饬："夫世俗以有意从宽故出人死罪为好善阴功者，皆鄙陋不通之见，断不可以例。爰书若将本应抵偿之犯概从宽纵，则死者宁不含冤于地下耶？所谓生人而当谓之仁，杀人而当亦谓之仁也。嗣后各省督抚等问拟罪名总当按律定谳，不得预存从重宽之见，用昭平允。"①陈用敷和福庆被交部议处。

情罪允协之难在于情之万变。若能针对多变之案情，制定针对性之处罚，则能较好地实现情罪允协。例如对于计赃论罪的案件，通过区分赃款数额，可在一定程度上实现罪刑相适应。乾隆二十三年三月十二日上谕批准刑部之议"私铸钱数在十千以上者俱拟入情实，其钱数不及十千者毋庸列入秋审本内，该督抚查明另行造册咨部听候改发(巴里坤等处种地)"②。至于不能量化案件，统治者也希望能够细化案情分类以定刑罚轻重。例如乾隆二十四年，因浙江省童汝德假冒官员赴任一案，乾隆皇帝要求刑部对诈假官案件分别不同情节，包括假充顶带止图为乡里光荣者；假称职官而意在图骗一人，图行一事者；敢冒赴任欲临民用事者等酌议刑罚。③ 当然要做到针对案件所有情节均有具体的处置规定事实上是不可能的。

实现情罪允协还在于灵活适用法律，不拘泥于律例条款的字面表述。乾隆十四年广东南海县民刘德满妻关氏搭死前妻之子刘应周致令伊夫绝嗣。刑部请旨是否照十一年张心尧继妻药死前妻之子之先例，如刘德满日后续娶生子，则可以将关氏减等。依据是律载"故杀子孙者，杖六十，徒一年。嫡、继、慈、养母杀者加一等，致令绝嗣者，绞"。乾隆皇帝则认为，"当其戕害躯命，则母子之恩已绝，况致令绝嗣，则得罪于其夫，得罪于其夫之先代。原其初，虽曰母子也，夫妇也，至于故杀而母子夫妇天伦尽废。执国法以绳之，固杀人之凶犯耳。揆之天理人情，毫无可恕。朕意子果不孝，经官验明有据，则虽继母不必治以加等

① 《秋审档案》嘉庆四年九月二十四日上谕。

② 《秋审档案》乾隆二十三年三月十二日。

③ 《秋审档案》乾隆二十四年九月十八日上谕"假官分别定拟"。

及拟绞之罪。如其无罪致死，则但当治以国法而不复追论其名分。其绝嗣拟绞亦但当论其现在之有无子息，而不必计其后此之续娶另生。凡情罪可恶者，以情实定拟，与谋故人犯一并正法。如此则惨毒之行有所畏惮，庶足以正刑章而厚伦理”①。乾隆十四年陶仁广盗窃无服族叔一案，溧水县民陶仁广在无服族叔陶宇春典铺内和店伙周记爽同管首饰，因失记登号被周记爽责骂，陶仁广起意窃货潜逃，后窃取金珠银两逃往荆州。村民怀疑其自缢报官，导致周记爽、陶仁广之兄陶仁庆、工人芮红柱等被刑讯拷打。陶仁广盗窃财物计赃三百六十九两应绞，系事主无服亲减一等杖一百，流三千里。乾隆皇帝谕旨：“……亲属相盗较之寻常窃盗，得邀末减者，原因孝友睦姻任恤之道。本应赒急，如果嫡近卑幼，贫乏不能自存，而尊长置之膜外，其卑幼因而窃取财物者，律以亲属相盗盗免议之例，情属可原，自应末减其罪。今陶仁广系陶宇春无服族侄孙，支属甚远，陶宇春令其在典管理首饰，并非素无照应者可比，乃陶仁广则敢窃取金珠银两潜逃楚省，以致同典商伙周记爽及伊胞兄陶仁庆均被严刑……此而尚得律照减流，其何以惩窃盗而安善良？嗣后亲属相窃，五服以内者自应照律末减，其在五服以外而赃数逾贯者，仍应按律问拟绞候，但念其究属本支，秋审时入于免勾，情理实当。”②此两案分别突破了是否按绝嗣入实和亲属相盗减轻的先例、条例，但不悖情罪允协的本质。

宽严相济也是实现情罪允协的一种办法，即定案时从严，秋审时从宽。例如道光七年马幅周杀死抢窃族人一案，因杀死抢窃族人例不照擅杀科断，仍依谋故斗杀定拟系从重，故秋审时酌入缓决。并定例嗣后如犯系雇工人及兄弟妻之类，定案时因系亲属相盗不照擅杀科断者，虽案系谋故亦俱遵照入缓。此外实缓相继也是达成情罪允协之一法。例如乾隆十六年十月十二日内阁奉上谕：“直省秋审案内调奸未成致本妇羞忿

---

① 《秋审档案》乾隆十四年九月二十九日。

② 《秋审档案》乾隆五十八年六月十五日上谕“无服亲属相盗定例由”。

自尽各犯，虽非有心致死人命而风化所关，法难宽宥。前经降旨甚明，设经一次免勾，下年即准改为缓决，此亦宽严允协……”①对于调奸未成致本妇自尽之案，初拟情实免勾一次后可改缓决，以期情罪允协。

灵活适用多种量刑手段也有助于实现情罪允协。例如嘉庆二年广东省郑梅因被罗万文索讨赌欠无还，欲剥衣作抵，被罗万文在伊母旁脱裤辱骂，该犯忿恨勒毙，奉旨免勾不准减等。② 此案欠债杀人系加重情节，激于母亲受辱为减轻情节，折中的结果免勾不准减等。嘉庆二年浙江省姜善德因缌麻兄偷伊家谷石搜获，捆住被骂，溺毙，奉旨免勾不准减等。③ 此案溺毙兄长加重，被害人行窃减轻，折中的结果免勾不准减等。嘉庆二年吉林省秋审内僧兴德主使家奴色勒纳谋杀堂弟扎隆阿伤而未死一案，刑部拟情实。奉谕旨色勒纳听从谋杀，两次不敢下手，后伊主吓逼畏从，且年仅十五，尚可免勾。但系图得产，其谋已行，心术可恶，着锁拿解京，交刑部监禁，每逢勾到之时提出重责四十板，不准减等以示惩儆。④ 此案图财为加重情节，年幼为减轻情节，折中免勾不准减等，且逢勾到杖责。

二、以刑去刑，明刑弼教

刑罚的目的除了报应，必然也离不开功利的考虑，即如何通过刑罚的施行来减少犯罪。清代统治者在进行刑罚裁量时也有着功利的考虑。

1. 弘扬教化

明刑弼教是传统国家对刑罚的期待，刑罚政策也常服务于此一目的。例如乾隆七年九月初三日内阁奉上谕：“从来节烈之妇祀于其乡，所以旌美端化树之风声也，刑其弼教。其致死本妇之犯，法无可贷，是

① 《秋审档案》乾隆十六年十月十二日上谕。
② 《秋审档案》嘉庆二年“秋审提奏存记各案”。
③ 《秋审档案》嘉庆二年“秋审提奏存记各案”。
④ 《秋审档案》嘉庆二年“秋审提奏存记各案”。

以乾隆五年福建秋审萧充一案，该抚拟以情实，九卿改为缓决。朕曾降旨申饬，盖以烈妇之死由于该犯之调戏，若将该犯轻入缓决，非所以重民教而端民俗也。”①寡妇守节符合儒家伦理，对于调戏节妇的凶犯拟入情实，一方面是对该类犯罪的威慑，另一方面也有助于倡导节烈之风。

2. 端正官纪

官员侵吞公款、贪污受贿历来是刑法的重点打击对象，但是立法虽严，执法则时有优待。官犯犯赃罪秋审时多入缓决令其完赃，并可因限内完赃得以减等。乾隆十二年谕令官犯即使尚在完赃期限内，也须纳入情实候勾，同时亏空款项除犯官家属完缴外责令上司分赔。十四年乾隆皇帝再次重申上述规定，认为如此“则上司畏累已而不敢隐徇；劣员知失命而遑为其子孙谋？将见天下无侵员并且无贪员矣”②。运用连坐加大威慑力度，并将对官吏贪赃的死刑威胁进一步落到实处。“惟一犯侵贪即入情实，且即予勾决，人人共知法在必行无可幸免，身家既破，子孙莫保，则饕餮之私必能自禁。”③

重刑威慑也有防微杜渐的效果。譬如官员为子弟营求入学，从常理看既是人之常情，也不如科考泄题作弊性质严重。但或许也正因为系人之常情，犯者当不在少数。统治者更要加重刑罚，杀一儆百。乾隆十七年李为栋、王瑞霖二名官员因贿嘱学政朱荃为儿子营求入学，刑部按以财行求与受财人同科问拟绞候，拟入情实，乾隆皇帝谕旨勾决，称：“盖入学乃士子进身初步，原与科场一律。营求贿嘱之风断不可不严为防范，在辇毂之下纠察严密易于败露，至各省学政出京赴任途次接见官员乘便密行贿托其事甚易，孰从稽查？似此情罪昭著犯证确凿，若不明正典刑，将来玩法之徒益无忌惮。且今岁科场搜出关节，既伏厥辜，至殿试策名大典，复有预拟策条怀挟应试者，条对策问，若仅完誊率青，

① 《秋审档案》乾隆七年九月初三日上谕。
② 《秋审档案》乾隆十四年九月二十七日上谕。
③ 《秋审档案》乾隆十四年十一月初一日。

较之三场乃甚易之事，尚需宿构怀挟，则其乡、会试时之舞弊不问可知。朕特未加亲究耳。可见衣冠中不少败类，实出寻常意计之表。败露者如此侥幸，入彀者益难信其必无矣。此间新进翰林辈视交通关节竟不以为恶习可耻，偷为一切真材益沦力挽颓风，朕不辞也。此而可宽，明刑弼教之意安在？”①从谕旨中可知，因科考弊案，导致乾隆皇帝对读书人的集体品行产生了怀疑，在此背景下希望通过严惩李、王二人营求入学之罪，达到肃正风气、清除科场舞弊的目的。

权力常与腐败相伴，督抚司道坐镇一方，权势显赫，其家人于所属地方借官滋事，似乎在所难免。皇帝可能也是心知肚明，所以寄希望于通过从严惩治若干典型罪例，来达到告诫臣下的目的。乾隆六十年山东兖沂道德明纵容家人陈锦扰累驿站，致拖累知县陈时自缢身死。山东巡抚将德明拟发伊犁效力赎罪，陈锦发黑龙江给披甲人为奴。乾隆皇帝指示将德明改拟绞监候，将涉事家人陈锦处以绞决。谕旨中乾隆皇帝称：“此事因该县张晋禀出，玉德不得不据实参办。而其余州县隐忍不报，督抚亦遂置若罔闻者谅必不少。必应从重究办，惩一儆百……并为各省督抚司道家人长随滋事不法者戒。”②

3. 保护满人

八旗满洲互相殴伤案件向例俱拟斩决，至雍正年间乃按律谋杀、斗殴分别斩绞，亦即行正法。乾隆继位之后，经九卿八旗会同定议，一切命案俱着监候，至秋审时苟非谋故重情概为缓决。十四年六月，乾隆皇帝思“与其狎而易犯不若使知所畏而不敢蹈，向来立法从严其有深意”。谕旨：“嗣后满洲与满洲殴杀案件，着于秋审时俱入情实，庶旗人咸知儆惕不犯。”③满洲条例加严表面上是加强刑罚的威慑效果，内里则蕴含着满人统治者不希望族人罹于法网而丧失生命与自由之意。

---

① 《秋审档案》乾隆十七年九月二十七日上谕。

② 《秋审档案》乾隆六十年上谕“德明纵容家人扰累驿站案”。

③ 《秋审档案》乾隆十四年六月十七日。

4. 警示民众

部分严重危害社会秩序案件由普通民众造成，统治者对之加重处罚，目的在于警示民众。

例如发冢之案，雍正年间凡为首一次俱行正法，乾隆初年曾有所从宽。但乾隆七年，奉天、江南、江西、陕西、山西、湖广、福建、云南诸省均有刨坟之案发生。十月十九日乾隆皇帝因发冢之案数倍于前，谕旨称该等犯罪按其情节法所难宽，并要求“奉天府尹及各该省督抚通饬地方有司留心开导，谆切劝戒，以感动其天良，并将律文于各处明白晓示，俾知刨坟之情罪如此其重，一犯此律，即不免于死。则奸徒畏法，故习不敢复萌，而薄俗可因而止”①。因刨坟案件增多，刑罚加严。

聚众械斗参与者众，往往导致死伤多人，因此也时有奉旨从重情况。例如乾隆十八年秋审，福建聚众械斗致毙人命之陈荼、张杭、陈质及另案之施教、施孔、施钱等六犯，均在械斗中各毙一命。因系从犯，地方督抚将已正法之苏伯侯、施珍以为首问拟情实，而将陈荼等以听从拟以缓决。乾隆皇帝认为如此宽纵“则情重法轻，人不知畏，将来械斗之事必多。是所全者目前之凶犯，而所害者日后之良民，非所以除奸恶而昭惩创也”②。明确对聚众械斗从重处罚是为使潜在的犯罪人知畏法而不敢犯罪。此案经九卿改拟情实。

聚众夺犯，明目张胆对抗执法，也是刑法打击重点。清代闽粤等省民俗刁悍，官司差捕罪人，时常遇到暴民聚众殴夺，其他省也有夺犯伤差案发生。乾隆十八年，针对聚众夺犯案增多的情况，乾隆皇帝五月二十四日谕旨改变区分首从及不伤人免死定例：“嗣后各省有殴差多犯致毙人命者，俱着不分首从即行正法，其但经聚众夺犯，无论曾否殴伤差役，即照因而伤人律从重拟绞。若数年后此等案件渐就减少，再为酌量

① 《秋审档案》乾隆七年十月十九日。

② 《秋审档案》乾隆十八年九月二十六日上谕。

降旨，仍复旧例，该督抚可通饬所属严切晓谕，俾愚顽咸知奉法不犯有司，亦辟以止辟之道也。”①

三、报应主义与功利考量之取舍

刑罚的功利价值以刑罚的威慑作用为基础。出于加强刑罚威慑作用的考虑，对某些特定的犯罪会采取从重处罚的刑事政策。然而强调刑罚的威慑作用就意味着对情罪允协的突破，所以清代统治者也反对一味从严从重的做法。

乾隆五十二年福建省匪徒潘聪等纠伙行劫一案，福建巡抚拟流，刑部改拟绞决。乾隆皇帝称：“此等匪徒逃匿山寮纠伙抢劫，原非寻常盗犯可比，自应从重办理，但念潘聪等十三犯究系伙党，并非伤人，情尚可原。朕断不肯因现在台湾林类文等劫县抢官之案迁怒及彼，概予骈诛。所有潘聪……十三犯俱着改为应绞监候，秋后处决，交该抚严行牢固收禁省监，俟本年办理秋审时再降旨。”②看来似乎是刑部考虑到毗邻福建的台湾有类似案件，揣摩皇帝意思特予加严，皇帝则表示无意考虑台湾案件的影响。与此类似的，乾隆五十五年奎宁等奏义嘉县民林璇玑猪只践食蔡探园蔗，蔡探执枪往与林璇玑争殴，被林璇玑用刀戳伤毙命，蔡均禄赶救亦被戳伤。林璇玑问拟绞候从重立决。乾隆皇帝认为办理过当。“蔡探以口角微嫌即持枪赶与林璇玑争殴，其理本曲，并先用枪戳，林璇玑始持刀抵御戳伤蔡探倒地，蔡均禄赶至帮护亦被砍伤。蔡探旋因伤重殒命，而蔡均禄伤痕业已痊愈。核其情节系属斗殴杀人。不但不应拟以立决，亦不至入于本年情重人犯案内办理。即以台湾地方民情刁悍必当严示惩创，不过将林璇玑一犯入于明年秋审情实已足蔽辜。”③

上述事例说明情罪允协和威慑作用之间，并不必然是一种原则压倒

① 《秋审档案》乾隆十八年五月二十四日上谕。

② 《秋审档案》乾隆五十二年正月初三日上谕。

③ 《秋审档案》乾隆五十五年十月十八日上谕。

另一原则，在具体案件中究竟如何取舍，或许与治安形势有关，也许与最高统治者一时之态度有关。

第二节　实缓衡量之基本原则

一、同等原则——类似案件类似结果

情罪允协蕴含了同等原则，同等原则是清代统治者和司法官员对死罪量刑情节进行评价的基本原则之一，同等原则旨在使相似案件取得相似结果，罪行严重程度相当的罪犯受到相同的处罚。然而案情千变万化，情节多种多样，几乎不可能存在两个完全一样的案件，也不会有两个完全相同的犯罪人，因此同等原则的实施并非不言自明，司法实践中需要有相应的措施予以保证。

1. 类案比较

对同类案件进行比较是遵循同等原则的基本措施。例如乾隆八年秋审，太常寺少卿熊学鹏奏称秋审案内山东河南两省强奸伤人四起案件情同罪异，而法司官员盛安、汪由敦不肯采纳异议。乾隆皇帝审阅奏折，认为熊学鹏所言似属有理，但因究系一面之词，谕旨令大学士对所涉四案详加核对，并传刑部盛安、汪由敦询问，明白具奏。① 此事说明同罪同罚为秋审的基本要求，故参审官员才会对可能存在的情同罪异之案提出质疑。

2. 关注主要情节

类案比较是实现同等原则的基本方法，但是每个案件都包含主客观多个情节，此时即应较多关注主要情节，并据主要情节进行评价。例如

---

① 《秋审档案》乾隆八年九月二十三日上谕。

嘉庆二年御史广兴奏江苏省杨伦占等盗挖任咬郎尸棺，割取尸头讹诈，经该省加重问拟斩候；又广东省陈阿剑等盗掘陈阿灶尸棺割取尸头讹诈，经该省照例问拟绞候，此二案俱经刑部照复，办理两歧，请皇帝敕部臣改明陈例以归画一。嘉庆皇帝要求刑部作出解释。刑部具奏称之所以同意江苏省对杨伦占一案加重问拟绞候，是因为被盗挖尸棺的任咬郎死年仅二岁。但嘉庆皇帝大概认为对于盗尸案，死者年龄无关紧要，认定此二案主要情节相同，刑部未经详查，率行照复，以致定拟互异，将刑部堂官交部议处。①

3. 颁行定例

针对量刑中的一些普遍问题，颁行定例，对犯罪情节评价制定统一标准也是实现同等原则的一种办法。

例如乾隆二十三年二月刑部条陈称私铸钱量刑不一，有钱多缓决、钱少情实的情况，请求统一。经九卿议奏，皇帝同意按刑部的建议，对私铸在十千以上或多次犯私铸的犯人拟入情实，偶然偷铸、钱数不及十千或犯罪中止的仿照强盗免死减等例发巴里坤种地。②

嘉庆元年刑部具题奉天省宗室家人朱浑强行鸡奸幼童丁彦德，事在恩赦以前，照例声请援免。嘉庆皇帝认为朱浑强奸已成实属淫恶，若因事在赦前即予援免不足以示惩。谕令刑部将本年题过此类强奸已成之案，及此后办理各案如有似此者，俱于本内声明不准援免，仍牢固监候入于缓决办理。③

二、不得重复评价

因清代死罪案件定罪量刑是一个多阶段过程，案件判决时死罪案件只会作立决和监候的区分，须待秋审确定监候犯人的情实、缓决、可

① 《秋审档案》嘉庆二年“割取尸头讹诈办理两岐”。

② 《秋审档案》乾隆二十三年。

③ 《秋审档案》嘉庆元年四月十二日上谕“强奸幼童不准援免仍入缓决”。

矜、留养。这就产生了一个在定罪时使用过的情节，在量刑时是否还会进行评价的问题。从公平角度而言，定罪时已经适用的情节，量刑时不应重复评价。①

例如乾隆十六年秋审，湖广省秋审本内斩犯滕有伯，巡抚原拟情实具题，九卿会核以其救母情切改入缓决。滕有伯棍格致毙大功服兄，三法司按律核复拟斩立决，奉旨改为应斩监候，免其即行正法。乾隆皇帝认为，定罪时从宽将立决改监候已经体现了该犯救母情切之处。若于秋审之时复拟缓决，仅虚予以重辟罪名，久且入于矜减之例，殊失轻重。故此乾隆皇帝谕旨嗣后由立决改拟监候人犯俱应入于情实。勾到时即或原情免勾下次亦应仍入情实，或情节果轻免勾数次之后，遇特旨方可宽减。② 此案中滕有伯之救母情节，在立决改监候时已经进行了评价，故此后秋审核定实缓时不应再次评价。

嘉庆二十二年秋审据直隶总督方受畴会审得近披尔先因行窃牧群官马犯案拟遣，嗣该犯在配潜逃，复听从张起山等行窃蒙古事主俄尔克布彦牧放马十二匹，内有四五岁小马四匹，共折大马九匹，旋被拿获。直隶总督以窃马拟遣逃后听从复窃，究与免死复犯不同，且查嘉庆元年秋审案内赤峰县绞犯冬受亦因偷窃蒙古牲畜拟遣在配逃脱，复听从海青行窃马匹，将冬受拟绞，复准，核与此案情事相同，将近披尔拟入缓决。此案刑部照缓。认为遣犯逃脱后再犯罪这一情节，在该犯定拟绞监候中已经有所体现，即将充军刑升格为绞监候，故在决定实缓的秋审程序中，不应对此情节重复评价。③

又如光绪八年湖广文泳发行窃拒毙事主，业因自首免其斩罪，法难

① 案件情节根据其在刑事审判中的不同作用分别称为定罪情节和量刑情节。定罪和量刑是刑事审判中两个相对独立又密切联系的环节。定罪情节是决定行为构成犯罪的所有事实要素的总称，量刑情节是决定刑罚轻重的所有事实要素的总称。但是量刑情节和定罪情节无法截然区分，存在一定程度的交叉重叠。

② 《秋审档案》乾隆十六年十月初四日上谕。

③ 《秋审成案》嘉庆二十二年直隶司。

再宥。改实。① 文泳发自首情节，在定罪时已经适用，秋审时不能再次用以减轻处罚，故秋审入实。

再如光绪九年山东孙雨强盗入室搜赃，业因供获伙盗免其立决，法难再宽，改实。② 此案孙雨强供出同伙，致使同伙被擒，属于立功，但此立功情节在定罪时已经适用，使其得以由立决改为监候，故秋审不能再次评价，秋审入实。

值得注意的是，清代司法实践中也有大量案件是直接根据定罪情节量刑的情况，例如残毁有服尊长死尸者应入情实；图财害命案内应斩绞监候者俱入情实；窃盗图脱拒捕致毙事主，无论情伤轻重俱入情实，等等。定罪所依据的情节即是秋审量刑所依据的情节，秋审中无需考察其他情节。但这一类案件可认为定罪时即已确定刑罚的案件。若定罪时并非确定刑罚的案件则遵循不重复评价原则。

三、实益均衡——一命一抵

杀人偿命可说是根深蒂固的天道，根植于人们内心深处。与此相适应的，若一人而致数人死亡诚属罪大恶极，数人抵偿一命也是违反公平。一命一抵契合天道、符合公平，在死罪案件定罪量刑中，一命一抵是通行的做法。然在共同犯罪中何人应抵及继发多案情况下是否应抵，则须遵循一定规则。

1. 尊长拟抵

若涉案犯罪人存在尊卑关系，鉴于尊长对卑幼有教令之权，或因尊长有教导之责，或因卑幼有不得不从之情，常以尊长拟抵。

例如乾隆十四年周学伋因听王湛賔缘收受银物向兄长周学健请托，律以枉法受财拟绞候。九卿拟入情实，乾隆皇帝认为周学伋犯

① (清)英祥、林恩绶辑：《秋审比较汇案续编》卷七，“窃盗拒捕刃毙事主”。
② (清)英祥、林恩绶辑：《秋审比较汇案续编》卷七，“行劫盗犯供获伙盗”。

法与周学健失于教导有关，又因周学健已经正法将周学伋从宽释放。① 此案并非人命案件，但周学伋被释放却和一命一抵有某种共通之处。

嘉庆二年有七那拉太谋死王三瞎子，其子六十一听从加功一案，七那拉太已照谋杀例问拟斩候入于情实。其子六十一听从加功也应问拟情实，嘉庆皇帝因此向刑部询问父子同抵一命向来例案如何办理。刑部答复：应照"首从律断分别问拟斩绞，秋审时俱应入于情实。但是查七那拉太供词内有六十一原不肯听从，伊父以若不依我即要投河自尽之语逼吓，六十一无奈应允。是六十一加功情节尚系迫于父命，与寻常父子同谋杀人者微有不同。若将六十一照同杀首从律问拟绞罪并入于情实办理，诚如圣谕以父子两命同抵一命似未允协。可否俟六十一就获，刑部问拟绞罪入于情实时，交刑部存记于勾到册内夹片题奏恭候钦定"。嘉庆二年七月初五奉旨"知道了"②。父子伙同谋死人命，依律仍该两抵，但君臣均有意通融。

2. 对等抵偿

对等抵偿通常出现在复仇案件中，即在量刑时考虑有仇双方家庭损失人命数目，避免一命两抵。

乾隆二十七年智洪义之父智顺被赵二殴死，赵二依拟绞候。智洪义借言报仇则杀赵二之子赵仓，律拟斩候。后赵二减流，九卿阁臣等提请将智洪义改入缓决。皇帝认为所谓报仇的理由根本不成立，但是"智顺既为赵二殴死，而智洪义又复抵偿赵仓，则是智姓两命而赵姓一命于事会所致稍觉情有未平。朕是以悉心研究，将该犯停勾，然使径行改入缓决，则无以杜私复之源，而于谋杀本律亦大相背戾。该犯本年虽已停

---

① 《秋审档案》乾隆十四年十月二十九日上谕。
② 《秋审档案》嘉庆二年"秋审提奏存记各案"。

决，其下次秋审仍应入于情实，俟将来年久或遇恩例减等之事再酌量办理"①。智洪义报仇杀死无辜仇人之子，法难从宽，但考虑对等抵偿，得以免勾。

3. 先死者抵

在多人互殴致死人命案件中，若有同案犯于狱中死亡或在押解途中因病身亡，可以之抵偿被害性命，而将本应抵偿之人免死。

乾隆十九年赵洪礼听从蔚三合纠约同魏开科等殴伤裴国俊毙命，赵洪礼首先下手，照例拟以抵偿。其起意谋殴并未在场之蔚三合拟流。助殴之魏开科监毙，山西省原题将赵洪礼援例减等，刑部议驳不准。秋审中刑部认为"但一命已有一抵，准流固属太轻，情实未免过重……酌议改拟缓决"②。本应拟抵之赵洪礼因同案犯在监毙命，得入缓决。

嘉庆二年宿州民人张琅孜扎伤王克从身死，并原谋张普士闻拿畏罪缢死一案：张琅孜与堂兄张普士均与王克从素无嫌隙。嘉庆二年闰六月初二日，张普士赴张景士地内采取秫叶喂牛，经张景士雇看青之王均仁斥阻。张普士被骂不甘，邀张琅孜等人谋殴王均仁泄忿。张普士等上门寻衅，王均仁不在，与其叔王克从、其弟王均盛互殴。王均盛受伤平复，王克从被张琅孜用枪扎伤，肋伤处溃烂，六月十二日身死。张普士逃至凤台县地方，闻拿畏罪于陈三士坟树上自缢身死。张琅孜于八月二十日投案。共殴伤人应以下手伤重之人拟抵，本案应以张琅孜拟抵。刑部查例载共殴下手应拟抵人犯果于未决之前，遇有原谋及助殴亦足致死重伤之人监毙在狱与解审中途因而病故者，准其抵命，下手应绞之人减等拟流。若发配事结之后身故及事前在家病亡者不准滥引此例。刑部以"张普士闻拿自缢身死与事前在家病亡与本案并无干涉者不同，虽死在

① 《秋审档案》乾隆二十七年十月十七日上谕。
② 《秋审档案》乾隆十九年。

到官之先，而畏罪自缢，究由本案戕生，即与伏法无异，较之在监及中途因病身死者应一律准抵”。奉旨依议。

四、综合权衡

所谓综合权衡是指在确定罪案实缓之时综合衡量各种相关情节，一般情况下不会以单一情节确定实缓；同时也是指秋朝审时结合定罪时的认定，最终确定实缓。

1. 多种情节综合衡量

清代秋朝审中有一小部分案件实行一票否决，譬如图财害命入于情实，但是大多数案件不会只以一种情节定拟实缓。而是需要综合多种情节，全面考察犯罪人的主观心态和客观行为，然后确定实缓。

例如乾隆三十四年贵州道监察御史吴玉纶奏请分别斗殴人数多寡，秋审酌改情实。建议以九人为界，斗殴不及九人，或情实或缓或矜一切仍照旧章办理；聚众达到九人或以上，杀人拟抵者比照械斗例秋审入情实。皇帝命刑部议奏。刑部意见：“查斗殴之案，虽一人殴死一人，而其中理曲伤重、情近故杀，或恃强毒殴、死者并未还手者，臣等必将该犯入于情实，情罪较重之案未有数及九人而犹议以缓决者。若限定九人之数，将使人数止及五六七人、七八人而情罪较重者转致有失重失轻之弊。再查乾隆三十二年十月内臣部以定案之初只应拟以应得罪名，不必于例内载有情实字样，奏准删除，遵行在案。是该御史所称聚众斗殴等案，惟在秋谳时详核其理之曲直、情之重轻，期无枉纵而昭平允，未便悬定人数专立情实条例。”①针对监察御史请求按斗殴聚众人数多少确定是否从重的意见，刑部认为不能单纯以人数论轻重实缓，应当综合衡量影响罪行轻重的主观客观诸情节，比如理屈理直、手段后果等，最终确定入缓入实。

① 《秋审档案》乾隆三十四年。

2. 定罪量刑相结合

清代死罪案件判决的特殊性导致定罪和量刑环节相对分离，但是在死罪量刑中，这两个环节实际上并非完全独立。秋审衡情，对于定罪时的认定，在秋审朝审中也会酌量考虑，以实现情罪允协的目标。

嘉庆二十三年秋审山东刘大疤听从侯小三起意与刘小起抢夺过路人陶魁铁锄，卖与刘五群。陶魁恳捕兵姜瑞年代找，适刘五群带买铁锄与该犯等回家，路过姜瑞年门首。姜瑞年瞥见，以何人抢锄欲报官究治之言扬问。刘小起、刘五群村其多管闲事与之争闹，姜瑞年将刘小起、刘五群殴伤。刘大疤赶拢帮助，被姜瑞年之子姜小连用木棍殴伤额角。刘大疤负痛逃至刘小起家内，携取菜刀复回理论。殴伤姜小连之兄姜仁，越六日殒命。山东巡抚拟以缓决。刑部官员认为定案时以死非应捕故不以拒捕杀人论，秋审自难照凡斗以吓抵一伤议处。改实。① 刘大疤定罪时已获从轻，秋审时难以再宽。

光绪三十年十二月初一日，贵州陈丫头因贫难度，见文灿章之母杨氏棺木浮厝及棺内殓有衣物，起意刨窃得赃花用。独自携锄夜至杨氏厝棺地方，用锄头将浮土刨开，露出棺木，试探棺盖未钉即拾石将盖站起，离开一缝，伸手摸得玉镯一只。正欲复窃，经人瞥见喊拿，陈丫头逃逸。访勘获犯，审供不讳。查陈丫头刨窃杨氏浮厝尸棺尸身虽未显露，惟业已砌土成坟，即与未殡未埋有间应仍按本例问拟。陈丫头合依发冢见棺锯缝凿孔抽取衣饰尚未显露尸身为首绞例，拟绞立决。照章改为绞监候。光绪三十三年秋审据贵州巡抚以由立决改为监候照章问拟情实。法部考虑案犯陈丫头所盗棺木并未入葬，定案时以已堆土成坟视为发冢，拟绞立决照章改为监候，已属从严。秋审的目的在于衡情，自然需要适当从轻加以平衡，故此

① 《秋审成案》嘉庆二十三年山东司。

案最终照实声叙。①

第三节　实缓衡量之具体机制

一、机构——多级复议集体决策

清代死罪量刑情节的衡量集中体现于秋审，秋审主导机关则为刑部。刑部设有秋审处，总办秋审事务。秋审处设秋审“总看”一职，人员安排上满汉各四名。另有十余名司员负责磨勘黄册、招册复勘，九卿题本并黄册进呈后轮班进朝听候交查及每日候办交抄速议事件。刑部各司则每司堂派满汉司官二员分看，称“司看”。刑部内秋审程序先由司看各员分省核看缓实矜及应商各案，各抒所见，签说汇交总看司员，复通行逐案查核加批，陆续呈堂。刑部诸堂官复详加查核应实应缓应矜，于司看总看加有签说应商者，逐案加批。待各省秋审案件具题到部，刑部摘出地方督抚与刑部实缓意见不一各案，比较划一，当堂面议，称为“堂议”。② 同时将招册分送参与秋审各衙门，然后定期会审。会审中意见一致之案可以直接汇奏具题，不一致之案则共同商议，如不能达成一致，各持己见者可以奏闻皇帝。③

可见参与秋审机构实为一个多线条多层级又存在交叉汇合的复杂体系，首先是中央和地方两条线同时进行，中央刑部和地方督抚分别得出实缓矜留意见，然后双方结论在刑部发生交叉，意见分歧案件被重点关注；其次在中央内部，刑部与其他参与秋审机构（主要是九卿）意见在会审中发生碰撞，再次出现意见一致和意见分歧，意见分歧案件则通过

---

① 《清代秋审文献》（第三十册），附录一《清秋审条例》后附光绪二十八年不符册二起之“刨窃浮厝尸棺”。

② 《秋审档案》嘉庆四年“御史嵩桂条奏裁总办处司员”。

③ 《秋审档案》雍正十二年，刑科给事中黄祐谨“奏为敬陈管见事”。

奏闻皇帝①，进入一个更高层次的讨论和争锋，最终由皇帝进行裁决。这样一个多线条多层级系统，既保证了参与机构和人员的独立判断，又可以谨慎对待意见分歧，充分体现了死罪量刑的严肃细致。

二、方法——循例办理、比案汇核

各级秋审衙门在进行死罪量刑时，基本上均在相关条款指导下，遵循先例办理，对于存有疑问或存在争议案件则采取比案汇核的方法来消除疑问或减少分歧。

1. 遵循条款

尽管秋审条款性质并非制定法，但显然在清代死罪量刑中有重大指导意义，如存在明确条款规定，秋审官员会首先选择遵照条款办理。

例如嘉庆二十二年秋审浙江萧才男起意纠窃，同伙七人乘夜坐船摇至事主胡心田家附近停泊上岸，由屋厕撬洞进内，窃出钱米衣物交伙贼接运下船。该犯复进内图窃，尚未得赃，被事主惊觉声喊，该犯用言吓禁奔逃下船，摇回俵分计赃三百三十六两零，旋被拿获。浙江巡抚以鼠窃得赃未至五百两拟以缓决。相关秋审条款规定窃贼满贯未至五百两如有持刀吓禁事主迹近于强者应入情实，条款关注点在是否有持刀吓禁情节。刑部秋审官员多数认同本案罪犯仅用言语威慑，且之后即逃走，赃物先已运走，恐吓目的在于顺利脱身，和持刀恐吓的强盗行为尚有区别。此案照缓。②

---

① 例如《秋审档案》乾隆二十七年“吴阿登案两议后尾”：乾隆二十七年浙江省吴阿登奸拐江瑞章侄女，因江瑞章投保欲控挟嫌诬指江瑞章教唆赌博，致使江瑞章被冤情急投缳殒命，秋审中浙江巡抚拟为缓决。九卿意见两歧，一派认为因诬致死人命，不管是因拷打还是拖累还是情急自尽或是追逼失足性质都是一样的，均应按律拟以绞候，而吴阿登奸拐在先，系从重情节，应改拟情实。另一种意见则认为吴阿登与江瑞章侄女通奸诱拐只是遣罪，诬告教唆赌博最多处流刑，之所以判处绞监候是因为发生了致死的后果，因其并无诬告致死人命的动机，因此仍应照缓。

② 《秋审成案》嘉庆二十二年浙江司。

嘉庆二十二年秋审，李世兴先因殴伤胞兄李世茂递籍拟徒。该犯潜行来京，闻知伊表叔王殿英在京，往向索讨银两，不给争吵，经人劝散。该犯即以王殿英等串同李世茂挪伊银两私买秧参欠银不还控官勒追，王殿英抗断无缴。李世兴勾串刑司富姓、刑吏李文贵等朋谋诬伊殴伤长兄控详拟徒等情，自写匿名揭帖投控究。吉林将军将李世兴拟以缓决。而秋审条款明文规定“投递匿名揭帖者应入情实”，故刑部秋审官员罕见地一个字的理由都没写，干脆利落地将李世兴改拟情实。①

嘉庆二十二年秋审陈登朝因张用之佃户邹三成与李胜万、夏老六行窃事主任质淳家猪只，被任质淳查知，指名报厅饬差张文贵、张学、张典将邹三成等拿获，恐邹三成之房主张用、夏老六之房主张如意知情窝留，一并带厅。张用因恐连累，令在逃之雇工苟老幺往央该犯向差诉明释回。该犯恐差役不允，即起意纠人中途打夺，苟老幺应允。该犯又纠同陈世厂并屈四喜一共四人各携带木棒走至马头岭地方。维时差役张文贵等带同张用、邹三成等在前行走，该犯赶上令张文贵将张用放回，张文贵等不允斥骂。该犯气忿嘱令陈世厂等将邹三成等一并打夺。该犯即用木棒殴伤张文贵左胳膊、右臂膊，陈世厂亦用木棒殴伤其左腿。张文贵负痛蹲地喊叫，张学等上前帮护，屈四喜拾石掷打，张学等闪避，邹三成等即乘间逃逸。张学等将张文贵扶回。报厅获犯，审供不讳，差役伤经平复。陕西巡抚以衅起差役案外私拘无辜，该犯殴夺由于措勒不释，将陈登朝拟以缓决。秋审条款规定聚众夺犯伤差者应入情实，未伤差者例系由流加入绞候可以缓决。因条款十分明晰，从案情看并不能证明受伤差役有明显不法之处，故刑部秋审官员一致认定此案应改拟情实。②

2. 循例办理

遵循条款之外，秋审也在一定程度上参照先例。例如乾隆五十六

① 《秋审成案》嘉庆二十二年奉天司。
② 《秋审成案》嘉庆二十二年陕西司。

年，乾隆皇帝见到浙江省缓决本内绞犯张三窃盗赃逾满贯入于缓决提出质疑。刑部答复："如系结伙潜随行走，伺窃客货或奴仆勾引外人罄窃主财，并店家船户纠窃本店、本船客商种种情节可恶者，向皆入于情实，其虽无前项情节，而赃数盈千者亦入于情实办理。若仅系寻常偷窃之案，外省问拟绞罪入于缓决者，臣部亦照拟入于缓决。此案张三行窃事主，赃数逾贯，依律问拟绞候，但究无前项情节，止系寻常偷窃之案，是以外省照例拟缓，臣部亦照复入缓。"九月初六日奉旨："知道了。"①此案皇帝可能认为盗赃逾贯应拟情实。刑部则举惯例为据，认为案犯张三虽行窃逾贯，但没有其他加重情节，按惯例均系缓案。最后皇帝也表示同意。

3. 轻重相权

影响量刑情节的因素多种多样，一个案件往往存在多个情节，对于同向情节的处理相对明确，但如存在多个不同向情节，即同时存在多个加重及减轻情节，此时就需要进行权衡。

例如嘉庆二十二年秋审一起僧人杀师案，僧续明因未亲承经教之师僧广文见该犯洗碗将碗打破斥骂，该犯分辩，广文扑殴。该犯顺用菜刀砍伤广文右手心。广文夺刀，该犯又砍伤其右胳肘。广文撞头拼命，该犯又砍伤其咽喉近左。广文揪住该犯喊叫，该犯挣扎不脱又砍伤其左手腕而逸。广文逾四十八日殒命。此案僧续明杀师，四川总督以未承经教，死逾四旬拟缓。该案确定实缓的主要考量要素有：加害人的僧人身份、师徒关系、伤情轻重等。僧人持戒，尤禁杀戮和奸淫，这是宗教戒律的要求也是世人对僧侣的期许，故僧人犯杀，会受到更多的谴责；尽管拜师时日较短，也未正式传经，但师徒名分已经确定，徒弟杀死师父应加重处罚；伤情轻重也是一个影响因素，本案中，受害人在四十余天后去世，说明伤情尚非极重，算是一个从轻情节。但几个因素综合考

① 《秋审档案》乾隆五十六年。

量，仍是从重因素更有分量，故最终改实。①

4. 案内平衡

如为共同犯罪，同案各犯刑罚应当均衡，不能使同一案内，主犯刑轻，从犯刑重。

例如道光二十八年秋审，奉天关青听从抢夺妇女随同入室，按照章程应入情实。但该案存在一个特殊情况，首犯之父将被抢之人送还其母，本来罪应斩决之首犯得比例减军。如将关青入实，则为首犯法之人既已得免骈诛，而随同犯法之人转至实拟缳首。律载因人连累致罪，若罪人首告得免，连累人亦准罪人原免法。关青入实与连累致罪之律意不甚相符。不过同属因人犯法，照缓。② 可见在对死罪案量刑时，司法官员也会考虑同案犯之刑罚轻重，避免出现一案内量刑失衡。

5. 比案汇核

比案汇核是比较类似案件，使类似案件量刑相当。

嘉庆二十二年陕西祁潮因缌麻服叔祁满益先与伊胞兄祁闰六子之妻李氏通奸，被该犯捉获送官究治，祁满益恳求释放。嗣后李氏复往祁满益家续旧，被该犯窥见，遂将房门反扣，唤同伊兄祁闰六子撥门进内，即时捉获，一齐用绳捆缚。祁潮因李氏恋奸乱伦，不肯拒绝，气忿莫过，同祁闰六子将祁满益、李氏二人活埋。此案祁潮活埋致死通奸之缌麻服叔及兄妻，陕西巡抚拟缓。刑部秋审中秋审司总看找了两个类似案件，一个是姜善德杀死犯窃缌麻服兄，一个是王凤祥杀死纵火之缌麻表兄。前者被害人犯窃，其罪行轻于犯奸；后者外姻缌麻不及本宗缌麻。总看认为祁潮的罪责轻于前者重于后者，而前者情实未勾，后者照缓，

---

① 《秋审成案》嘉庆二十二年四川司。

② （清）英祥、林恩绶辑：《秋审实缓比较成案》卷十九"伙众抢夺妇女为从及抢夺兴贩妇女为首"。

因此得出结论本案可以照缓。从此案最后照缓的结果看，因为总看进行了详实的比较和说理，其意见无疑具有较强的说服力。①

同年河南马蔚可因马全禄与马大功殴伤伊父马有昌于限外身死，马全禄拟笞援免。该犯心怀不甘，时相争吵，欲将其殴打泄忿。嗣后马全禄出外回归，该犯又常与争吵。马全禄饮醉瞥见该犯与弟马玉喜经过即向混骂，被该犯扑打。马玉喜用刀砍伤马全禄顶心左肩甲，因其夺刀不放，该犯用斧砍伤其脊背。马全禄倒地嚷骂，马玉喜又砍伤其左手腕。复因其肆骂并声言报复，该犯一时忿极，顿起杀机，又用斧砍伤其囟门。马全禄用脚蹬踢，该犯乱砍其左腿、左右膝盖、右臁肋、左右脚腕、左脚面、脚趾、左腷脷、左腿肚、左脚踝，并擦伤肾囊，移时殒命。河南巡抚以杀固有心，惟衅起复仇，死系帮殴致毙伊父之人，情尚可原，马蔚可应缓决。刑部秋审中，援引比较了嘉庆四年陕西省王者印报仇杀死殴毙其父案内余人一案，王者印因伊父被刘小稻、刘发共殴毙命，将刘小稻拟抵，刘发依余人拟杖则释。刘小稻于减流赦释后扬言杀人问罪只当出门回家。王者印气忿起意复仇，找寻刘小稻未遇，瞥见刘发，忆及伊父系被刘发弟兄殴毙，即将刘发故杀毙命。因所杀非正凶，仍照故杀本律定案，并未声明入缓监禁。是年秋审以王者印虽杀非正凶，而刘发究系帮殴致死伊父之余人，该犯报仇之心则一，将王者印比例入于缓决永远监禁在案。此案已死马全禄亦系殴死伊父案内之余人，因伊父死在正余限外，正凶马大功例止拟徒马全禄亦例止拟笞，均遇赦减免，与王者印案内所杀之刘发同系共殴余人。该犯初欲殴打泄忿，因死者先向混骂扑打并声言报复因而顿起杀机，是死者之凶恶甚于刘发向该犯复仇之初心，尚非必在杀人，较之王者印案情更轻。故将马蔚可一犯仿照王者印成案比例入于缓决，永远监禁。② 本案秋审官员通过比较被害人身份、行为过错，评估案情轻重，从而举重明轻，得出量刑

① 《秋审成案》嘉庆二十二年陕西司。

② 《秋审成案》嘉庆二十二年河南司。

结论。

6. 异议签商

异议签商是参与秋审的各个机关对刑部定拟的实缓结论存有异议，提出商榷和反驳意见。通过异议签商，可以汇集不同意见，防止可能的错判。

例如乾隆三十四年八月，大理寺少卿周于礼签商两案：河南张才以宋镛留彼工作无文约亦未议给工钱，嗣因屡被责骂，张才惧宋镛力大未敢与较，后因酒醉追忆前嫌起意谋杀伤轻未死。刑部以张才负恩逞凶，改拟情实。周于礼认为拟以绞候已经考虑了谋杀情节，缓决的原因在于杀而未死，不应再以谋杀为由改拟情实。另一案山东王大振系邹县衙役，缘泗水县盘获割辫匪犯通杲。该抚饬委邹县知县孔传晊承审，刑逼诬认。遂差王大振等访查，王大振以道远限迫，起意捏禀以致证实成案。奏闻提问，经军机大臣审明通杲系刑逼诬认。刑部以王大振奉差访查，因程远期迫恐违限受责，附会捏禀冀图销差并无栽害，改拟缓决。周于礼认为证实割辫非寻常诬罔可比，奉差捏禀较平人陷害为重。针对大理寺卿签商意见，刑部奉旨回奏，重申前案张才负恩逞凶情节较重，后案王大振因被限五日内赴三百里外之费县查访，无奈捏禀，非挟嫌、邀赏，情有可原。皇帝同意刑部意见。①

三、权力——皇帝最终决断

“夫威权生杀之柄惟上执之。”②传统中国诸权断制于君，司法权也不例外。清代死罪量刑过程中，皇帝无疑拥有最终的决断权。也正因为如此，皇帝们对臣下的自由裁量权是严格限制的。乾隆二十九年秋审刑部将赵廷顺等几起殴死缌麻尊长案件改拟缓决被皇帝申饬，并要求彻查

① 《秋审档案》乾隆三十四年“大理寺少卿周于礼两议”。

② 《秋审档案》乾隆十四年上谕九月二十七日。

十年以来所有类似案件。乾隆皇帝接获报告称："昔人称皋陶曰杀之三，尧曰宥之三。自必有皋陶之执法而后可施帝尧之矜宥。若舒赫德（刑部满人尚书）等喋喋议缓，惟恐不及，是早以三宥自居，朕将何所用其权度乎？"①嘉庆朝也规定："内外问刑衙门只应按律科断，不得于例外援引从重之条，即有情节较重亦必俟朕随案酌定。"②皇帝本人似乎也对行使此种决断权颇为自负，乾隆皇帝就曾自陈："当临御之初，因人命攸关，实切切而不忍，宁失之宽；今阅历既久，灼见事理，若一味姑息纵舍，则失之懦弱，裁度因时，方得权衡不爽。"③皇帝们在死罪量刑中发挥作用的方式是多种多样的。

1. 制定规则

皇帝们在审核案件中，若认为个别案件的处置具有普遍意义，往往由此制定规则，要求此后类似案件均照此办理。

例如乾隆二十六年李四殴伤张氏身死一案，起因是张氏索欠詈骂，李四拳殴跌地，复连踢重伤致死。刑部以斗杀定拟可矜。乾隆皇帝认为："张氏因索欠不与而骂，人之常情，并未与斗。而李四直不欲偿其宿逋，毒殴毙命。即为衅起一时，情非谋故，顾安得谓之斗殴杀乎？"认为此案较一般斗杀情节严重，应入情实。并谕旨要求此后斗杀情重应入情实，斗杀情轻拟入缓决，不得拟入可矜。④

又如嘉庆元年奉天省宗室家人朱浑强行鸡奸幼童丁彦德一案，因犯事在恩赦以前，刑部照例以声请援免具题。嘉庆皇帝则认为："此案朱浑强奸丁彦德已成，实属淫恶，若因事在赦前，即予援免，何足以示惩

① 《秋审档案》乾隆二十九年"殴死缌麻尊长杜廷顺等三案刑部错改缓决"。

② 《秋审档案》嘉庆四年二月十六日上谕，陈用敷奏审拟陈卿延私盗印封撞骗关饷一案，陈卿延存留空白印封捏造折稿撞骗关饷，应照盗各衙门文书于军机钱粮律拟绞监候。陈用敷奏请加重至即行正法。嘉庆皇帝批示仍照本律拟绞监候以符定例。

③ 《秋审档案》乾隆十四年十月初三日上谕。

④ 《秋审档案》乾隆二十二年六月二十六日上谕。

儆？着刑部即将本年题过此等强奸已成之案及此后办理各案，如有似此者俱于本内声明不准援免，仍牢固监禁，入于缓决办理，不得遽行免释，以惩淫恶而昭明弼。”①定下强奸幼童已成不准援免之例。

嘉庆四年秋审四川省秋审可矜人犯黄奇因王文魁等偷窃伊家猪只，喊拿追赶。王文魁拔取尖刀，黄奇恐其转身格拒，拾石将王文魁殴伤致死。嘉庆皇帝认为王文魁没有实际伤害黄奇，不构成获赃格拒，谕旨改可矜为缓决。刑部于是将与黄奇擅杀行窃罪人之案相仿之崔进西、沈庭才、楼绍月、殷士甲四名罪犯照四川省黄奇之案一体遵旨改为缓决。②

2. 预为定论

监候犯人一般来说须待秋审确定实缓矜留。但有时候不待秋审，在死罪案件定罪环节皇帝即可预先确定将一部分缓决罪犯拟入情实，即所谓“记名情实人犯”。

例如乾隆二十七年奉天官犯昂隆礼系勒索兵民重利放债之犯，奉旨秋审时入于情实；江西方显系僧人妒奸杀人之犯，奉旨秋审入于情实；直隶侯发祖系元谋共殴致毙人命之犯，奉旨秋审入于情实……③

3. 个案改拟

个别案件如皇帝认为臣下定拟不妥，可以直接改拟，但不一定成为定例。

例如乾隆二十七年吴阿登诬告致人死亡一案，吴阿登先与江瑞章侄女八姑通奸，引八姑至李乘龙家，业经服礼送还被逐寝息。吴阿登因江瑞章曾投保欲控，夙怀嫌隙。事隔三载，吴阿登受潘圣仁教令诬首曹六等赌博，经县究出情由，则挟旧嫌混称江瑞章教唆给牌。复因江瑞章理斥即以必欲熬刑扳害之言恐吓江瑞章，致江瑞章畏罪自尽。浙江省巡抚

---

① 《秋审档案》嘉庆元年四月十二日上谕“强奸幼童不准援免仍入缓决”。
② 《秋审档案》嘉庆四年“秋审处呈为慎刑等事”。
③ 《秋审档案》乾隆二十七年。

因死由自缢拟以缓决，刑部以怙恶毙命改拟情实。皇帝认为所诬情事尚非陷于死罪，批示仍照该抚原拟缓决。①

又乾隆二十九年，盛京刑部侍郎朝铨具奏民人祁文成将小功弟妻哲尔齐氏抢夺捆殴逼勒成奸，依律应绞监候，因情殊可恶请拟绞决。皇帝批示毋庸加等，照律绞候秋审入于情实。②

4. 提出质询

皇帝有时候也不是直接改变司法机关的裁定，而是就存疑案例提出质询，要求有关部门答复。

例如乾隆五十六年浙江省缓决本内有张三一起窃赃逾贯入于缓决。乾隆皇帝似对此存有疑问，令刑部回奏。刑部遵旨上奏说明一般满贯入实案件多有结伙潜随行走伺窃客货，或奴仆勾引外人罄窃主财，并店家船户纠窃本店本船客商种种情节可恶者，或虽无此类情节但赃数盈千。张三只是寻常偷窃，故外缓照缓。皇帝批示“知道了”③。同年广东省周闰潮调戏小功服兄之妾何氏致令羞忿自尽，秋审入于情实，乾隆皇帝因广东巡抚和刑部均未叙明周闰潮是否有手足勾引情状抑或仅限于语言调戏，将周闰潮暂行停勾，并饬令广东巡抚郭世勋将案情细节查明报告。④

5. 裁决分歧

清代死罪量刑由多个部门参与，这些机构时有意见不一发生，此时分歧各方均可向皇帝上奏，由皇帝进行裁决。

例如乾隆二十八年陕西省任子玉殴死宋国选一案，宋国选酒醉借词烤火入室欲奸任子玉母徐氏，被任子玉等集众究问拴缚共殴致毙。九卿

① 《秋审档案》乾隆二十七年“吴阿登案两拟后尾”。
② 《秋审档案》乾隆二十九年九月十一日上谕。
③ 《秋审档案》乾隆五十六年九月初六日刑部奏章。
④ 《秋审档案》乾隆五十六年九月十二日上谕。

因任子玉叔任全欠宋国选布价，起衅或为索欠且图奸未足确信审拟缓决；通政使志信则认为图奸情节无疑独拟可矜。两议进呈后，皇帝认为儿子在场图奸母亲极为不可信，且不排除任家族众为脱罪捏造情节的嫌疑，斥志信为不明事理，传旨申饬，任子玉仍缓决。①

四、责任——地方中央各有其责

1. 督抚臬司错误

清代死罪案件秋审核拟实缓程序中，对于管辖区域内死罪犯人地方督抚有亲讯之责，也是死罪定罪量刑的直接责任人，故出现差错的地方督抚常被严旨审饬。清代秋审官员失出入处分原定为失入一案降一级，二案降二级，每失入一案降一级；失出则五案以上降一级，十案降二级，每失出五案降一级。嘉庆四年吏部上奏认为失出入处分的存在导致督抚臬司辗转畏避即难免请托之渐，而部中瞻狥透漏之弊亦难保其必无，不如一律取消。皇帝同意免去失出处分，对于失入处分则从慎重民命出发予以保留，但减轻为失入至于三案将臬司巡抚降一级调用，加级不准抵销，四案者降二级调用，五案者降三级，依此类推。② 限于史料关系，督抚臬司如何降级处分的记录未能见到，但因失出入被皇帝申饬却似乎是常事。

乾隆十六年秋审奉天省之绞犯二达色、湖广省之绞犯石诏于、山东省之绞犯张振钦三犯，所犯均为调奸未成致本妇羞忿自尽。乾隆皇帝曾降旨此等案件虽非有心致死人命，但风化所关，法难宽宥。但各地方督抚均以一次免勾改拟缓决，经九卿会核改拟情实。乾隆皇帝认为九卿改拟后应即将该抚等附疏题参，对涉案之地方督抚钟音等严旨申饬。③

乾隆二十一年秋审河南巡抚图勒炳阿将黄隆妒奸杀命、申玢贿卒越

① 《秋审档案》乾隆二十八年“通政司志信缓矜两议”。

② 《秋审档案》嘉庆四年。

③ 《秋审档案》乾隆十六年十月十二日上谕。

狱、赵保学强奸伤人、张二持刀奸污、宋恩拒捕杀伤诸犯议入缓决，经九卿改拟情实。乾隆皇帝认为以上诸犯均属奸恶残暴之徒，河南巡抚不应意存姑息，将图勒炳阿着传旨申饬。①

乾隆五十二年秋审四川省秋审各案犯本内，九卿从缓决改入情实者共有九起。乾隆皇帝认定其中除绞妇杜氏因奸好之僧元净搭死伊夫梁大潮一案略有可原外，其他八案俱系情真罪当，于法无可宽待，理应入实。谕旨："陈奉兹身为臬司，于此等案犯并不核其轻重，悉心定拟，致九卿改拟多案，实属有意从宽，以为邀誉沽名之地。陈奉兹着交部严加议处。鄂辉署总督于该臬司办理失当不能指驳改正，亦有不合，但鄂辉本系将军，因保宁来京陛见，暂署督篆，于刑名案件素所未谙，姑免置议。"②将办理失当之臬司交部议处，总督因系临时代理免予处分。

2. 刑部错误

刑部是秋审、朝审的主导机关，地方督抚核拟意见会被汇总到刑部，同时刑部又是组织中央会审的牵头人。因此作为领导责任人和直接责任人的刑部堂官和承办秋审司员需要为差错承担责任。咸丰九年更明确"此后秋审案件，刑部已定拟实缓，经朕派员核议更改及由复勘朝审之员奏驳改定者，应照各省督抚臬司之例改至几案，将复核之三法司分别议处"③。刑部官员错拟实缓比照督抚臬司之例予以处分。

乾隆十五年秋审，刑部将德明侵用色得礼所匿阿炳安银两一案照侵贪之例以情实另案奏请正法。乾隆皇帝认为该案德明侵用阿炳安之弟色得礼寄顿银两，实质只是无耻之徒乘机干没，与身为侵贪犯法者大相径庭。同年另一案周楙身为职官，行同贼盗，捏报沉溺铜斤，盗卖至千累万，实应情实请旨正法，而刑部拟入缓决。两案均有不当，乾隆皇帝因此下旨将刑部堂官交部严察议奏。④ 乾隆三十三年秋审奉天秋审本内九

① 《秋审档案》乾隆二十一年十月初十日上谕。

② 《秋审档案》乾隆五十二年九月初二日上谕。

③ 《清文宗实录》咸丰九年十一月己卯日上谕。

④ 《秋审档案》乾隆十五年十月十二日。

卿由缓决改入情实者有五起，盛京刑部侍郎朝铨被“交部严加议处”。① (后查明其实际经手只有徐大一案，免予处分。)

乾隆二十三年九月二十六日奉上谕刑部承办秋审司员议驳改正记功，核拟不当也要记过(销革原来的奖励记录)。② 不过具体记功记过细节不详。

3. 三法司九卿过错

三法司九卿科道等均系参与秋朝审人员，行使对秋审、朝审结果最终把关的职责，故当皇帝在审核秋审结果时发现错误，也会对参与秋审、朝审的三法司和九卿科道等进行处罚。雍正十二年九月谕旨“嗣后秋审案件若其中有应改而不改及不应改而妄改者，经朕察出定将九卿从重议处。若九卿及与议之官员等意见或有不同，准两议陈奏”③。

乾隆二十二年秋审，湖南布政使杨灏贪污公款三千余两，地方督抚和三法司九卿科道以该犯限内完赃拟入缓决。乾隆皇帝则认为“试思藩司大员狼藉至此，犹得以限内完赃概从末减，则凡督抚大吏皆可视婪赃亏帑为寻常事，侵渔克扣肆无忌惮，幸而不经发觉，竟可安然无恙，即或一旦败露，亦不过于限内完赃，仍得保其首领，其何以饬官方而肃法纪耶?”乾隆皇帝认定臣下有意窃弄威柄，党庇同僚，命令“原拟之蒋炳着交部严加治罪，三法司着交部从重严加议处，其与审之九卿科道等俱著交部议处”④。

光绪五年九月太仆寺少卿钟佩贤奏秋审河南斩犯李金木一起，刑部照拟缓决似未允当。后经复核刑部并无差错，钟佩贤交部议处。⑤

---

① 《秋审档案》乾隆三十二年九月十二日上谕。

② 《秋审档案》乾隆二十三年九月二十八日上谕。

③ 《清世宗实录》雍正十二年九月乙亥日谕刑部。

④ 《秋审档案》乾隆二十二年九月初九日上谕。

⑤ 《清德宗实录》光绪五年九月戊寅日谕内阁。

第四节　轻重情节衡量——刑部秋审实例

前文述及清代秋审条款对死罪量刑中的各种情节即衡量因素通常有原则性之规定，清代死刑监候案件的复核一般遵循秋审条款定拟实缓。然条款内容时有交叉，加重、减轻情节常常同时存在，故实际的实缓定拟过程即轻重情节的权衡并非简单线性的判断，而往往是一个不同方向多种因素共同作用的过程。

一、加重情节和减轻情节并存之权衡

加重情节减轻情节并存时，因两类情节方向相反，故常要视哪个方向的情节影响更大而定实缓。

1. 被害人过错和被害人弱势

嘉庆二十三年秋审绞犯杨小嘴殴毙杜子兴一案：杜子兴疑杨小嘴行窃杜八月等家衣物，邀令杜八月等向杨小嘴盘诘。杨小嘴被诬不甘，邀同杨保书理论。杜子兴不服，用烟袋向殴，被杨小嘴夺获戳伤其左右眼胞、鼻梁、左手指，并揪落发辫。杜子兴将杨小嘴按跌倒地，杨保书恐杨小嘴受亏，即用木棍打伤杜子兴脊背。杨小嘴挣起，顺拔屠刀用刀背殴伤杜子兴胸膛倒地。杜子兴滚骂，该犯复殴其左右胳肘，杨保书又殴伤其左腿、左膝、左右臁肋、左右脚面。杜子兴肆骂，杨小嘴接过木棍，殴伤其右肩胛、左胳膊、右手腕，移时殒命。直隶总督以死者固系七十老人，惟衅起被诬，伤系他物，情非欺凌，将杨小嘴拟入缓决。

司看批：纠殴七十老人倒地多伤且重，固难率缓，惟死者凭空诬窃，情所难甘，殴由忿激所致，似尚可原。记缓候核。

复看拟缓。

总看批：固系死者疑窃肇衅，惟仅止唤至盘诘，即经劝散，该犯纠殴泄忿，迭殴迭戳，鳞伤遍体，致毙七十老人，似未便率行论缓，记

汇核。

章中堂批：纠殴七十老人，鳞伤遍体，未便以诬窃肇衅为解，记核。

崇大人批：纠殴七十老人鳞伤致毙恐难以死者诬窃肇衅为解率宽，记实核。

吴大人批：挟忿纠殴致毙七十老人多伤情凶，记实核。

廉大人批：记核。

帅大人批：纠殴七十老人倒地后伤多且重，未便以死者诬窃肇衅率缓，记核。

彭大人批：疑窃仅止盘诘，旋劝散，则挟忿纠殴，致毙七十老人伤多且重，恐难原宥，记核。

此案改实。①（此案杨小嘴纠殴致毙杜子兴，直隶总督以被害人诬窃在先拟缓。刑部秋审中主要权衡两个因素：被害人诬窃，被害人系七十老人，秋审官员们认为被害人系高龄老人，虽有诬窃之过，但并未造成严重后果，因此不足以减轻加害人罪责，此案最终改实。）

2. 加害人弱势和被害人弱势

嘉庆二十三年秋审绞犯张来春殴毙唐姓娃一案：张来春犯事时年十二岁，因见年七岁之唐姓娃在灶烤火，走拢同烤。唐姓娃烧燃篾条向张来春戏烫。张来春夺过篾条，顺殴唐姓娃左腮颊，将篾条弃灶烧毁。唐姓娃拾柴掷打，张来春顺拾柴刀用刀背殴伤唐姓娃右手腕、右臁肋。唐姓娃揪住其衣襟哭骂。张来春情急用刀连戳致伤唐姓娃左太阳、左耳窍，倒地身死。四川总督以衅起于戏，砍由情急，将张来春拟入缓决。

司看拟缓。

复看批：该犯虽年仅十三，然较之死者之七龄，则居然成童矣，则因细故金刃连砍致命重伤，非欺凌而何？未便率缓，记候核定。

---

① 《秋审成案》嘉庆二十三年直隶司。

总看批：两幼相斗，死者更属稚小，篾条先殴一伤，刀背叠殴二伤，末后复金刃先砍致命三伤，立毙其命，并无真正情急，原难为原解，记实汇核。

章中堂批：该犯虽止十三岁，较之死者已长六岁，致命重伤立毙，似难缓，查案核。

崇大人批：刃伤七岁幼孩致命重伤立毙，固难为宽，然衅起死者，该犯究止十三岁幼孩，查案比核。

吴大人批：凶犯虽止十三岁，然较之死者七岁已年长六岁，强弱相去迥殊，致命伤重立毙，未便率缓，记核。

廉大人批：致命伤重立毙七岁幼孩，似难缓，记查案核定。

帅大人批：两幼相斗，凶犯虽长于死者七龄，亦未及岁，惟殴有致命重伤，记出查案比核。

彭大人批：因戏争斗刀背二伤刀砍三伤，寻常斗殴中似此入缓者尚多，今死者虽仅七龄，而凶犯亦止十三岁幼孩，应查案比定。

此案照缓。①（此案张来春殴毙唐姓娃，四川总督以衅起于戏，砍由情急拟缓。刑部秋审主要考量要素为加害人和被害人的年龄以及伤情。司看复看意见不同，各堂官批词意见也不一致，或怜惜被害人之稚小，或考虑加害人尚未成年，最终照缓的理由应与彭姓堂官意见相类似，即加害人与被害人均系未成年人，故年龄因素互为抵销，而单论伤情，同类案件多有缓案，故照缓。）

3. 以尊犯卑和被害人弱势

嘉庆二十三年秋审绞妇苏氏杀死夫侄女一案：苏氏夫侄女姚氏父故母嫁，跟苏氏过度。姚氏自幼腰腿残疾不能步履，又系哑巴。苏氏心生厌恶，起意致死。趁夜将姚氏抱出屋外，放在地上，用绳套入其项颈拉勒，当即殒命。黑龙江将军以憎厌谋杀夫之侄女，情虽残忍，惟死系卑

① 《秋审成案》嘉庆二十三年四川司。

幼，将苏氏拟入缓决。

司看拟实。

复看拟实。

总看批：死系氏夫之年甫十五岁侄女，该氏憎厌其残废哑巴，起意谋勒致毙，情殊残忍，自应入实。

章中堂批：实。

崇大人批：因憎侄女哑巴残废，谋勒致毙，情惨，应实。

英大人：实。

廉大人：实。

帅大人：实。

彭大人：实。

此案改实。①（此案苏氏谋杀夫侄女，黑龙江将军因死系卑幼拟以缓决。刑部改实的理由应是基于被害人系哑巴残疾，加害人谋杀一个身患残疾之人，情殊残忍，故此改实。）

4. 以卑犯尊和被害人过错

嘉庆二十二年秋审斩犯张妮子殴毙张万选一案：张妮子缌麻服叔张万选怀疑其偷窃秫秸至家查问。该犯回家闻知气忿，见张万选在地拾柴，携棍往与理论，被其辱骂并举手殴打。张妮子用棍抵格，致伤其右胳膊，因其揪辫揿按，该犯又殴其左臁肋骨损。复因揿按张万选混骂称欲拼命，该犯情急复用棍连殴其右臁肋骨折，倒地，至晚殒命。河南巡抚以连殴缌麻服叔致毙，伤至骨损、骨折犯尊逞凶，将张妮子拟以情实。

司看拟缓。

复看拟缓。

总看批：衅起死者诬窃，他物伤非致命，在凡斗自应入缓，惟究系

① 《秋审成案》嘉庆二十三年奉天司。

殴毙本宗缌麻尊属之案，记汇核。

崇大人批：殴死本宗缌麻尊属之案虽衅起死者诬窃，伤系他物，唯三伤内一骨损、一骨折，未免情凶伤重，似应记核。

吴大人批：情尚可原惟死系缌麻服叔，记核。

秀大人批：记核。

帅大人批：殴毙本宗缌麻尊属，伤情较重，难以死者诬窃率缓记核。

成大人批：衅起诬窃，情有可原，罪实犯尊，法难率缓，应记核。

彭大人批：他物三伤重至骨折骨损，死系缌麻服叔，恐难以诬窃空言，宽其犯尊之罪。记核。

此案照实。①（此案凶手杀死缌麻服叔，起因是死者诬其偷窃秫秸，死者虽有过错但并无大罪，因此刑部秋审官员大多认为受害人过错较轻不足以减轻凶手罪责，此案照实。）

5. 以卑犯尊和手段温和

嘉庆二十三年秋审斩犯戴良奇殴毙戴缥成一案：戴良奇应赎田亩被戴缥梅转卖与戴文元为业。该犯查知备价向赎，戴缥梅推延。戴良奇带同伊子戴顺元赴田锄挖种芋，戴文元邀同戴缥成往阻，争闹。该犯扑向戴文元殴打。戴文元走避，戴缥成拢护。戴良奇拳殴戴缥成左眼下，戴缥成拾起木杆回殴其右太阳。戴顺元用断头铁禾叉戳伤戴缥成两后肋。戴良奇亦用带去锄柄殴伤其囟门接连左额角。戴缥成扑殴，戴良奇复用锄柄吓打适伤其偏左殒命倒地。代理广西巡抚以逞凶殴尊致毙，将戴良奇拟入情实。

司看拟缓。

复看拟缓。

总看批：死者无干帮护，该犯所殴一拳二木器且身亦受伤，在凡斗

① 《秋审成案》嘉庆二十二年河南司。

自应缓决。惟死系缌麻尊属，又系父子共殴，难以率缓，记汇核。

章中堂批：死系缌麻尊属，又系父子共殴，应记核。

崇大人批：原情因有，惟死系缌麻尊属，又系父子共殴之案，似难率宽，应记核。

吴大人批：父子共殴致毙缌服尊属，似难率缓，记核。

秀大人批：记核。

廉大人批：记候核。

帅大人批：理直伤轻，惟系父子共殴，致毙缌麻尊属，应记核。

彭大人批：父子共殴致毙缌叔，姑以衅非理曲，伤情尚轻，记核。

此案照实。①（本案戴良奇共殴致毙戴缥梅，广西巡抚以殴尊致毙拟实。刑部秋审官员考虑到加害方理直伤轻，如系凡斗应入缓决，但被害人系加害人之缌麻尊属，且加害方是父子共殴，本案照实。）

6. 手段残忍和被害人过错

嘉庆二十三年秋审赵二殴毙陈书贵一案：赵二先曾行窃遭杖责，被陈书贵假充捕役两次讹过钱文、马褂。后陈书贵邀同王贵冒充捕役赴淅川县缉贼，希图诈钱分用。被赵二与张小瓜等在彼瞥见，忆及陈书贵讹诈之嫌，起意纠殴泄忿。张小瓜等允从，一共五人。赵二与张小瓜、陈二各带防兽锚刀铁尺，余俱空手，进前吵骂。陈书贵起身回詈。赵二用刀连扎其左右腿，张小瓜亦用铁尺殴伤其左右肩甲。因其向张小瓜扭夺铁尺，赵二又用刀背叠殴脊背倒地。王贵跑走，亦被张小瓜赶扎致伤。陈书贵移时殒命。河南巡抚以殴由被诈，死系冒捕叠次讹诈之人，将赵二拟缓决。

司看拟缓。

复看拟缓。

总看批：该犯以窃匪挟嫌纠殴，死者以假差借端讹诈，均非善类，

① 《秋审成案》嘉庆二十三年广西司。

不直实抵，记缓汇核。

章中堂批：两比均非善类，论殴情应实。

崇大人批：两非善类，不值实抵，记核。

吴大人批：窃匪挟嫌纠殴，伤重毙命，死系徒手，即以平人斗杀论亦应拟实，惟死者假差讹诈，亦非善类，记核。

廉大人批：两比均非善类，无可顾惜，办殴伤重徒手，入实为允，记核。

帅大人批：死因假差讹诈之人，该犯以窃匪挟嫌纠殴致毙人命亦难原缓，记核。

彭大人批：两比均非善类，惟纠殴情凶记核。

此案照缓。①（此案赵二共殴致毙陈书贵，河南巡抚拟以缓决。刑部秋审司看、复看、总看赞同缓决，堂官们则意见分歧。主要考虑因素包括两比身份和殴情。加害人为窃匪，被害人系假冒差役讹诈之人，双方皆非善类。殴情中死系徒手则是一加重情节。此案最终照缓，看来是被害人系罪人的分量超过了加害人在先行为和殴毙徒手的分量。）

7. 手段残忍和被害人过错

嘉庆二十二年秋审王加会殴毙宋同义一案：王加会凭媒说定孀妇安氏为妻并未择期过门。被宋同义探知，欲图另行嫁卖渔利，唆令氏姑退婚，并将安氏诓接至家奸宿。王加会查悉往论未见。该犯赴坡割草与宋同义撞遇斥责其非。宋同义混骂，王加会回詈，被宋同义揪辫揿殴。王加会之弟王搭拉见而帮护，用铁镢背殴伤宋同义右胐脷右脚踝。宋同义释手扑殴，王加会亦用镰刀砍伤其囟门倒地，擦伤左右臂膊。宋同义辱詈并言将来定欲报仇，王加会畏其报复，起意挖瞎其眼睛，随骑在宋同义身上令王搭拉按住两手自用镰刀挖出宋同义两眼珠掩弃，宋同义越五日殒命。山东巡抚以媒定之妻被死者唆令退婚奸宿，本非善类刁奸，砍

① 《秋审成案》嘉庆二十三年河南司。

止一伤，挖眼止在图免报复，将王加会拟缓决。

司看批：查王加会将宋同义殴伤倒地，复挖出其两眼，论情近故，惟该犯媒定安氏为妻，宋同义捏情破婚，旋将安氏邀回奸宿，该犯向其理斥被殴，是宋同义奸占该犯媒定之妻复理曲逞凶，其情似近罪人，该犯将其殴伤后剜出其眼亦因畏宋同义凶横恐其报复所致，与实在凶狠毒殴者有间，似可入缓记候核。

复看批：死系捏词破婚诓伊婚定欲娶之妇奸宿，实属淫邪罪人，挖其两眼系因用镰刀砍伤其额颅，闻声言定欲报仇，该犯畏凶意在挖瞎使其不能报复起见，与理曲逞凶者不同，似宜入缓记候核。

总看批：金刃迭砍致命二伤，复将其两眼睛挖出殴情实属凶横，惟死者将伊媒定孀妇捏词破婚，诓回家中奸宿，情近罪人，因财礼未交不得为该犯之妻，故定案时仍照凡斗定拟，秋审衡情自应入缓。

松中堂批：应衡情入缓记候核。

崇大人批：殴情虽重，惟情近扙杀，秋谳衡情似尚可缓。

吴大人批：殴情甚凶，惟死者破人婚姻又接回奸宿，实非善类，尚可缓记核。

秀大人批：衡情记缓核。

帅大人批：该犯业将安氏媒定为妻，死者破婚奸占即为该犯罪人，殴情虽重尚与理曲逞凶者不同，记核。

彭大人批：刃砍囟门二伤，又用镰刀挖出其两眼，殴情太凶，是死者破人婚姻在该犯未曾过礼之先，其将安氏接回奸宿只可谓之死非善类，不得谓之情近擅杀也，记核。

此案照缓。①（此案王加会致毙破婚奸占之宋同义，山东巡抚拟以缓决。刑部秋审官员主要考虑了两个情节，一个是王加会刀砍宋同义致命二伤后又挖其两眼，加害手段残忍；一个是宋同义破坏王加会说定婚姻并奸占安氏，被害人有过错。两相权衡之下，被害人过错似乎权重更

① 《秋审成案》嘉庆二十二年山东司。

大，故王加会得照缓。)

8. 后果严重和以尊犯卑

嘉庆二十二年秋审绞犯孙扶龙杀妻一案：孙扶龙因妻李氏侍母不孝，致伊母将许给该犯钱物悉与伊兄孙扶友等均分。嗣该犯工作回家，李氏不为做饭，并斥骂该犯无能，不愿再为夫妻逼令休弃。该犯心怀忿恨起意致死。趁李氏睡熟揭取炕砖殴伤其右耳根。李氏声喊，该犯又用砖殴伤其咽喉，立时殒命。时伊子七儿哭喊，该犯正在忿怒，亦用砖殴其左耳轮、腮颊、胸膛，身死。伊女山妮啼哭，该犯因妻死无人养活，用手指掐伤其咽喉毙命。直隶总督以死系悍泼之妻，另毙二命均系该犯子女，将孙扶龙拟缓决。

司看拟缓。

复看拟缓。

总看批：死者固属不孝不顺，惟该犯私藏白布于母病垂危之时，复因伊母积蓄不能独得迁怒行凶，亦属不孝不悌，迨故杀妻命复又将五龄之子、周岁之女一并致毙，于例系轻罪不议，论情则凶惨已极。至死者不善待姑适为该犯借口，非凶犯可原其情也。似未便与寻常故杀妻之案一例拟缓，记汇核。

松中堂批：依总看记实候核。

崇大人批：总看所议实为确论，自难与寻常故杀不伦之妻并论，即应入实不枉。

吴大人批：总看所论是，记核。

秀大人批：凶横残忍非复人类，记实核。

曹大人批：记核。

成大人批：死者不善事姑即属不孝，逼令休弃更属不顺，似尚非必实之案，记核。

彭大人批：总看固是诛心之论，然死者究属不孝之妻，且逼令休弃亦非妻无大过者可比，记出汇核。

此案照缓。①（此案孙扶龙杀死妻子及两个年幼子女，直隶总督以死系悍泼之妻，另毙二命均系该犯子女，将孙扶龙拟缓决，应该说是不偏不倚之见。刑部秋审官员以其凶狠残忍且本身也非孝悌之人，多建议拟实。从中可见司法官员的感情倾向，不过该案最终照缓应该还是法理重于人情。）

9. 以尊犯卑和动机恶劣

嘉庆二十二年秋审绞犯罗仕海殴毙胞弟一案：罗仕海因向胞弟罗仕河借谷不允用言村斥，罗仕河即拾柴斧拢殴。该犯夺斧背殴伤罗仕河左右胳膊。罗仕河夺斧。该犯又殴伤其右前肋、左胯。罗仕河喊骂，该犯气忿起意致死，遂用斧背连殴罗仕河左腿、前胸膛。罗仕河倒地滚骂，罗仕海又用斧刃砍伤其囟门、发际，并划伤右耳根，当即殒命。四川总督以杀固有心，惟斧由夺获，死系骂尊期亲卑幼，将罗仕海拟缓决。

司看拟实。

复看拟实。

总看批：死者以伊人口众多，唆母分家，复不允借谷，因无手足情分，该犯则逞忿故杀其命，手足之情又安在耶？自未便率缓记汇核。

崇大人批：因挟借不遂而逞忿故杀胞弟之命，自难为宽，应记实核。

吴大人批：记实核。

秀大人批：记实核。

帅大人批：两比均无手足之情该犯逞忿故杀，尤为残忍，惟兄弟二人一毙一抵，伊母殊难为情耳，记核。

成大人批：记实核。

彭大人批：死者唆母均分财物并无大过，挟忿故杀似难宽难缓，记核。

---

① 《秋审成案》嘉庆二十二年直隶司。

此案照缓。①（此案罗仕海殴杀胞弟，四川总督按以尊犯卑非图财夺产拟以缓决，可谓中规中矩。刑部多数秋审官员则以逞忿故杀倾向入实。平心而论，先拿柴斧动手的是死者，论以故杀似过于严苛。且正如其中帅姓堂官所批，如两兄弟一死一抵的确对二人之母太过惨痛，量予从宽也符合情理。）

10. 后果严重和被害人过错

嘉庆二十二年秋审绞犯刘光裕、刘阿套等殴毙江阿高等三命一案：刘光裕、刘阿套因与族人刘阿楫、刘阿两赴邻境普宁县官山割草，适该县民江阿高与胞弟江阿埔、族人江阿鸡经见斥阻。刘光裕不依争闹，江阿高用刀向刘光裕扑砍，刘光裕用刀划伤其顶心并砍伤右腿，江阿高复举刀向砍，刘光裕闪侧用刀抵砍致伤其脑后倒地。江阿鸡用刀划伤刘阿两右肩甲。刘阿两用刀回戳致伤其左右胯跑走。江阿鸡追赶，刘阿套携取铁尖扁挑上前拦阻，江阿鸡转向扑砍，刘阿套闪侧，用挑头抵殴致伤其顶心倒地。江阿埔亦被刘阿楫用挑致伤倒地，均移时殒命。刘光裕畏惧，起意埋尸灭迹。广东巡抚以刘光裕先被扑砍回抵适伤，刘阿套拦阻被砍他物抵殴二伤，且俱无预谋纠斗情事，将刘光裕、刘阿套拟以缓决。

司看拟缓。

复看拟缓。

总看批：此一造三命之案一凶在逃，系死者一比理曲肇衅，刘光裕金刃二砍一划，刘阿套挑殴一伤均系被砍回抵可以原缓，仍记汇核。

松中堂批：应依总看记汇核。

崇大人批：一凶在逃，刘光裕金刃二砍一划由于死先逞凶抵御所致，刘阿套因拦阻抵殴一伤，原情似均可缓，惟系致毙彼造三命之案，应记汇核。

① 《秋审成案》嘉庆二十二年四川司。

吴大人批：致毙彼造三命之案查案比核。

秀大人批：记核。

曹大人批：记汇核。

成大人批：殴情甚轻，俱有抵御急情，似可原缓，惟致毙彼造三命之案，一凶在逃，应记核。

彭大人批：三犯各毙彼造一命，一凶在逃，刘光裕金刃二砍一划，以刀抵刀，死非徒手，刘阿套挑殴一伤更有抵御急情，惟系该犯一比肇衅致毙三命，埋尸灭迹，死遭蒸检，记汇核。

此案照缓。①（此案致毙三人，后果严重，但事件起因是刘光裕、刘阿套到邻县割草，被该县县民江阿高等阻拦砍殴，山系官地，非江氏等私产，死者理曲，本案照缓。）

11. 动机恶劣和被害人过错

嘉庆二十二年秋审绞犯王盂杀妻一案：王盂因伊妻程氏先与无服族侄王运通奸，该犯查知，贪利纵容。嗣该犯向王运借钱未遂，即令程氏拒绝。迨王运复至程氏房中谈笑，该犯瞥见吵骂。王运逃逸，程氏村斥该犯无情，该犯不依争闹。程氏牵及该犯父母，辱骂并向扑殴，该犯气忿顿起杀机，用铡刀砍伤其额颅倒地。因其两手拦护，以致刀尖划伤其左右手指，并砍伤其咽喉，程氏立时殒命。河南巡抚以杀固有心，死系淫泼之妻并无诈赖别情，将王盂拟缓。

司看拟缓。

复看拟缓。

总看批：死固无耻之妇，惟该犯纵令与人通奸，因向奸夫借钱无给，嘱令拒绝不允，逞忿故杀其命，似难率缓记汇核。

松中堂批：纵奸故杀未便率缓，记实候核。

崇大人批：因向奸夫借钱无给嘱令拒绝不允，纵奸无耻故杀其命，

---

① 《秋审成案》嘉庆二十二年广东司。

未便率缓，应记汇核。

吴大人批：该犯虽纵奸无耻，死系贪淫之妇似尚可缓。

秀大人批：记核。

曹大人批：记汇核。

成大人批：纵奸无耻而死者亦系无耻之妇，不值实抵记缓核。

彭大人批：犯固无耻，该氏亦先失夫妇道，尚非必实之案，姑记核。

此案改实。①（此案王孟殴杀妻子程氏，河南巡抚以死者与人通奸，辱骂该犯父母，且该犯并无图诈图赖动机拟以缓决。刑部秋审官员意见分歧，赞成拟实的理由是凶犯贪婪纵奸在先，索借不遂后复令拒绝并继而故杀其妻；赞成拟缓的理由则是夫固然纵奸无耻，妻却犯奸在先，杀有罪之妻不值实抵。从刑部官员批词中可见本案实缓分界实际上在于对加害方和受害方的道德评价，即若夫更无耻则应拟实，妻罪更大则拟缓。此案最终改实，说明夫的道德评价更低，内中逻辑可能是基于其行为的贪利性，图财而纵奸，落空则令拒绝，无利可图竟而杀妻。清代刑事司法中严厉打击图财贪利，或许正说明其为人性之常，因其和正统道德相悖而被视为洪水猛兽。）

12. 动机合理和后果严重

嘉庆二十二年秋审绞犯张友胜拒捕致伤事主一案：张友胜偷窃刘志元家，适刘志元同弟刘阿为醒觉叫喊。该犯跑走，刘志元赶上扭捕，该犯情急图脱，转身用刀划伤刘志元项颈右边及左腋。刘志元扑向夺刀，该犯又用刀连划其左手腕。刘阿为趋护揪住该犯发辫，该犯用刀连划刘阿为左右手腕及左臂膊，刘阿为仍不放手，该犯用刀将自己发辫割断跑逸。两广总督以刀划由于图脱并无格斗情事，其割发辫跑逸更有急情可原，将张友胜拟缓。

① 《秋审成案》嘉庆二十二年河南司。

司看拟缓。

复看拟缓。

总看批：窃匪刃伤事主二人例实之案，此起金刃连划事主四伤又另划其弟三伤，虽由图脱情急，究系刃伤事主兄弟二人，且该犯有心持刀向划亦与带划伤情者有别，难以率缓，记出汇核。

松中堂批：应依总看记汇核。

崇大人批：窃匪刃划事主兄弟二人，似难率缓，应查案汇核。

吴大人批：虽因情急图脱，但持刀拒伤事主二人，似应拟实。

诚大人批：自断发辫图脱情真，似可原缓，记核。

曹大人批：情急伤轻，似可原缓，记核。

成大人批：情急伤轻，似可原缓，记核。

彭大人批：刃伤事主二刃伤俱轻微，观其自断发辫，情急图脱是真，与有心逞凶者有间，记候汇核。

此案改实。①（此案张胜窃盗拒捕刃伤事主兄弟二人，两广总督以刀划出于图脱急情拟以缓决。刑部有两种意见，主张照缓的理由是情急伤轻，主张改实的依据是刃伤事主二人。总看的观点对两方面情节进行了权衡，认为伤情虽不重但属主动伤害和带划致伤有别，还是刃伤事主二人这一情节更具有决定性。本案最终改实。）

13. 以卑犯尊和过失杀人

符勉娃年二十七岁，系陕西凤翔府宝鸡县人，与小功服叔符自义分居无嫌。道光九年七月二十日夜，符勉娃因天气炎热，欲将驴头拴系后院纳凉，携斧在后院钉橛，转身出来拉驴。听闻门环声响，黑影中见有贼人偷拉驴头走出门外。符勉娃持斧追赶，见贼人将驴松放奔逃。符勉娃直前追捕，复见其跑至符自泮瓜地堎边从上跳下，身往下蹲。符勉娃跟身跳下，适至身后，乘势用斧吓砍，适伤其偏右脑后倒地。符勉娃细

① 《秋审成案》嘉庆二十二年广东司。

视，始知系符自义。扶救无效，移时殒命。符勉娃畏惧回家，痛悔啼哭，伊父符自诚问知前情，即欲送官。经伊母李氏拦阻，嘱令隐瞒。次早符自泮赴地工作，瞥见尸身，往向符自诚告知，符自诚佯为不知。符自泮见无凶手，恐报官受累，符自程亦恐走漏风声，怂令先行殓埋，往向许氏劝允。抬赴符自义地内浮厝，访验审供不讳。符勉娃依卑幼殴本宗小功尊属死者斩律拟斩立决。道光十一年奉旨改为斩监候。道光十二年秋审，陕西巡抚以衅起捕贼，黑夜误杀，初不知为堂叔，较并非有心干犯者其情更可矜宥，将符勉娃拟入缓决。

司看拟实。

复看拟实。

总看拟实。

卢中堂批：实。

明大人批：实。

戴大人批：实。

鄂大人批：实。

史大人批：实。

恩大人批：实。

戴大人批：实。

方签：谨按此起疑贼误伤小功叔身死，由立决改为监候，向俱归服制册拟入情实，是以改实。①（此案符勉娃疑贼误伤小功叔身死，陕西巡抚以黑夜误杀，初不知为堂叔拟缓。刑部秋审官员则严格遵循服制案立决改监候者俱入情实之秋审条款，故此案改实。）

二、加重情节

影响罪犯量刑因素中如主要情节均为加重情节，则定拟结果多入

① 《清代秋审文献》（第三十册）附录一清秋审条例后附道光十二年不符册二起“误杀小功叔”。

情实。

1. 加害人身份特殊被害人弱势

嘉庆二十三年秋审绞犯陈添魁殴毙李以恭一案：陈添魁充当营兵。因李以恭铺前整帽之郭瀡盛曾为该营外委梁大江修整纬帽，旋因他往，将帽托交李以恭转付，并嘱代索工钱。适梁大江往取，称随后给钱。李以恭不允，梁大江气忿将其父李怡兴一并辱骂，经劝交帽而走。梁大江气犹未释，途遇营兵刘国富，嘱令邀人殴打泄忿，刘国富随转告该犯并朱廷富前往，遇有高凤林等处令李怡兴服礼。李怡兴转斥梁大江之非，该犯不服詈骂，并将其铺货掀撒。李以恭向骂。该犯拳殴其脊膂，因其益肆辱骂，举脚喝踢适伤其右腰眼，是夜殒命。湖北巡抚以衅非伊肇，被骂向殴，伤系拳脚，将陈添魁拟入缓决。

司看批：兵丁倚弁逞凶殴毙人命，死者年仅十五岁，情节甚重，姑以伤系手足，拟缓，候核。

复看拟缓。

总看批：手足二伤在寻常斗杀自应入缓，惟兵丁倚势逞凶，将年未及岁之幼孩殴伤致毙，未便率拟缓决，记汇核。

章中堂批：兵丁逞凶，殴毙未及岁幼孩，情虽轻，似难率缓。

崇大人批：兵丁倚势殴毙年未及岁幼孩，难以伤系手足为解率缓。应记核。

吴大人批：兵丁逞凶致毙年未及岁幼孩，记实核。

秀大人批：记实核。

帅大人批：殴情不重，惟以兵丁致毙年未及岁幼孩，倚势逞凶，记实核。

彭大人批：兵丁倚官滋事，法当严惩，殴情虽轻亦难率缓，记核。

此案改实。①（此案陈添魁殴毙李以恭，湖北巡抚以加害人非肇衅

① 《秋审成案》嘉庆二十三年湖广司。

之人，殴系拳脚伤拟以缓决。刑部秋审中主要考虑因素是加害人身份和被害人年龄，虽殴情不重，但加害人系兵丁，有仗势欺人的嫌疑，被害人年仅十五岁为未成年人，被殴身死值得同情，故将罪犯由缓改实。）

2. 手段残忍

嘉庆二十三年秋审绞犯马全格殴毙陈傻子一案：马全格行窃吕继旺绳套，被陈傻子窥破，时向挟制并欲告知捕役送究。该犯心怀忿恨，起意邀兄张四、杨二将陈傻子两眼挖瞎泄忿。该犯先嘱张四往诱陈傻子出村，赶上扑抓，被陈傻子用棍殴左眼胞，该犯夺棍撩弃乘势扳住陈傻子颈项，并拉住左手与张四等将其仰按倒地，致抓伤其项颈、左手背。陈傻子混骂，两脚蹬踢。该犯骑压陈傻子身上，用脚压住两手，嘱令张四按其头颅，杨二揿住两腿。该犯用左手按住气嗓，右手拔身带竹片挖伤其两目，恐其尚能看视，复用手指将眼珠水挤出。越日殒命。直隶总督以衅由死者挟制，伤非致命，且该犯身先受伤，将马金格拟缓。

司看批：窃匪怀恨纠伙挖眼泄忿致毙人命，情节较凶，惟死先挟制，伤非致命，亦有可原，记缓候核。

复看批：窃匪挟恨挖眼致毙情凶近故，应情实。

总看批：死者窥破窃情向伊挟持制并非图分赃物，该犯则挟忿纠人将其两眼挖瞎致毙其命，情近凶横，未便以伤非致命率行原缓，记汇核。

章大人批：心手俱狠，未便入缓。

崇大人批：窃匪挟恨，纠伙将窥破窃情之人两眼挖瞎致毙其命，心凶手狠，似难以身亦受伤挖非致命为解率缓记核。

吴大人批：凶横之徒未便宽缓，记实。

廉大人批：凶横之徒未便宽缓，记实。

帅大人批：窃匪挟忿毙命凶横应实。

彭大人批：因窃被人揭短则怀忿纠殴挖瞎其两目致毙，心狠未便率缓记核。

此案改实。①（此案马全格殴毙陈傻子，直隶总督拟以缓决。刑部意见改实。改实关键情节是加害人行窃在先，且为防被害人告发以极其残忍的手段挖瞎被害人双眼致其毙命。）

3. 聚众犯罪

嘉庆二十三年秋审绞犯黄红富听从殴毙谢瀍华等一案：谢瀍华之妻谢任氏被黄文发堂兄黄登得调戏。谢瀍华以黄文发家道殷实，邀同田棕举、王老八、魏老三往令黄文发交人出银洗羞，经劝转回。谢瀍华复称须将黄文发捉拿送官，方能诈得银两。田棕举等允从，随拿刀棍同往，将黄文发大门撞开喊拿。时黄红富留宿黄文发家，当同黄文发并黄棕林、黄棕秀、黄棕良走出吆喝，致向争斗。谢瀍华用刀向黄文发砍去，黄文发闪避，黄棕林取棍殴伤谢瀍华左肩甲，黄文发夺刀过手，谢瀍华弯身拾石，黄文发戳伤其右后肋倒地。田棕举赶拢用脚向踢，黄文华用刀戳伤其左腿。田棕举扭住黄文发胸衣喊救，黄文发又用刀砍伤其左手胳膊倒地。王老八持棍拢护，该犯拔刀帮御，被王老八棍殴左肩甲，该犯用刀将棍格落。王老八举脚向踢，该犯用刀戳伤其左胯并带伤左腿。黄棕林用棍殴伤王老八左胳膊，王老八扑向黄棕林殴打，该犯恐黄棕林受伤，在后用刀吓戳适伤王老八右腰眼倒地。维时魏老三将刀向黄棕良戳去，黄棕秀取棍赶拢，将刀格落，殴伤魏老三右手胳膊。黄棕良拾刀在手，魏老三向其扑殴，黄棕良复砍伤其左额角倒地。谢瀍华、王老八、魏老三、田棕举随各因伤殒命。护理广西巡抚除将黄文发拟以情实外，以衅非伊肇、伤由吓戳将黄红富拟入缓决。

司看批：向来致死四命以上之案均入情实，所以重民命惩斗狠也，然立法准义定谳原情，此案衅由彼造，谢瀍华借端索诈不遂，纠人黑夜撞门行凶，该犯黄文发率子侄等出御致毙谢瀍华等四命。该犯黄红富在黄文发家借宿，猝遇众犯入门拔出帮御身先受伤，复见房主之子被殴，

① 《秋审成案》嘉庆二十三年直隶司。

在旁帮戳，致伤王老八身死，依其情节，即势既不能由身，谊亦难于袖手，可否分案拟缓之处，记候核。

复看批：查殴毙四命以上之案，十八年奏定章程俱入情实，系指寻常斗殴毙命者而言，至殴死讹诈凶横罪人与殴毙平人有间，此案谢瀧华借端讹诈，夤夜持械捉人，情节实属凶横。惟黄文发首先出门拿刀连毙三命，似难稍纵末减，其黄红富一犯因同室有斗而往救并非预谋纠殴，且身先受伤，金刃二伤适毙，其情尚有可原，可否于惩创之中仍示区别之意，将黄红富拟缓，应记出候核。

总看批：共殴三四命以上之案，乾隆十八年间曾奉谕旨一命一抵不得姑息养奸，嗣后秋审拟入情实，迨嘉庆十八年本部议驳御史高安条奏共殴三四命以上应分别实缓一折奏奉谕旨仍令谨守旧章不得妄议纷更等因。即届秋审俱钦遵办理，从无入缓之案。此案共殴致毙彼造四命，一凶在逃，黄文发连毙二命自应入实。至黄红富一犯虽系死者听从谢瀧华借端诈索起衅，又有受伤急情，惟查谢瀧华之诈索由起于黄姓之调戏伊妻，并非凭空肇衅，且与该犯无涉。该犯以刀抵棍，连戳二伤系寻常共殴之案不过起衅理直与擅杀罪人例应入缓者不同。案关四命，未便以一犯抵偿，致起姑息养奸之渐。黄红富亦应钦遵即奉谕旨入于情实，仍谨汇核。

章中堂批：案关四命，自应入实。

崇大人批：案关彼造四命，自应入实。

吴大人批：案关四命，即奉谕旨不得姑息养奸，难以分别办理，自应入实。

廉大人批：彼造四命，应记实核。

帅大人批：案关四命，自应入实。

彭大人批：调奸者系黄登得与黄文发无干，因其家道殷实，死者四人登门讹诈，夤夜撞开大门妄拿无辜实属情近罪人，惟案一造四命，照总看记候汇核。

此案黄文发照实，黄红富改实。①（此案黄文发、黄红富等将上门借端诈银之谢瀧华等四人殴毙。护理广西巡抚将黄文发拟以情实，黄红富拟以缓决。刑部秋审黄文发致死二人，照实不存争议，黄红富事不干己，留宿黄文发家中，在旁帮戳，致死一人，金刃二伤，情节不算严重，但因有谕旨明确共殴致毙四命一律入实，虽司看、复看有意从宽，总看及各堂官仍一致认同改实，最终改实。）

4. 被害弱势

嘉庆二十二年秋审绞犯孟篮子殴毙孟小妮一案：孟篮子因年甫九岁同姓不宗之孟小妮掐取该犯地内谷穗玩耍，该犯吆喝不理，用掌殴伤其偏右，孟小妮不依反将地内谷子践踏。该犯气忿顺拾麻秸殴伤其右肋，孟小妮哭骂，该犯又殴伤其左腿右臁肋。孟小妮揪住谷穗欲行撅断。该犯将其合面按倒，又殴伤右臂右腿。孟小妮在地滚骂，致将谷穗压倒。该犯又殴伤其右肋，是夜殒命。直隶总督以殴由吓阻，他物伤轻，尚无恃长欺凌情状，将孟篮子拟缓。

司看批：按地叠殴九岁幼孩致伤毙命情近欺凌，惟究因死者掐取谷穗并向哭骂所致，且殴系他物伤不深重，似可入缓记候核定。

复看拟缓。

总看批：衅起固非理曲，惟掌殴一伤、他物十伤，又系按倒迭殴致毙九岁幼孩难言情非欺凌，未便率缓记汇核。

崇大人批：殴毙九岁幼孩一掌十他物，内有按倒迭殴之情非欺凌而何？未便以衅起不曲伤无损折为解率缓，应记核。

秀大人批：殴毙九岁幼孩难缓记核。

帅大人批：九岁幼孩按倒叠殴十一伤情近欺凌应记实。

成大人批：死者童稚无知，难以事之曲直论，按倒迭殴情近欺凌，虽他物伤无损折，似难言缓记核。

① 《秋审成案》嘉庆二十三年广东司。

彭大人批：因死者掐伊地内谷穗向阻，事本理直，惟他物迭殴多伤致毙九岁幼孩未便率缓记核。

此案改实。①（此案孟篮子殴毙九岁孟小妮，直隶总督拟缓。刑部司看认为曲在死者，伤不深重同意拟缓。总看以上秋审官员基本上均倾向拟实，主要理由是死者系九岁幼孩。其中成姓堂官批："死者童稚无知，难以事之曲直论"，排除被害人理曲情节，这一认识已经很接近现代责任能力的观点。当然传统司法中主要考虑的还是未成年人身心上的弱势，并基于此对针对未成年人的加害行为从重和加重处罚。）

5. 动机恶劣

光绪二十九年秋审李小锅枪杀冯三桐一案：李小锅与冯三桐无嫌，该犯受雇给村人看青，携带洋枪赴村东看守。是夜村人梁小本亦赴村东看管庄稼，同在窝铺睡宿。二更时分，冯三桐赴地查看，行至梁中和地内。该犯听见庄稼响动，出铺查看，星光下望见地内有人，当向喝问，冯三桐未答。该犯疑系贼人，即用洋枪向放一下，致伤其脊背近右倒地。时梁小本已经睡熟，闻枪惊醒查问。该犯答说有贼，邀同往看，见冯三桐受伤殒命。该犯复弃尸不失。直隶总督以火器杀人将李小锅拟入情实，但因系疑贼误伤致毙，呈请声叙。

司看拟实。

复看拟实。

总看批：火器杀人例实，如系疑贼起衅，向有声叙成案。此起该犯受雇看青，因听闻庄稼响动，出铺查看，见地内有人，当向喝问，死者未经答应，该犯用枪向放，致将死者轰毙。确因疑贼起衅，并无别故，似应于黄册出语内妥为声叙，以冀邀恩免勾，谨记候核。

荣大人批：此案情节沈堂按察直省知之甚悉，若就初供，似难声叙。

---

① 《秋审成案》嘉庆二十二年直隶司。

沈大人批：就现供情形而论，衅起疑贼，秋审向得声叙，惟此案初次供词，该犯与死者之妻有奸，经死者查知禁绝。后与死者相遇，触起前嫌，将其轰毙。有梁小本作证。该犯亦供梁小本帮同抬尸。到省后梁小本坚不承认抬尸情事，该犯供亦拟移，驳回复审。梁小本旋在保病故，该犯供遂翻异。死者之妻不认与该犯有奸，又别无可以质证之人，二次招解，复经驳审，终无确供，最后方以现供定案。盖估毫无不得已而各此议结，与罪名虽无出入，而秋审则大有关系。应否照现讯情形，准其援案声叙抑或以初供情形不好不准声叙之处，记核。初供而已删除，无可究结矣。

孚大人批：记实。

胡大人批：火器杀人例实。虽疑贼起衅，向有声叙成案，但阅沈堂所批该犯在直隶初供案属因奸，即使初供删除，无可究结，该犯将死者轰毙后，复将其尸掷入井内，殊太残忍，未便声叙，记实候核。

方签：谨按此起火器杀人例实是以照实。惟疑贼确属有因，向有声叙成案，自应于黄册内出语声叙。照实不声叙。①（火器是强杀伤力武器，火器杀人往往从重处罚。）秋审条款：凡火器杀人之案无论疑贼误杀、因斗误杀俱入情实，间有情切救亲及无心点放（如被死者追逐碰动火机之类），亦可酌入缓决。此案李小锅枪杀冯三桐，入于情实并无疑义，所需斟酌的是是否应该黄册声叙冀恩免勾。李小锅受雇看青，冯三桐夜至地内，喝问不答，确属疑贼有因，应该可以声叙免勾。但该犯初供承认是因奸杀害，若属实情自然不能声叙。此案最终照实不声叙，多半还是因为有因奸杀害这一疑罪存在的原因。至于抛尸情节也有一定影响，但杀人动机还是更重要一些（只有一位刑部堂官提及抛尸）。

6. 后果严重

嘉庆二十二年秋审绞犯阳心潮殴毙熊德升等一案：阳心潮因熊德升

① 《清代秋审文献》（第三十册）附录一清秋审条例后附光绪二十八年不符册二起“火器伤人”。

当租阳正瀜田地，还清当价，熊德升霸庄不退。阳正瀜带同该犯之兄阳心斗并张尔清往向熊德升催搬，不允，扑向抓扭。熊德升取刀用刀背殴伤阳正瀜右臁肋倒地。阳心斗拢扶又被熊德升戳伤左耳后。张尔清夺刀被熊德升族弟熊德仲戳伤右臀、右胯倒地。该犯拢见夺获熊德仲矛刀。熊德升用菜刀向砍。该犯用刀将熊德升菜刀格落，戳伤其左腮颊左手掌。熊德升夺刀，该犯戳伤其左胯。熊德升转身拾刀，该犯又戳伤熊德升右腿倒地。熊德仲赶拢，用拳向殴，该犯用刀戳伤熊德仲右腿透过右胯。熊德仲拉刀不放，该犯拾石打伤其偏右倒地。熊德升之子熊加贵拢护亦被该犯戳伤左胯。熊德升、熊德仲先后殒命。熊加贵等伤均平复。四川总督以情因救护，死俱殴戳伊祖、伊兄之人，惟伤由抵斗，金刃连毙二命复另伤一人，将阳心潮拟入情实。

司看拟实。

复看批：连毙二命又另伤一人固应入实，惟细阅各供，伊祖(阳正瀜)年已七十八岁，命伊兄心斗、雇工张尔清一路搀扶前往，实系老迈龙钟。熊德升已将当价收清复霸种一年之久，迨经伊祖面为理说，仍坚不退庄，则用刀背将伊祖殴伤，伊兄赶拢搀扶又被熊德仲用矛刀连戳三伤，均各倒地。张尔清亦被熊德仲戳伤跪出门外。该犯踵至，瞥见伊祖伊兄均已受伤昏晕在地，死者尚各执矛刀，伊祖存亡危在顷刻，一时救护情急，赶将熊德仲矛刀夺获，被熊德升用刀向砍，以一敌二，其仓猝抵格殴戳亦属势不容己。刑以弼教而秋审尤务原情，此案死者理曲逞凶，该犯护祖情急，殊堪怜悯，向有缓案，谨记缓候核。

总看批：死者一比理曲情凶，该犯理直情急殊有可原，惟系连毙二命例实之案，一则多伤，一则伤重，难为宽解，记出汇核。

松中堂批：仍入实记核。

崇大人批：连毙二命例实之案，该犯之祖兄均止受伤，似无可置议。

吴大人批：虽因护祖但连毙二命恐难原情，姑记核。

诚大人批：金刃连毙二命自难原缓，惟该犯究因救护情急，前批称向有缓案，应查明共有几案或仅止一案，详加参核。

秀大人批：记核。

曹大人批：查案汇核。

成大人批：理直情急是其可原处，惟连毙二命查案汇核。

彭大人批：金刃连毙二命，恐难以伊祖伊兄先被殴伤为解惟殴情究因护祖，姑记核。

此案照实。①（此案阳心潮之祖父兄长前往与租地到期不退的熊德升理论被殴伤，阳心潮赶到救护，殴毙熊德升、熊德仲。四川总督拟实，刑部秋审官员意见比较含糊，一部分人坚持连毙二命应入实，也有不少官员觉得凶犯杀人起因是祖父兄长被殴伤，如有拟缓先例也可考虑缓决。此案最终照实估计是拟缓先例极少而二命入实作为定例不能轻易推翻。至于为何连毙二命拟实，应该与杀人偿命的报应观念有关，杀人偿命是自然的复仇观念，被杀者有过错，杀人者免于抵偿属于例外情形，而连毙二命，即使被杀者有过，两条人命而无一抵在传统的报应观念中恐怕难以让人接受。此外，定例以死亡人数论实缓应该还有预防司法官员任意裁量的用意，从本案刑部秋审官员批词中反复提到定例和要求检阅先例可见一斑。）

7. 再犯

嘉庆二十二年秋审绞犯一名徐长春殴毙陆亚爱一案：徐长春先在原籍河南洛阳县，以谋杀刘宗汤从而不加功拟流，解发湖南新田县，在配脱逃。行至广东番禺县闻拿投首，解回原配安置。该犯复在配脱逃，行至连州被获监禁。该犯因在监内仓前砖磡上用铁锅煮菜，适同监犯人陆亚爱赴厕出恭，行走慌忙，误将该犯铁锅碰翻下地，将锅跌破，该犯索赔争闹。陆亚爱举手向殴，该犯闪避，拾取锅片划伤陆亚爱右手背并戳伤左耳下。陆亚爱摸殴，该犯又用锅片抵戳，致伤其肚腹左边倒地，被

① 《秋审成案》嘉庆二十二年四川司。

石块擦伤左肩甲殒命。两广总督以理直被殴，他物回抵适伤，将徐长春拟缓。

司看拟缓。

复看拟缓。

总看批：殴情本轻，逃流在监殴毙人命，向较在配杀人者为重，记实汇核。

松中堂批：记实候核。

崇大人批：逃流在监殴毙人命，应记实核。

曹大人批：记实汇核。

成大人批：记实核。

彭大人批：逃流被获监禁在监殴毙人命，记实汇核。

此案改实。①（本案在监人犯徐长春与同监犯人陆亚爱因碰翻铁锅发生纠纷，陆亚爱举手向殴，徐长春以锅片回殴致陆亚爱倒地被石块擦伤殒命，加害人无致死故意，发生死亡后果出于意料之外，两广总督因此拟以缓决。刑部秋审官员则自总看以上均认可拟实，原因是在监殴毙人命，一则本系罪人又犯新罪，二则在监犯罪藐视法律之心昭然若揭，故从重改实。）

8. 负有特殊职责

嘉庆二十二年秋审绞犯许细九盗窃货银一案：许细九充当黎丁富等船只水手，因见陈亚宝等带有银两雇黎丁富等船只贩牛，该犯起意商同黎丁富、黎成语串同曾绍杨捏称搭船，窃银上岸俵分计赃二百三十二两零。两广总督以水手窜窃计赃未及五百两，将许细九拟缓。

司看批：纠伙串窃亦属为害商旅，该犯究系水手与揽载之船户有间，是以仍计赃入缓。

复看批：水手行窃客赀逾贯向不与船户一例入实，以水手止系帮工

① 《秋审成案》嘉庆二十二年广东司。

之人，非船户有主客相依之义者可比也，此案水手许细九商同船户串窃为害商旅较一人鼠窃者为重记实候核。

总看批：水手乘间独窃向与寻常鼠窃并论，若勾引外人肆窃则与奴仆勾引外人盗窃主财之案同科情实。十年福建叶已并，十四年该省潘亚全均经入实在案，该犯以水手商同船户勾引外人串窃则与奴仆勾引外人为重，虽赃未至五百两，亦应照成案入实记汇核。

松中堂批：记实候核。

崇大人批：水手商之船户勾引外人串窃客货逾贯虽赃未至五百两，而其情狡诈实属为害商旅，难以为之宽缓，自应照成案拟实，仍查案核。

吴大人批：查案照拟。

秀大人批：记实核。

曹大人批：查案照拟。

成大人批：查案核。

彭大人批：查案核比。

此案改实。①（秋审条款：船户车夫店家有主客相依之义，但经行窃逾贯虽未至五百两，系属为害商旅俱应入实；如止系船上水手、店内雇工及一切挑脚人等乘间鼠窃者赃未至五百两，若有勾引外人伙窃情事入实，余俱缓决。按此条款水手勾结外人伙窃应入情实，两广总督将勾结外人伙窃这一情节忽略拟以缓决。刑部司看、复看意见相左，总看援引成案，建议情实，此案最终改实。该秋审条款主要强调的是船户、车夫、店家承揽运输业务，对于客货安全负有特殊义务，而竟利用运输便利行窃，监守自盗，须从严处罚。水手、雇工、挑脚人不法行为使船户、车夫、店家不能保障客货安全，同样为害商旅，但由于这些人群并无此等特殊义务，所以只有情节较为严重（条款中要求是勾结外人伙窃，即团伙作案）方同等入实。）

① 《秋审成案》嘉庆二十二年广东司。

三、减轻情节

若案件主要量刑情节系减轻情节，则多最终拟缓，或在矜缓比较中拟矜。

1. 为从

嘉庆二十三年秋审绞妇资氏与人通奸致奸夫杀死本夫一案：资氏系唐三哇之妻，先被严结子调戏成奸。唐三哇娶该氏过门，该氏归宁，严结子会遇欲图续旧，该氏约其夜间入房同宿。适唐三哇前往，留住唐三哇饮醉进房睡卧。该氏乘夜开门向严结子告知，令其速回。维时唐三哇瞥见严结子，疑贼追捕，抓住喊拿。该氏恐奸情败露，不敢喊护，潜入卧房。时严结子力挣，唐三哇用刀砍，严结子将刀夺获，唐三哇紧抓不放，严结子情急图脱，用刀背殴伤唐三哇左额角倒地而逸。经资毓寒等追问该氏究出奸情，往拿严结子未获。唐三哇越三日殒命。其父唐彩当欲报官，资毓寒牴犊情殷求允缓报。后唐彩将该氏改嫁与王绍盛为妻。访闻获犯，审供不讳。云南巡抚除将斩犯严结子另拟情实外，以奸妇当场畏惧躲避，事后即以实告，与恋奸忘仇者不同，将资氏拟以缓决。

司看批：查资氏归宁母家，奸夫严结子与该氏会遇，欲续旧好，该氏约其晚间在后园等候，适本夫唐三哇往接该氏留宿母家。该氏恐奸情破露，乘唐三哇睡熟潜至后园覄严结子转回。经唐三哇睡醒呼妻不见，至后园看视，奸夫逃跑。唐三哇疑贼持刀追捕，被奸夫夺刀拒殴适毙，是本夫唐三哇之死，该氏究不知情，与恋奸忘仇者有间。记缓候核。

复看批：查奸夫杀死本夫奸妇不知情之案向来以事竣同逃、恋奸贪娶及另酿有服亲属多命者入实，畏其罪不首，恐吓隐忍或被亲属贿和者俱拟缓决，此起资氏于伊夫被杀后伊翁盘问即以实告，事后奸夫在逃，伊翁贿和，将该氏改嫁，并非该氏恋奸忘仇，自应拟缓。

总看批：严结子奸匪拒捕殴毙本夫应实，资氏于伊夫被殴时并不在场，后经其母盘问即以实告，贿和系伊父母舐犊私情，该氏并未与谋，亦无恋奸同逃情事，惟甘心改嫁，究难解于忘仇二字，未便分案入缓，记汇核。

章中堂批：严结子应实，资氏查案比核。

崇大人批：严结子因奸拒杀本夫应实，资氏于奸夫临时拒捕，该氏在场并不喊救，事后又非因该氏实告得以破案，且甘心改嫁，非忘仇而何？自难言缓，应查案比核。

吴大人批：严结子应实，资氏查案比核。

秀大人批：严结子实，资氏查案比核。

廉大人批：严结子应实，资氏查案详核。

帅大人批：严结子应实，资氏查案核定。

彭大人批：严结子应实。资氏于伊夫被殴时并不在场，贿和由于伊翁作主，与氏无干所嫁之人并非奸夫，与恋奸忘仇者不同，查案比核。

此案严结子照实，资氏照缓。①（此案严结子因奸杀死本夫，资氏与人通奸，致本夫身死，云南巡抚将严结子拟实，以资氏非恋奸忘仇拟以缓决。刑部秋审中严结子入实不存异议。对于资氏行为定性，崇姓堂官认为资氏听从夫家改嫁他人即是忘仇，建议对资氏拟以情实。不过他的观点略嫌苛刻，并没有得到其他官员认同。多数官员认为资氏案发当时不在现场，事后吐露实情，改嫁系夫家做主，不涉恋奸同逃。此案最终资氏照缓。）

2. 拟制尊属

嘉庆二十二年秋审绞犯滑黑子致义母自尽一案：滑黑子因无衣御寒，向义母张氏告知欲行卖牛赎当。张氏嘱向义父滑聘言明再卖。该犯因滑聘出外未回，私将牛只牵出，被张氏查知气忿吵嚷。伊妻浼人往唤，讵张氏以子非亲生，不听教训，虑及后难倚靠，则萌短见，潜自投井殒命。该犯当即牵牛回家业已无及。直隶总督以私卖牛只一闻伊母气

① 《秋审成案》嘉庆二十三年云南司。

忿即行牵回，尚非故违教令，且义母并无服制，究与亲子有犯教令抱忿自尽者有间，将滑黑子拟缓。

司看批：义子恩养年久，例应以子孙论，惟义母恩义固重而伦纪所系究视亲母为轻，衡情似可原减，记缓仍候核定。

复看拟缓。

总看批：义父母并无服制，因恩养年久，有犯得与子孙同科，究与亲父母之属毛离里者不同，违犯义父母教令自尽与亲子同拟绞候所以重名分，秋审拟以缓决以示别于亲生。查十八年该省曾上得一起外实改缓，上年该省赵氏一起外缓照缓各在案，此起自应仿照该省两次成案入缓。

崇大人批：查案核定。

吴大人批：义子与亲子固属有间，但弥月后即养成人，恩义亦重，查案细核。

秀大人批：记缓核。

帅大人批：查案核缓。

成大人批：记缓查案核。

彭大人批：查案核定。

此案照缓。①（此案滑黑子致义母张氏投井自尽，直隶总督以义母较亲母为轻拟以缓决。刑部照缓，主要原因仍是义父母究竟不等于亲父母，且历来有入缓成案。）

3. 手段温和

嘉庆二十二年秋审绞犯吴应泷殴毙父妾一案：吴应泷因向父妾陈氏借银还欠，陈氏不允，该犯用言村斥。陈氏哭骂，拾起柴刀扑向拼命。该犯举脚拦踢，致伤陈氏右肋侧跌倒地，磕伤右额角，因伤殒命。贵州巡抚以因被持刀向扑，拦踢一伤致毙，将吴应泷拟以缓决。

① 《秋审成案》嘉庆二十二年直隶司。

司看拟缓。

复看拟缓。

总看批：父妾应同凡论，起衅理虽不直，究止脚踢不致命一伤，似可原缓记汇核。

松中堂批：记缓候核。

崇大人批：脚踢一伤并非致命，固有可原，惟死系虽未生育子女而年已六十八岁父妾，恩义已久，似难率缓，应记核。

吴大人批：尚可缓。

秀大人批：例以凡论可缓。

帅大人批：既以凡论，拦踢一伤，似可缓。

成大人批：究止脚踢一伤似可缓。

彭大人批：未生子女之父妾例同凡论，脚踢一伤似可缓。

此案照缓。①（此案吴应泷殴毙父妾陈氏，贵州巡抚以因被持刀向扑，拦踢一伤致毙拟以缓决。刑部照缓，原因有两个方面，一方面，父妾与家长之子并无服制关系，同于凡人；另一方面，加害人只脚踢一伤，行为方式尚非凶残。）

4. 被害人过错

嘉庆二十二年秋审绞犯倪万清殴毙刘传等一案：倪万清因族兄倪宏量商允族兄倪雷、族侄倪二小、倪满仓并刘传、王成、于四、王五同伙八人夜赴该犯家窃得粮食钱衣等物搬运出院。该犯知觉喊捕，先将王成截住用木榔头殴伤其左脚面，王成拔刀拒扎未中，复被砍伤右臁肋倒地。王成辱骂，该犯夺刀扎伤其右耳。又见倪满仓在柴垛藏匿，用木榔头殴伤倪满仓左右脚踝倒地。时有该犯胞弟倪喜林、堂兄倪新及甥李安并堂侄倪占魁持械趋至。倪占魁用棍殴伤王五左脚面。倪雷携取棉被至彼，亦被倪占魁用棍殴伤左右臁肋、右脚面，均各倒地。倪宏量等启门

① 《秋审成案》嘉庆二十二年贵州司。

欲逃，被邻人将刘传、于四、倪二小截回，倪宏量挣脱逃归。倪喜林、李安赶至帮同将刘传等捉获捆缚。刘传等混骂，该犯气忿，主使倪喜林、李安各将器械殴扎，致伤刘传右耳、左右臁肋，于四左右臁肋、右脚踝，倪二小左耳、左右臁肋、左右脚踝。刘传等告知倪宏量纠窃情由，该犯即同倪喜林、李安至家将倪宏量拉出查问，因其不服混骂，又令倪喜林、李安各用木器械殴伤其左臁肋左右脚踝，用绳捆缚抬回。刘传、王成、倪二小、于四、倪宏量被该犯自殴及主使殴伤，倪雷被倪占魁殴伤，先后因伤殒命。除殴伤倪雷正余限外身死并非折伤之倪占魁照律勿论外，直隶总督以死固多命，均系行窃罪人，殴由被拒被詈，亦无残忍情状，将倪万清拟入缓决。

司看拟缓。

复看拟缓。

总看批：所杀虽五命，均系行窃罪人，尚无谋故活埋惨杀各重情，只应入缓，仍记出俟下届办理减等时不准其即予减等较为平允。

崇大人批：擅杀五命之多，记查案比核。

吴大人批：死者虽俱系窃匪，究非应死罪人，擅杀至五命之多，查案细核。

秀大人批：查案核。

帅大人批：查案比核。

成大人批：死者俱系窃匪罪人似无实抵之理，查案核。

彭大人批：查案比核。

此案照缓。①（此案倪万清捕贼致毙刘传等五人，直隶总督拟以缓决。刑部秋审中总看认为虽擅杀多命，但死者均系行窃罪人，仍应入缓，不过鉴于毕竟事涉多命，倪万清应不准减等。其他刑部堂官基本上赞成总看意见但也存在一定疑虑，提出需要查案比核。此案最终照缓，或是此前也有擅杀多命入缓的先例。）

① 《秋审成案》嘉庆二十二年直隶司。

5. 非出本意

嘉庆二十二年秋审绞犯刘德收继兄妻一案：刘德之兄病故，遗妻贺氏生有一子，贺氏欲行改嫁。刘克功因贫难，该犯无力婚娶，令收贺氏为妻。该犯与贺氏先均不允，刘克功恐贺氏遗子无人管养，伊夫妻亦无倚靠，心生愁急，声称欲行寻死。该犯被逼无奈允从，与贺氏婚配。刘克功因家无食米，将贺氏布衫当钱，贺氏不允，刘克功掌殴其颊，贺氏被殴气忿投缳殒命。山西巡抚以父逼勉从且系乡愚无知误蹈渎伦之罪，将刘德拟缓。

司看拟实。

复看拟实。

总看批：兄亡收嫂弟亡收弟妇乃无知愚民之所为，而案关内乱，故律定男女各绞决，若父母主令婚配则罪坐主婚，男女为从，旧律得减一等。迨乾隆五十年本部议驳奉天府尹审题高九听从伊父主使与弟妇婚配案内奉上谕嗣后有似此事由父母主婚，虽系罪坐主婚，男女应行减等者似应仍拟绞候，秋谳时再行核其情节轻重办理等因，钦遵纂入例册，并将高九一犯入于次年秋审情实办理，嗣后遇有似此案件多入情实办理。惟恭绎五十年所奉谕旨并先行例内秋审时核其情罪另行定拟之文，原以似此等婚配之男女虽由尊长主使，究属甘心乱伦，故由流罪加至绞候，而情节间有不同，实缓难均一致，故例内又云核其情罪另行定拟。秋审时原可酌情区别办理，并非若例实之案，不论情之轻重概行入实也。此案刘德收嫂为妻系伊父主使，该犯不允，因被吓逼无奈允从，并非甘心听从婚配，此情罪较轻之案，若概入情实，是此等律得减流之犯定例既加入于死，秋谳必不欲其生，殊觉过重，且与前奉谕旨不符，即例内核情定谳之文亦觉虚设，刘德一犯似应酌拟缓决，仍通查定例以后成案比核。

松中堂批：应查成案比核。

崇大人批：查定例后成案比核。

秀大人批：查案核。

曹大人批：查定例有无缓案比核。

成大人批：查定例有无缓案比核。

彭大人批：愚民不知例禁，殊可悯，惟定例后既多入实，此起亦只可入实，仍查定例后有缓案否。

此案照缓。①（此案刘德迫于父命与兄长寡嫂婚配，山西巡抚拟缓，刑部司看、复看循例入实。总看追溯了定例渊源，承认自乾隆五十年将听从收继为婚男女改判绞候之后多入情实，但乾隆谕旨原义却并非一律拟实，尚应区别情节定拟。而此案系刘德之父刘克功以死相逼，刘德方无奈允从，情节较轻应从缓决。刑部堂官受总看影响，不过仍坚持比核成案。本案最终照缓是否是因为查到了入缓成案未知。）

6. 事出有因

嘉庆二十二年秋审绞犯李有义强抢妇女成婚一案：李有义因妻故无子，闻知堂妹之翁陈安胞侄陈益同物故，遗妻杜氏自愿改嫁，央人求婚，杜氏嫌该犯年老不允。嗣赵玉亦因妻故央人媒说议定财礼、写立婚书，择日迎娶。是日早，杜氏往伊夫坟前烧纸，该犯闻知起意抢夺，即拉马一匹往向族叔李跟劳并李三顺、李丑儿谎称伊已聘定杜氏为婚，令其一同往接，李跟劳等应允，同至杜氏村外，维时杜氏在伊夫坟前烧纸哭泣，该犯令李丑儿牵拉马匹，伊乘杜氏不防，抢抱马上，杜氏哭喊，李跟劳等始知系属强夺，畏惧各散。该犯将杜氏抢回，杜氏哭骂不依，该犯再三央劝并许情愿养其儿女。杜氏忿怒渐息。是夜该犯即与杜氏成婚，经陈安控县获犯审认不讳。陕西巡抚以强夺由于素有瓜葛，媒说在先，成婚又系再醮之妇，央劝相从，与强占奸污处女孀妇有间，将李有义拟入缓决。

司看批：强抢奸占之案向来俱入实，此起被抢之杜氏本欲改嫁，该

① 《秋审成案》嘉庆二十二年山西司。

犯央人媒说未允，嗣因其另许他人起意抢回欲与成婚，杜氏先不肯从，经央劝后忿怒渐息遂尔依允，似与无故强抢者有间，是以拟缓，仍记候核。

复看批：强抢路行妇女例难入缓，惟既经驳查实系素有瓜葛之亲，媒说在前，未允而抢似属有因，记缓候。

总看批：强抢妇女奸占为妻，若非素有瓜葛即应依例斩决矣，似未便强为原解，记实汇核。

崇大人批：照总看所议记实汇核。

吴大人批：自愿再醮之妇非可听人强抢，说媒未允亦不得作为聘定之妻，似难曲解，议缓记核。

秀大人批：记核。

帅大人批：杜氏本欲改嫁，与良家妇女稍间，该犯系素有瓜葛之亲，且经媒说未允，亦非凭空抢占，记缓查案核。

成大人批：查向来有无入缓成案汇核。

彭大人批：杜氏系自愿再醮之妇，较之强抢良家者固稍有间，但不知向来有无入缓成案，查出汇核。

此案照缓。①（此案李有义强抢孀妇央劝成婚，陕西巡抚拟缓，刑部秋审官员意见分歧。倾向拟缓的考虑：素有瓜葛，媒说在前；系改嫁孀妇；劝说成婚。倾向拟实的则认为素有瓜葛已经在判罪时作为减轻情节进行过评价，媒说在前和再醮之妇都不能成为强抢的理由。比较起来，其实还是拟实的考虑更符合法律规定，此案最终照缓，当是情理上的考量占了上风。）

7. 防卫急情

嘉庆二十二年秋审绞犯杨金印殴毙余德广一案：余德广见该犯之母赵氏至庙还愿走出，言其不似正经妇人，赵氏闻听不依互骂。余德广扑

① 《秋审成案》嘉庆二十二年陕西司。

向赵氏扭殴，被赵氏扭住发辫。在逃之王老七拾柴殴伤其左右太阳，赵氏扯落其发辫一绺。余德广携凳将王老七柴块格落，复向赵氏殴打，杨金印情急救护，用刀抵戳致伤余德广肚腹倒地越日殒命。四川总督以死者妄言肇衅，护母抵戳一伤，将杨金印拟缓。

司看批：殴虽由于护母，唯伊母先将死者发辫扯落一绺，系属母子共殴，未便拟矜，似止应入缓。

复看批：死者于庙中用言语将伊母亵狎并扑向揪殴，情殊可恶，伊母将其发辫揪住因死者挣扎致将发辫扯落一绺，迨死者携板凳复向伊母殴打，该犯情急用刀抵戳一伤，实系救母情切，殊堪矜悯，应记矜备核。

总看批：良妇被人秽辱而揪落其发非斗也，子见母被辱被殴而急往救护亦情也，尚得以母子共殴论缓，即自应入矜。

松中堂批：复看、总看所论自当，应入矜。

崇大人批：救母抵戳一伤，杀亦近抎，似可备矜。

秀大人批：记矜。

曹大人批：似可备矜。

成大人批：似可备矜。

彭大人批：备矜亦可。

此案改矜。①（秋审矜缓比较条款：例载救亲情切，伤止一二处，秋审应入可矜等语，向来救亲之案，如父母已受伤跌地复被骑压被殴，实系事在危急，例得随本减流，其情切救护而势非危急仍照本律拟绞者应入可矜，倘所殴已至三伤，或父母仅被拉抱并未被殴，或衅虽救护，死者业已收手，向凶犯殴打即属互斗，或本系凶犯理曲肇衅累父母被殴，已复逞凶毙命，或父子共殴各毙一命，此等情节俱无可原，只应缓决。此案杨金印护母一伤致毙余德广，四川总督拟缓，刑部司看以其母揪落死者一绺发辫认为系母子共殴，赞成缓决。复看、总看认为赵氏被

① 《秋审成案》嘉庆二十二年四川司。

死者侮辱揪落死者一绺发辫不能谓之斗，杨金印护母应入可矜。复看、总看认定赵氏行为非斗殴，系据当时情形作出的判断，赵氏被辱反斥，余德广扑殴，赵氏抵挡防卫中揪落其一绺发辫。余德广续殴赵氏，杨金印护母一伤致毙余德广，赵氏行为是被动防卫。因此杨金印得以拟矜。)

本章小结

本章从指导思想、基本原则、具体程序、责任机制诸方面探讨清代死刑监候复核制度，清代死刑监候制度以情罪允协和以刑去刑为主要指导思想，尤以情罪允协为追求目标，为实现这一目标以相似案件相似处理的同等原则为基本原则，并以从地方到中央的繁复的审核层级，从地方官到刑部到三法司到九卿的交叉监督制约机制，确保死刑监候案件的复核过程规范严密并且能得到多机关多角度的审查，不仅能集思广益，并且可以防止徇私舞弊。皇帝对秋朝审的介入，则体现了最高司法权的地位和影响。刑部秋审实例反映了清代刑部各级官员在处理秋审案件时对各种加重减轻情节的综合衡量，真实再现了当时司法官员的思考过程。他们在力求情罪允协过程中对规则(条款)与情理的权衡与取舍，也反映出刑部的司法官员独立判断、不同意见和最终决定的达成。

第六章　社会心理与量刑情节

刑罚的效力植根于其社会基础，法律惩罚什么样的行为，对危害行为及犯罪人给予怎样的评价，实际上都不可能脱离社会文化。“量刑之所以重要，是因为它是特定案件中刑罚目的具体和公开的表达。决定刑罚的过程则将刑罚意识形态和刑罚合法性的社会背景联系在一起。”①前述归纳和梳理已可涵盖清代死罪量刑情节的绝大多数情节及司法机关在确定刑罚的程序中对各种情节斟酌权衡过程的总体图景和一般规律。本章结合清人笔记、小说、戏剧探讨有关死刑和死罪量刑情节之社会心理。

第一节　因果报应

中国文化中因果报应的观念根深蒂固，源远流长，善有善报、恶有恶报的观念可以说是司法文化的出发点，深刻影响着当事人寻求公道正义的信念和司法官理讼平冤的司法实践。

① Sentencing is crucial because it is the point in the trial where the aims of punishment are given concrete and public expression in specific cases. Therefore, the process of sentence decision-making provides a crucial link between the ideology which informs punishment and the context against which the legitimacy of punishment is judged. Sentencing and the Legitimacy of Trial Justice: Introduction by Ralph Henham, Routledge 2012.

一、冤魂有灵

冤魂有灵是因果报应的起点，相当一部分文学作品中都有含冤而死之人灵魂不灭，并以各种方式向青天大老爷表述冤情的情节。袁枚小说集《子不语》中就有两则这样的事例。

> 杭州孙秀姑，年十六，为李氏养媳。李翁挈其子远出，家只一姑，年老矣。
>
> 邻匪严虎，窥秀姑有色，借乞火为名，将语挑之。秀姑不从。乃遣所嬖某作饵，搔头弄姿，为蛊惑计。秀姑告其姑，姑骂斥之。严虎大怒詈曰："女奴不承抬举，我不淫汝不止！"朝夕飞砖撬门。李家素贫，板壁单薄，绝少亲友，严又无赖，邻人无敢撄其锋，于是婆媳相持而哭。
>
> 一日者，秀姑晨起梳头，严与其嬖登屋上，各解裤挺其阳以示之。秀姑不胜忿，遂密缝内外衣重重牢固，而私服盐卤死。其姑哀号，欲告官，无为具呈者。
>
> 忽有异香从秀姑所卧处起，直达街巷，行路者皆愕眙相视。严虎知之，取死猫死狗诸秽物，罗置李门外，以乱其气，而其香愈盛。适有总捕厅某路过，闻其香而怪之，查问街邻，得其冤，乃告知府县，置严虎于法，而旌秀姑于朝。至今西湖上牌坊犹存。

> 荆州府范某乡居，家甚富，而早卒，子六岁，倚其姊以居。姊年十九，知书解算，料理家务，甚有法。族匪范同欺其弟幼，屡来贷借，姊初应之。继为无厌之求，姊不能应。范同大怒，与其党谋去其姊，为吞噬计。乃俟城隍赛会时，沉其姊于河，又缚沉一钱店少年，以两带束其尸。报官相验，云："平素有奸，惧人知觉，故相约同死。"县官信之，命棺殓掩埋而已。范氏家产尽为族匪所占。
>
> 逾年，荆州太守周钟宣到任，过范女坟，有异香从其坟起。问

书役，中有知其冤者，为白其事，乃掘男女两坟验之。尸各如生，手足颈项皆有捆缚伤痕。于是拘讯范同，则数日前已为厉鬼祟死矣。太守具酒食香纸，躬祭女坟，表一碣曰："贞女范氏之墓。"冤白后，两尸俱腐化。①

两起故事中都是冤死之女，死后留有异香，惊动了地方官，最终沉冤昭雪，恶棍则或罹于法，或已被天收。以异香而不是其他方式示冤，还包含了对死者德行的褒扬。不过冤魂有灵，为含冤之人申冤则仍仰赖地方官员秉公执法。

二、天讨有罪

冤死的灵魂可以寄希望于人世间的青天大老爷主持正义，但是青天未必常有，所以小说故事中还有一种情况，即老天开眼，动用其超凡的力量，惩罚罪人，还被害人以公道。

安吉山中有村农妇某氏，年二十余。初夏携筐入山中采茶。时新嫁甫经弥月，以其所衣红裙，不便曲跪，解裙系树上。忽举头见其邻家子施四携筐亦至，妇含羞回身下跪，不敢反顾。施四突入搴其腕，睨而笑曰："汝荏弱如此，而遽尝此苦，真令我见犹怜。若能从我，请代任其劳可也。"妇大号，施四即以一手掩其口，系妇于树而淫之。妇撑拒无从，听其恣行轻薄。事讫，施四径解其红裙，怀之而去。妇羞愤不复归家，极力解脱其缚，取带自缢而死。

迨暮，夫寻至，见妇缢于树上，其红裙已失所在，知其为人所污也。急归，将赴诉于县。中途陡然大风扬沙，黑云乱卷，遂返。甫及门，忽霹雳一声，电光之中，似有鹰爪攫一人，自空际掷于庭前，顶覆红裙，跪于泥中。揭视，则焦头烂额，其顶有细孔，似针

① （清）袁枚：《子不语》卷十五，《尸香二则》。

刺者，血犹喷涌未已。而腰际有朱书“罪人施四”四字，似篆非篆，乃知致妻之死者，此人也。①

湖州南浔镇，有寡妇之子好赌，一日负钱莫偿，欲母典衣与之。母云：“吾欲往汝姊家，且穿到，与汝可也。”子遂为母驾舟而往。母素惜衣，欲待登岸而后服。子疑母之弗与也，怒与母角，沉之于河。返未一里，殷殷然闻雷声，急抵家，谓妻曰：“速以大缸盖吾。”妻问故，不答，乃强从之。而雷声甚细，终未震也。有顷，妻见缸边血水流出，怪甚，启视之，夫已无首，但鲜血淋漓。惊唤邻里至，人皆谓其谋害，故为诳语，乃驾舟候其姑至，欲鸣之官。舟至半途，有物碍楫，乃一女尸浮起，手执人头，发挽指上。细视之，尸即其母，而头即其子。始悟其母为子所害，而释其妇。②

湖南凤凰厅张二，赋性凶恶。父死，依母而居。母年七十余，视若老婢，少不如意，辄加呵叱。邻里忿极，欲鸣之官。母溺爱隐忍，反为调护。

乾隆庚寅六月七日，值其生辰，留群不逞饮酒食面。家故贫未娶，厨中仅母一人司炊。某酒酣索面，母云：“柴湿火不旺，姑少待。”某怒，赴内呵责。母急捧一碗战兢而至，因惶遽，忘下葱姜。某益怒，按碗劈面打母，母倒地，仰天大哭。忽天光昼晦，云气如墨，雷声隐隐而起。某自知干天之怒，即扶母起，跪地谢罪。母亦代为跪求。某伏母后，抱持母足不放，雷电绕屋不去。母起立焚香，忽火光如流星，飞入中堂，将某摄去，击死于街。邻里聚观，同声称快。③

① （清）朱翊清：《埋忧集》卷二，《吴烈女》。
② （清）周梦颜：《安士全书》，《诸恶莫作，众善奉行》之“雷诛赌逆”。
③ （清）袁枚：《子不语》卷二十三，《雷诛不孝》。

番禺某甲，家素丰，出外贸易，唯其妇独处，孕数月矣。有从叔婶异居而贫，常往来。及分娩，邀婶接生。既产生，婶告妇曰："育一女，气已绝，不能活也。"其妇疲乏中亦不及审视。婶以絮塞口，将竹筐贮之，弃而归。忽家所畜犬嗥跳入房，口牵妇衣，似欲其外出者。妇异之，强起，随犬行里许，犬忽跃出□忌下，以脚爬地，露黄色布一婴贮筐内，肉温而动，男也。验布，知所自产，抉口中絮，抱归，遂呱呱声。阴念婶恶意，不敢扬。越数日，婶偕叔同至。始入户，犬扑向叔，狠咬之，伤足。正呼急间，忽霹雳轰然，妇出视，则叔婶均毙于庭，各有字在背，篆文不可辨。远近喧观，咸知叔夫妇谋产绝嗣，倘非天诛，或别将肆毒，殆叵测也。①

上述四则故事完美阐释了"天打五雷轰"这一民间赌咒发誓之常用语的由来，四起案例中雷击均是老天惩罚犯罪的手段，四案中遭到天谴的罪犯则分别是奸淫妇女的淫徒、杀母的赌徒、虐待母亲的逆子以及谋产绝嗣的叔婶。之所以不是别的惩罚手段而是雷击，应当是和雷霆常被视为上天的愤怒的文化有关，且雷击致死具有轰动效果，也有对世人的警示意义。

三、虽远必报

有冤报冤，有仇报仇。报冤报仇一般来说是越及时越好，但也有报于多年之后，而报复的手段更为巧妙，报复的快感更佳的。

万历丙辰进士韩某，父为显宦，曾入一尼□，见一尼色最丽，心动。他日以内人馈之饼，尼不知计，食之晕绝。韩趋入其□，窃其袒服，以戏于旁。尼忽醒，觉其故，笑曰："亦何至若是？晚当与君作伴耳。"韩信之不疑，遂去。顷之，沐浴对佛缢死。时韩尚

① （清）梁恭辰：《北东园笔录》三编卷四，《天诛》。

无子，妻忽怀孕生男，稍长，聪颖殊绝，年十六，举于乡。明年以春闱试京师，一日捷音至，亲朋称庆；又一日见家僮凶服号哭而来，询之，则新贵者已死矣。韩痛绝再苏，诘其死时状，僮曰："公子将死时，忽发呓语曰：'吾岂真韩公子哉？乃某□尼僧，托生其家，受他恩爱几年，以偿夙冤。今得请于帝，斩其嗣矣。'"韩闻此语，惊恨而卒。(《臣鉴录》)①

这个故事中，韩进士迷奸女尼致其自缢身死，冤死的女尼投胎为韩进士之子，得韩进士夫妻疼爱并寄予厚望，不曾想此子于春闱高中之时夭亡，令浑不知情的韩进士悲痛欲绝。韩进士苏醒后得知真相，惊恨而亡。此一报应虽时隔十数年，但报复不仅及于身，更且及于心，报复之痛快莫过于此。此案报复于多年之后，更是一种告诫，即作恶者切莫心存侥幸，年虽久远，然善恶到头终有报。

第二节　青天期待——司法官的责任

善良的民众相信，人在做，天在看，善恶终有报。不过理智告诉人们，尽管担心"八字衙门朝南开，有理无钱莫进来"，日常生活中正义的实现更多的还是有赖于司法官的正直和能力。天地神灵的显现只能作为含冤负屈的人们最后的希望和安慰。

一、断狱持平平怨恨

"夫狱者，天下之大命也，死者不可复生，绝者不可复属。"②司法官掌握法律，裁断狱讼，审判结果轻则影响百姓们的土地钱债户口婚姻，重则关乎当事人生死存亡。故此对文学作品中的司法官来说，制造

① (清)赵吉士：《寄园寄所寄》，《卷十・驱睡寄》，《报施》。
② (汉)路温舒："尚德缓刑书"，《汉书》卷五十一。

冤假错案者大多人神共愤，能够理狱雪冤者往往存殁共感。

> 乾隆戊寅，萧松浦与沈毅庵同客番禺幕中，分办刑名。时菱塘有刃伤事主盗案，获犯七名，赃证确凿。萧照律拟斩。解府司勘转臬司某，疑七犯皆问大辟，得毋过刻，驳审减轻。萧亦不愿办此重案，借此推辞。案归毅庵办矣。
>
> 毅庵居处，与萧仅隔一板壁。夜间披阅案牍，闻毅庵斋中若嘶嘶有声甚微。起而瞰之，见毅庵俯首案上，笔不停书，其旁立有三四鬼，手捧其头，又见无数矮鬼环跪于地。萧急呼毅庵视之。忽血腥扑鼻，灯烛俱灭，身亦晕跌窗外。童仆急扶归卧。
>
> 次日，毅庵及同人叩其故，萧告以所见。毅庵曰："吾知之矣。昨宵所办，菱塘盗案也。原拟情真罪当，七犯皆无可生之法。因奉驳审，不得不从中减轻二名。内谢阿挺、沈阿痴两犯，本在外接赃，并未入内。因护赃格斗，刃伤事主，且有别案，君故皆拟斩。予欲改轻其罪，以迎合臬司。君所见跪地无数矮鬼，殆二犯之祖宗也；其环传之无头鬼，非二犯已伏法诛之伙盗，即被杀害之怨鬼来索命也。余不敢枉法以活人，使死鬼含冤于地下，请仍照原拟顶详可也。"其案遂定。①

这个故事里负责断案之刑幕本欲按上司意思将两名死罪犯人从轻发落，虽然两名犯人的祖宗对此举感恩戴德，但怨鬼云集表示不服。同案犯不服同罪不同判，受害人不服冤仇不得报。作为掌握司法权之人惟有不偏不倚，才可人鬼均安。

二、审断不公有报应

正因为司法官在一定程度上掌握着涉案人等的生杀大权，"理讼惟

① （清）袁枚：《子不语》卷二十，《冤魂索命》。

正直，察狱必审情”①是对他们的必然要求，若他们因故意或过失酿成错案，也要承担不利后果。

贵阳县美男子洪某，假为针线娘教女子刺绣，行其技于楚、黔两省。长沙李秀才聘请刺绣，欲私之，乃以实告。李笑曰：“汝果男耶，则更美矣！吾尝恨北魏时魏主入宫朝太后，见二美尼，召而昵之，皆男子也，遂置之法。蠢哉魏主！何不封以龙阳而畜为侍从？如此不独己得幸臣，且不伤母后之心。”洪欣然就之。李甚宠爱。

数年后，又至江夏，有杜某欲私之。洪欲以媚李者媚杜，而其人非解事者，遂控于官。解回贵阳，臬使亲验之：“其声娇细，颈无结喉，发垂委地，肌肤玉映，腰围仅一尺三寸，而私处棱肥肉厚如大鲜菌。自言幼无父母，邻有孀母抚养之。长与有私，遂不剃发，且与缠足，诡言女也。邻母死，乃为绣师教人。十七岁出门，今二十七岁。十年中所遇女子无算。”问其姓氏，曰：“抵我罪足矣，何必伤人闺阃？”讯以三木，始供吐某某。抚军欲拟长流，臬使争以为妖人，非斩不可，乃置极刑。

死前一日，谓狱吏曰：“我享人间未有之乐，死亦何憾！然某臬使亦将不免。我罪止和奸，畜发诱人，亦不过刁奸耳，于律无死法。且诸女子与通奸，毕暗昧不明之事，尽可覆盖，何必逼我供招！宣诸章奏，各拟重杖，使数十郡县富贵人家女子玉雪肌肤困于朱木乎？”次日，赴市受戮，指其跪处曰：“后三年，讯我者在此矣。”已而臬使果以事诛，众咸异焉。②

这个故事中的洪某男扮女装，通奸女子，刁奸男子，肆其淫欲，但

① (唐)陈子昂：《座右铭》，《全唐文》卷二百十四。
② (清)袁枚：《子不语》卷二十三，《假女》。

依律并无死罪。臬司将其视为妖人处以极刑，多少有以个人好恶左右司法判断之嫌，而将本不应死罪犯置于死地，也有违天道，难免招致报应。

> 某令宰宝山时，有行商来告抢夺者，被抢处系一坍港泊舟所也。令往视其地，见水路可通城中，而乘舟者倒在此处雇夫起行，心疑之，众莫言其故。
>
> 一把总来见曰："此地原可通舟，所以客来必起拨者，港口穷民借挑驮之力为糊口计故也。"令问抢夺事，曰："不敢言，须宽把总罪，才敢言。"令曰："律有自首免罪之条，汝告我，即为自首矣，何妨？"曰："诸抢夺者，皆把持坌断人也，把总儿子亦在其中。前月某商到此，见水路可通，不肯起拨，因而打吵。事实有之。"乾隆三十年新例：拿获强盗者，破格超迁。令定案时，心想迁官，竟以获盗具详。把总知情，照窝家例立决。一时斩者六人，令超迁安庆知府。
>
> 后六年，署松太道。巡海至宝山抢夺处，见六竿子挂髑髅尚存。问跟役曰："前累累者何物耶？"役曰："此六盗也，大人以此升官而忘之耶？"令不觉悚然，怒曰："死奴！谁教汝引我至此？速归！速归！"舁至衙，骂司阍者曰："此内室也，汝何敢放某把总擅入！"言毕而背疮发，一疮六头，如相啮者。家人知为不祥，烧纸钱，请高僧忏悔，卒以不起。①

故事中宝山县令得把总检举，破获抢夺案。为破格升迁，县令夸大情节将涉案人犯以强盗定罪，又故意隐瞒不报犯人家长出首等同人犯自首之情，轻罪重判，致死六人，最后生疮而死，遭到报应。

① （清）袁枚：《子不语》卷十九，《悬头杆子》。

三、重刑伤阴骘

司法官理应公正执法，不偏不倚，追求罪刑相当，罚当其罪并无不当。但是却也有一种观念流行于官员阶层，认为多判刑多杀人会有伤阴骘，对法官本人或其后世子孙不利。这种观念或多或少会对司法官的裁量产生一定的影响。

> 金坛于中丞相攸得无锡华生为婿，告其女曰："吾二任都宪，历十有七年，未尝置人大辟，华生不患不富贵也，患居官或刻耳。"及华登第为江右司李，执法凛如，三日而入重罪者三。其妻述父言告之，华曰："我为刑官，律如是，吾依律断而已。若废公法，而市己私，非所以明职守也。"后屡入人罪，屡劝辄以依律断答之。华后无子，婢生二子，皆不肖，语其妻曰："我生平未尝欺公坏法，何生子如是?"妻曰："此君之依律断也。"今于子孙贵显屡世，而华竟绝嗣。(《座右编》)①

这个故事中的华生严格执行法律本无过错，但其妻未能生下嫡子，婢生二子也都不肖，以致绝嗣。而其岳父于丞相秉持绝不判死刑的信条而得世代富贵。故事告诫司法官执法严厉有损福运，量刑宽平方能荫及后世。

> 乾隆三十九年，京师有无赖子韩六殴伤其父，刑部审明，下狱拟斩。侍郎某以所殴非致命处，意欲减等发落。大司寇秦公奏："名分所关，理宜正法。"奉旨依议，遣刑部司狱李怀中监斩。后三日，鬼附李身，口称："诸大人业已宽我，而汝来斩我。我死不

① (清)赵吉士:《寄园寄所寄》,《卷十·驱睡寄》,《报施》。

> 甘，故来索命。”闻者骇然，以为此鬼胡涂，然而李竟不起。①

此案儿子殴伤父亲，且并非意外或过失，处以死刑可说是情真罪当。但因曾有官员提议可以殴非致命减等免死，罪人鬼魂遂向监斩官索命。虽是此鬼胡涂找错了债主，但监斩官依然因此身亡，可见刑人于死反噬之害。

第三节　原心论罪

善恶有报的前提是知何为善，何为恶，及如何评价善之大小、恶之重轻。对于定罪量刑而言，所要评价的主要是恶，当然偶尔也会涉及善的评价，以善作为减轻刑罚的理由。所谓“罪大恶极”，罪大在行之为非；恶极则是心不耻之。可见评价的尺度兼有主观与客观两个方面。原心论罪，便是对行为主观方面的评价。从众多文学作品中，可以了解当时之人所认为恶极者为何。

一、贪念不能生

人为财死，鸟为食亡，追求财富是人之常情。但君子爱财，取之有道，谋取财富需要通过正当手段，若因贪念而致谋财害命则应从重处罚。

> 余同年邵又房，幼从钟孝廉某，常熟人也，先生性方正，不苟言笑，与又房同卧起。忽夜半醒，哭曰：“吾死矣。”又房问故，曰：“吾梦见二隶人从地下耸身起，至榻前拉吾同行。路泱泱然，黄沙白草，了不见人。行数里，引入一官衙，有神乌纱冠，南向坐。隶掖我跪堂下，神曰：‘汝知罪乎？’曰：‘不知。’神曰：‘试思

① （清）袁枚：《子不语》卷十三，《鬼胡涂》。

之。'我思良久，曰：'某知矣。某不孝，某父母死，停棺二十年，无力卜葬，罪当万死。'神曰：'罪小。'曰：'某少时曾淫一婢，又狎二妓。'神曰：'罪小。'曰：'某有口过，好讥弹人文章。'神曰：'此更小矣。'曰：'然则某无他罪。'神顾左右曰：'令渠照来。'左右取水一盘，沃其面，恍惚悟前生姓杨，名敞，曾偕友贸易湖南，利其财物，推入水中死。不觉战栗，匐伏神前曰：'知罪。'神厉声曰：'还不变么！'举手拍案，霹雳一声，天崩地坼，城郭、衙署、神鬼、器械之类，了无所睹；但见汪洋大水，无边无岸，一身渺然，飘浮于菜叶之上。自念叶轻身重，何得不坠？回视己身，已化蛆虫，耳目口鼻，悉如芥子，不觉大哭而醒。吾梦若是，其能久乎？"又房为宽解曰："先生毋苦，梦不足凭也。"先生命速具棺殓之物。越三日，呕血暴亡。①

故事中钟孝廉被神人讯问，不孝父母、淫狎妇女、讥讽他人均被认为是小罪，唯独谋财害命、贪图友人财物、推人落水丧命被认为是大罪，而遭神人索命，三日而亡。

恶霸周正寅绰号洲老虎。周赵两家争夺新洲成讼，久而未决。周正寅认一乞丐为子，带其同往新洲栽芦，与赵家发生械斗，周虎将乞丐当头一棒打死，声称是赵家行凶。赵家无奈将新洲拱手相让。周虎同亲子重看界址，儿子被一巨大癞头鼋咬死。县官得冤魂托梦，找到乞丐老母，通过滴血验骨查明乞丐非周虎之子，事情真相大白，周虎被夹棍，重责四十后判处斩首枭示。县官没收周家财产，给五十两于乞丐之母，其余银两作为赈饥之资，周家田地分给孤寡残疾之人。② 此案周虎因争产谋害乞丐，结果儿子被癞头鼋咬死，自己判斩刑，原因在于他为争财

① (清)袁枚：《子不语》卷一，《钟孝廉》。

② 《古代短篇公案小说选(清代白话卷)》，《洲老虎》，群众出版社 2001 年版。

产又致寡妇丧其独子，动机险恶，后果严重。

崇祯末，蒲城人屈曼者，为县隶，性嗜酒。一日持檄下乡，中途醉卧。夜半乃醒。时朗月如画，见古槐树间有年少书生，乌巾绒袍，仰月呼吸。俄而口吐一珠，色赤于火，以手承弄。曼踉跄而前，遽向生手夺取吞咽。生怒争不已，既而曰："假汝经年，仍当归我耳。"随失所在。曼吞珠后，觉体甚飘忽，举念即至其所。旋有黠者雇曼入省会投文，距西安二百余里，食顷已到，并不见其跋涉之迹。试之他事皆然。众咸谓其得隐形术。适御史巡蒲，录诸讼牒，怨家重赂曼，径入堂掣牒，左右无见者，御史微觉阶前有半体人，案牒翻翻自动，心甚骇异。急以所佩印重按之，忽得人手，其全体亦遂现。立命棰毙。曼埋逾夕，其地坟起成一小穴，若有物出入状。盖书生取珠为之。①

故事里一颗具有隐形功能的珠子成了激发人心深处贪婪之念的诱因。屈曼动了贪念，夺取了书生的珠子，虽然利用隐形术获得了若干利益，而终以盗窃公文档案暴露被抓丧命。隐形珠也回到了真正主人的手中。

武冈州周某家，衣食稍足而族丁寡弱，居舒杨两大族之中。是年岁荒冬寒，舒姓有乞儿冻死郊外，距周宅半里余，周夜卧不知。天明，舒来见之，乃归约匪徒以人命图赖周，惧，贿金五十两求息，十六人共分之。前一班去，后一班又来，人数愈众，须银愈多，非数百金不办。周无奈，往请关圣像，并州城二郎神像，供于郊外，上疏祷之，众始惧而散。过数日，分金诸人内有一人忽颠狂，自来周门，跪拜曰："我只分得银若干，但愿汝明中去暗中

① （清）钮琇：《觚剩》，《卷六・秦觚》，《屈曼》。

回”云云。每日拜三次，数日而死。又一人继之，拜祝如前，连死七人。余九人惧，愿退还原金，求周代忏悔，周不敢允，而十六人尽死矣。此乾隆丁未年事，《暗室灯》载之。①

这个故事中十数匪徒借乞儿冻死事件敲诈勒索富户周某，结果在先死数人，其余人心生恐惧忏悔还金后，仍因关圣、二郎神的神力而十六人尽死。对贪婪之心的惩戒似于此为极。

姚庚、姚义系兄弟二人，父亲去世前分家析产，母亲高氏和次子姚义一家共同生活。姚义携银三百两出外贸易，姚庚与妻刘氏合谋，姚庚意图杀弟，劫走银两，姚义遇救得赠银两仍赴外地贸易。后姚庚伪造家书，称姚义在途生病，骗弟媳杨氏和自己一起去接姚义回家。之后姚庚找到王媒婆以三百两银子将杨氏卖给乐户刘清。刘清准备将杨氏带去南京，路遇毛巡按，在毛公劝说下，刘清、王婆幡然醒悟，三人同往涿州州衙状告姚庚。没想到姚庚买通差役行贿知州，反诬杨氏与刘清私通，知州刘子云将三人屈打成招。毛公以秀士身份劝诫知州被责打下狱。姚庚返家，子玉磬听到父母秘事，告知姚义子金钟。高氏得知实情，欲告状救儿媳，路上被姚庚追杀，为仙人所救，与刘义相逢，欲寻巡按申冤。金钟、玉磬离家同逃失散。知州为绝后患，命禁卒王彪谋害毛公，王彪暗地告知毛公，毛公托其带信给京城吏部尚书黄景隆。适逢皇帝梦见猛虎项带法绳，含泪吼叫。皇帝命刑部尚书前往涿州锁拿刘子云交毛登科按律治罪。恰巧高氏、姚义也来到涿州，高氏控姚庚夫妇忤逆谋害。毛公将姚庚夫妇判处凌迟，将知州判处斩决。金钟、玉磬均被人收留，后金钟十八岁年登科甲，为河南知府，并与玉磬相认，回乡拜祖归宗。② 这个故事里姚庚谋财杀弟，按律并无凌迟之刑，小说里毛公将姚

① （清）梁恭辰：《北东园笔录》卷四，《武冈州事》。

② （清）储仁逊编著：《清代抄本公案小说》，《毛公案》。

庚夫妻二人判处凌迟，体现了对因贪财而谋杀亲兄弟的罪犯的强烈谴责。

盲人李心所算卦为生，魏玉甫欲诈欺一个财主，到县城告状，在李姓店内问卦。因听得是上卦，给了几分银子，露了财，李心所竟将魏玉甫骗到内室杀害，夺了他的财物。魏玉甫的盟兄弟付四官到城中卖布，李心所妻子买布，所用银子正是魏玉甫的，被付四官发现。遂帮忙带了魏家幼子官寿、家人老苏去平湖县衙告状。沈县令叫差人传了李心所来，讯得实情。又把李心所妻子邹氏传来。邹氏害怕又供出父亲、舅舅做贼。沈公断李心所、邹氏死刑，李家财产给苦主。付四官嘉奖。捉拿另外伙贼。① 店家贪图钱财杀害客人，不得轻判，虽然李妻似并未直接下手，且还有坦白立功的表现，仍夫妻俱死。

上述几个故事中贪财之人或藐法盗窃衙署，或谋财害命，作恶之人或遭天谴，或被法办，均无善终。

二、淫为恶首

万恶淫为首，尽管"食色，性也"，性欲和食欲一样是人之常情，但是也正因如此，人人皆有之欲望，更是人人须克制之心魔，在传统社会不道德的性行为即等同于不法的性行为。

杨雪椒光录(庆琛)在山左藩任，闻其幕宾云，每岁泰山进香时，士女往来如织，有男女二人于半山僻处苟合，旋为人撞见，方思逸去，而下体已联为一，欲强分之，即痛不可忍。既而观者愈众，有识其为某处人者，告其家，往视之，则嫂叔也。其家人急以

① 刘世德、竺青主编：《古代短篇公案小说选(清代白话卷)》，《布贾冤随布贾翻，盗情难过盗婆关》。

被裹二人舁回活埋之。①

叔嫂通奸被家族施用私刑活埋。故事中二人被人发现后虽欲逃脱而不能的情节，暗示无耻之行被神鬼洞察，且有冥冥中的力量将二人加以禁锢，显示有悖伦常之行为为天人共愤。

浙有张氏子，年少解音律，素行佻达。每值清明中元，妇女野祭夜哭时，辄窥伺窃听。乐此不疲，意盖希邪缘凑合也。后于七月望夜，乘月信步入曲巷，闻有哭声达户外，凄婉绵挚，知为新孀。倾听良久，魂荡神怡，因其地去家近，亟返携所吹箫至，则哭犹未已。乃当门负墙而立，鼓唇按指，觉乌乌声入孔相应。方快适间，忽若有从背后批其颊者，所吹箫堕地如裂，遽负痛抱首归。气续如缕，向其妻述先后所遇，曰："吾平日以此为乐，岂知今乃遘大苦耶?"视所批处，由红肿而紫烂，不日竟以此殒。其妻每临哭，必先觇户外，见其无人乃发声，惟恐有人窃听似其夫者。顾不能守本，终丧而醮矣。②

故事中张氏子窃听妇人野祭夜哭，心存勾引之念，虽行迹荒唐，并无死罪，而竟然遭神鬼掌掴而丧命。而其妻因丈夫的举动，更是担心会有其他人亦有此种变态嗜好，只敢于无人处哭祭亡夫，并终致放弃守节而再嫁。故事如此结局无疑寓意心怀淫念之人不配有守贞之妻子。

余乡张塘桥有某甲，种田为业，家道小康。邻家有佣者，娶一妻甚美。某甲见之，尝窃自念云："若得此妇为妾，死无恨矣。"遂召佣者置之家，每俟其饱食后令之负重，如是者年余，遂得疾死。

① （清）梁恭辰：《北东园笔录》卷四，《淫报》。
② （清）梁恭辰：《北东园笔录》续编卷三，《张氏子》。

其妻旋嫁之，以为得所愿矣。越一二年，当八九月间，新雨乍晴，稻禾初熟，某甲往田畔游行，见丛莽中佣棺欲朽，忽生善念，意以为此人吾所致死，今年冬底必将此棺入土，以慰其幽魂也。忽闻棺中有声，突出一蛇，啮其足，甲大惊，负痛疾行，蛇尚在足蟠数围，钩之不去，而甲已惫矣。因将前谋告人，一村老幼咸来，且观且骇。甲死而复苏者数次，忽谓其妾曰："我腹痒不可忍，急取刀破吾腹，看其中有何物也。"遂抱持其妾而死，须臾妾亦死。①

施毒计谋夺人妻者死于蛇口。故事描述该人死前坦白前谋并呼人剖腹，丧失理智，意志为神鬼控制，是为淫者戒。

叔嫂因乱伦淫行而被活埋，富民以谋夺人妻暴亡。文学作品中对"淫"之谴责重于法，淫徒恶棍所受到的报复已经超过了法律规定的刑罚。

三、不孝难为人

"孝，德之本也。"②"孝，礼之始也。"③中国文化中孝是道德的基础和源起。父母于子女有生养之恩，子女于父母有顺从、善事、奉养之义务。若不仅不孝顺父母而且欺凌虐待甚至伤害杀害父母则势必不齿于人。

邑西市港村，有周烂面者。尝以窃物刺字于面，因以药敷之，使其处溃烂，人呼烂面孔云。而自还家后，横行益甚，索诈钱物，逼淫妇女，肆毒一方。人畏其扳害也，不敢与较。后窃于村中富室某，赃物为其所认。次日往市猪肝一片，归而煮以食其母曰："今夜饭毕，当往缢于某氏之门，故以此供汝，使汝得为饱鬼。"其母

① （清）钱泳：《履园丛话》，《丛话十七·报应》，《冤报》。
② 《孝经·开宗明义章第一》。
③ 《左传·文公二年》。

年逾七十，双目已瞽，平时乞食村中。是夕涕泣而往，就缢于某氏。次日烂面寻至，声言将赴县申报。某啖以重贿，烂面得饱其欲而归。

……烂面孔后为村中人聚薪焚死。①

此案中周烂面横行乡里，平素不曾奉养残疾母亲，为敲诈勒索逼生母自缢于富户之门，其言其行令人发指。虽奸计得售，但终触犯众怒被村人烧死。周烂面的结局是不孝恶行应得的报应。

四、恶念有恶报

贪、淫、不孝之外尚有其他种种恶念，也都造下种种孽果，亦有其应得之报。

丹徒富翁有左姓者，同其友往苏买妾，看一女甚美，询其父为某营守备以事谪戍，女愿卖身以赎父罪，索价千金。左既看中矣，其友谓左曰："外貌虽美，而不知其肌肤何如，有暗病瑕疵否？必观之方成交也。"左亦以为然。商于媒，女泣曰："吾为父死尚不顾，何惜为人一看耶？"乃于密室中去其衣裙，呼左进，其友亦隔窗偷看，见腰下有黑疵，又谓左曰："此未为全璧也。"事遂寝。女大哭曰："吾为父罪至于自卖其身，而羞辱至此，尚得为人乎！"自经死。未一年，其友见此女来索命，亦自经。左后得一子，美丰姿而有洁癖，酷嗜书画珠玉玩好之物，见有微瑕，立弃之如土苴。尝造一园，工匠皆易以新衣，然后得进。楼台池馆曲阑花榭间，稍沾一点尘土，则必改作。衣履一日一换，恐其污体。每日肴馔，非亲自捡点则不食也。以此破其家。丹徒人无不知之者。②

① （清）朱翊清：《埋忧集》卷三，《周烂面》。
② （清）钱泳：《履园丛话》，《丛话十七·报应》，《冤报》。

左姓之友羞辱妇女罪不至死，但其存心不善，致死弱女，故有死罪。故事叙述左姓后来得了一个有洁癖的儿子因此破家，是讥讽左姓及其友因变态的洁癖而害人一命之行。

应时巧绰号赤口，平素好色。一日经邹光指点，见到一个美貌妇人。该女原是林松的妻子韩氏。后来应时巧与林松等在一处吃饭，他并不知道看到的就是林松的妻子，说起这妇人与他如何如何。林松听了便疑心妻子与人有染，回家将妻子百般凌逼。韩氏不堪忍受逃家而去。林松将应时巧告在衙门。后林松也知道赤口不过胡言乱语，并无拐逃之事，邹光将其保出。应时巧出狱后溜走，邹光被打二十板发监。三年后赤口料得风波已息，准备去邹家探听风声。路过慈定庵，被在此出家的韩氏认出，用计擒获。老尼姑将赤口杀死，秘密埋在园角。邹光监禁三年，因赤口缉拿不着，知县拿他定罪，被发去松山驿摆站。临出发前想到慈定庵去弄些钱。发现了韩氏。县官判断赤口诬污良妇，害韩氏几乎丧命，罪无可赦，老尼义愤杀人，拟准赎徒，韩氏赔给烧埋银二十两。韩氏清白，林松领回完聚。邹光已受杖监，释放宁家。①

应时巧不积口德，随意捏造情节，侮辱妇女名节，致使被害人夫妻离散，虽罪不至死，而竟有死报，重在诛心。

> 厦门莲坂乡某者，年二十二，性谨厚，力穑人也。门口一井，出泉不涸，乡人待食此井者数十家。道光丙申，天不雨，几九阅月，聚汲益夥，某厌其喧呶，叠次哄阻，众皆以水火细故，不与辨，亦不怪也。贸贸然往来如故。某倏生恶念，将牛粪暗施井口，盖使食者恶此味而他取也。明日潮退时，族中二人招某赴海同渔，忽平地起雷，击某死，而同伴俱无恙。②

① 刘世德、竺青主编：《古代短篇公案小说选(清代白话卷)》，《小光棍浪嘴伤命，老尼姑仗义报仇》。

② (清)梁恭辰：《北东园笔录》三编卷五，《恶念丧身》。

不欲他人打水，以牛粪置井口。一念之毒，招祸及身。故事告诫世人须与人为善，勿生恶念。

道光戊子科顺天乡试，首场有拔贡生某者，入号后垂帘偃卧，不饮不食。诘朝，题纸下已久，日且高，某亦无声息。号军及邻舍疑其病也，更迭觇之，见其□起撤所卧板，移矮机向内坐，始喃喃语不可辨，继而自批其颊。号军虑不测，禀巡绰官入号看视，某辄言貌如常。官去，仍垂帘寂然矣。有顷伺之，则已自绞死，所缢绳两端悬于壁钉，绝无圈结，仅络项而已。而项间则爪痕稠叠深陷，若遭痛掏者。然时有识其人知其事者，云生幼孤寒，伶仃无依，拾马通换胡饼以延喘，而质颇聪慧，时于村塾间听群儿读，辄能依样记诵。其乡有某翁者家小康，怜而异之，招至家，给其饮食，具束修命之就傅。且以女年相若，遂许字焉。生成童游庠，及冠，与拔萃科，声名鹊起。生与女素不避面，意得后，遂乘间偷合，翁不知也。嗣入都久，翁信问婚期，生自负才名，不患无富贵良姻，而顾与田舍翁缔婚乎？竟萌悔意，覆书言其女不贞，难怪背盟之语。翁接阅恚甚，诘责其女，遂吐实。复浼媒宛转，而生坚不可回，翁无奈烦啧于室，女竟衔愤投坏，此其辜恩负心之报乎。①

贡生忘恩负义，对恩人之女始乱终弃，害女子愤极投缳，小说描述其在乡试考场莫名其妙自缢身亡，实为负心之报。

何左丞真，初以义兵剿东莞贼王成、陈仲玉等，仲玉就擒，悬赏购成，成奴阿巢伺闲缚成以出，真如格赏之，而使具汤镬烹阿巢。②

① （清）梁恭辰：《北东园笔录》续编卷二，《负妻果报》。

② （清）王士禛：《古夫于亭杂录》卷二，《何真赏罚》。

以奴卖主，其心可诛，故虽有出首之功，仍得汤镬之刑。

五、残忍不容恕

凡人皆有不忍之心，心性残忍即使并无具体恶念恶行，在文学作品中也常常是被谴责的对象。

有某公，平生好食鹅掌。以鹅置铁楞上，其下漫火烤炙，鹅跳号不已，遂以酱油旨酒饮之，少焉鹅毙，仅存皮骨，掌大如扇，味美无伦。康熙二十八年，贼匪夏包子起兵谋反，以铁楞炙死，惨酷异常。①

因喜食鹅掌，将鹅活烤而食，虐杀禽类，并不犯法，后被叛军铁楞炙死，可谓虐鹅之报。

杭州朱亮工妻张氏，患伤寒甚剧。忽作山西人语，咆哮索命，击毁盘碗，且云："恩自恩，仇自仇，不能作抵。"亮工在家，索命者不至；出，则瞀乱如前。亮工乃具牒诉本郡城隍神。张氏沉沉熟睡，如赴鞫者。

良久，苏曰："冤雪矣，冤去矣。"手摩其臀曰："被神杖，甚痛。前生予与亮工俱山西贩布男子，官牙刘某吞布价而花销之。予告官比追，刘不胜其苦，当予前作赴水状，欲予怜而救之。予怒曰：'汝虽死，吾仍索欠不饶。'刘赧，于转身竟溺水死。亮工前生姓俞名容，闻之，劝予曰：'牙人死固当，然棺殓之费，我二人当分给之。'予怒未息，竟不肯；俞乃捐囊中金三两，为棺殓焉。今此牙鬼来报予仇，而不料俞之为吾今生夫也，故不敢见之。昨蒙城隍神讯得刘牙侵蚀人银，自己寻死，本无冤抑，乃敢作闹于朱氏恩

① （清）钱泳：《履园丛话》，《丛话十七·报应》，《残忍》。

人之舍，责三十板，锁解酆都道。予前生以索债故，见死不救，见尸不殓，居心太忍，亦责十五板，然病势渐除矣。”

亡何，其押解之鬼差附病者身，嚄唶曰：“为汝家事作八百里远行，须以纸钱酒饭享我。”家人惧，为大设斋醮，方始寂然。①

张氏前生为布商，牙人侵吞布款，张氏告官比追。牙人不胜其苦，起意自尽，张氏见死不救。牙人死后且不肯为之殡葬。后张氏被鬼差责打。牙人有过在先，但张氏见死不救，居心太忍，也受到责罚。

六、积恶不宥

偶生恶念者或蒙宽宥，但若再犯则难被宽宥，下面两个故事即是其例。

太仓钱君球，于顺治末年，见渔人卖一鳖，索钱五十。君球许以二十五，将买放之。适张伯重至，增其五文，买而烹之。羹犹未熟，张忽大寒，发谵语云：“我本有人买放，汝何故夺吾杀之？”索命甚急，家人哀恳。曰：“既如此，须钱某来。”君球至，代恳释放，伯重遂苏，因此誓不食荤。未几，见有卖河豚者，伯重复买食之，病即随发，逾日遂死。②

张伯重烹食本来要被放生的鳖，被鳖精索命，发誓再不食荤，但不能抵御河豚美味的诱惑，又吃了河豚，结果第二天就死了。说明初犯可宽，再犯难宥。

麻小江是个恶棍无赖。某富翁被油刮索诈，他代为出头得了谢银，却反过来多次措诈富翁；两家斗殴，他打被告讨好苦主，结果原被通

① （清）袁枚：《子不语》卷十，《牙鬼》。
② （清）周梦颜：《安士全书》，《诸恶莫作，众善奉行》，《增价自毙》。

吃，害两家赤贫；与盗贼往来担任窝主。府尊将他重责四十气绝。家产抄没用于修筑河堤。① 麻小江所犯似乎并无死罪，被杖毙的原因是屡次作恶。

惯盗孙驼子被清军厅马公抓住三次，第一次马公给他五两银子做本钱谋生。他将本钱用完又做贼。马公第二次抓获孙驼子，将其重责四十，枷号两月，警告再犯必死。过几个月又偷，马公将其钉在棺材中活埋。自此之后盗贼俱无，百姓安枕。② 这个故事中马公秉承教而后诛的理念，给了盗窃犯物质救助，又在其再犯后给予惩罚和警告，但是犯罪人仍不思悔改，三犯被抓获后终被活埋，即怙恶不悛，已经没有教育悔改的余地。

七、情有可原

原心论罪，若造成危害非出于行为人本意，而是事出有因，情有可原，则可以在一定程度上减轻或免除处罚。

> 许少司马孟中先生，始解吏部郎归，盗入室发橐，愕然如洗；乃恨其廉，缚置几上，而穿几作孔，火炙之。傍一盗独曰："廉自其天性，何苦乃公为？"得解，先生已属目其人，众挟先生送抵江上。俄而盗获，先生困沙觜，忍死命赴邑庭，人莫知其故。先生指所属目盗曰："是恩我者，不然死矣。"且据地稽首，故是盗独得活。沈殿元君典暨其尊人宪使中盗，一无髯者闭其妇女一室，戒群盗毋得入。旋亦获，殿元即造邑堂，称盗无髯者得释，盗出问故，曰："尔非闭妇女室者耶？"(《耳谈》)③

---

① 刘世德、竺青主编：《古代短篇公案小说选(清代白话卷)》，《麻小江》。
② 刘世德、竺青主编：《古代短篇公案小说选(清代白话卷)》，《埋积贼》。
③ (清)赵吉士：《寄园寄所寄》，《卷十·驱睡寄》，《报施》。

故事中两个盗贼虽参与盗窃，但一者不忍伤害清官，一者保全了妇女名节，虽为盗，但盗亦有道，故能得到宽宥。

南京城太学生蒋有筠，号淇修，有好兄弟沙原(字尔澄)受蒋有筠接济住在蒋家，蒋有筠托沙原代办些湖州特产，给他一百八十两，额外二十两作为盘缠。上虞缝皮匠霜三八往杭州谋生，遇到一个湖州德清县下钟鸣地方的客人，听说当地有生意做，就跟了这猪客穆敬萱到其家中暂住做活。正巧沙原到下钟鸣找蔡平泉，蔡平泉一时没空替他置办，就借住在庵里。沙原闲逛到土地庙看戏。看到戏中魏忠贤酷刑残害忠良，一时义愤，竟抓了霜三八的皮刀把扮演魏忠贤的戏子杀了，霜三八被误认为凶手。沙原逃走，改名换姓，往长安去。霜三八不认罪，但又说仇恨魏忠贤，别人杀和他杀是一样的，县官糊涂判断，将霜三八判了充军。蒋有筠没等到沙原，自行上京，谁想财物被劫，山贼强留入伙。沙原上京，找了兵部职方司蒋有筠的熟人，选了蓟州镇屯捕总司，驻扎蓟门。霜三八充军途中，被强盗劫了船却遇到蒋有筠，蒋有筠问到沙尔澄，放了霜三八一行。霜三八到了充军地，又被派到蓟门递送公文。见到沙尔澄，沙尔澄方知道蒋有筠落了草。就给张武选写了信。张武选琢磨不能公然招安，使蒋有筠落了贼名。只将沙尔澄转任扬州操捕司，让蒋有筠劝说匪首遣散了贼众，只几个领头悄悄进了军营，谋了职位。蒋有筠则返回乡里。① 小说中沙尔澄被戏中表演所激，误杀戏子，还连累了旁人为其顶罪，没有受到处罚，还当了官。原因是沙尔澄杀人是心情激荡之下，入戏太深，误将表演当成真实，以为自己杀的是奸贼，并无害人之意。

谢小娥之父谢皇恩、丈夫段不降出外贸易，数月未归。原来二人是

① 刘世德、竺青主编：《古代短篇公案小说选(清代白话卷)》，《沙尔澄凭空孤愤，霜三八仗义疏身》。

在江州遇贼人劫杀。小孤神女怜他二人命运不幸，设法使二人托梦于谢小娥。因天机不可泄漏，只说杀死谢皇恩之人为"车中猴，门东草"，杀死段不降的是"田中走，一日夫"。为证明又在床边留下几点血迹。谢小娥知情后，离家来到江陵，借住在晴川阁看守人的家中，将四个字谜贴在晴川阁上，希望能有人可以解谜找到贼人线索。

判官李公佐到晴川阁游览，猜到两个人名是申兰、申春。谢小娥告知实情，李公佐建议她到衙门告状。谢小娥没有证据也不信任衙门，决心自行报仇。李公佐提醒她最好女扮男装，又为她写下一个批字：杀谢皇恩者申兰，杀段不降者申春，神告分明，谢小娥持此报冤为照。贞元十二年二月判。江南军事李公佐批。

谢小娥于是扮作男装，改名李小乙，一路寻访，终于在江州西门外、挨河僻巷里，找到申兰的家，而申春则住在对江，谢小娥投到申兰家做了一个雇工，在申家找到了遇害的父亲和丈夫的血衣，确认了凶手，伺机报仇。端阳节，申兰在家宴客，谢小娥用计将一众贼人包括申家叔侄一起杀死。之后换回女装，带着两颗人头和证据投案自首。谢小娥拿出判官批字，江州刺史相信了她，欲为她申请旌表，谢小娥拒绝不受。

三年后，在江陵瓦官寺出家，法号妙寂的谢小娥再次与李公佐相遇，此时李公佐因不肯附逆，告病辞官。李公佐赞扬谢小娥的节义，谢小娥感谢李公佐相助，二人都有看开恩怨、豁然开朗之意。①

剧中谢小娥得父亲和丈夫托梦，方知杀父杀夫仇人下落，用计将贼人杀死。虽仅有冤魂托梦及血衣为凭，并无其他证人证物，也没有犯罪人自认，未经正式官府审判，其报仇行为不仅未被追究责任，江州刺史还有意为其申请旌表。足见为亲复仇观念之深入人心，被视为当然的阻却犯罪事由。

---

① (清)王夫之：《龙舟会》，王永宽等选注：《清代杂剧选》。

八、悔过可宥

因为定罪原心，所以若行为人能认识到错误，能悔过，甚至能立功，则都属于可以宽宥的情况。

汪铭甫明经(荼寿)曰：浙中有某甲，善用铜银。其子甫七岁，于除夕忽惊啼告母曰：有青面獠牙人自天降下，以小旗插爷头上而去。未几，雷震，甲死于通衢，犹手执用剩铜银。亲邻有知其事者，缘郊外某农以鸡遣子售于市，为卒岁之需，甲以铜银向买，农子贪其价贵，孰知无可兑钱。归被父责，投河自溺。盖甲虽未杀农子，而农子实由甲而死。国宪不及加，天雷殛之耳。尝闻父老言被雷殛者，阴司先有小旗插其首，曾有人因晨起盥沐，见盆水中头插小旗，大惊，时欲药死孤侄而吞其产，乃亟弃其药而愈善抚其侄，后竟获免。①

小说中天诛有罪，先插小旗，如能立时悔改，还可以免死。可见阳律有自首之条，天诛亦容人忏悔也。

洞庭山棠里徐氏，家世富饶，起造花园，不足于地。东边有土地庙，香火久废，私向寺僧买归，建造亭台。已年余矣。一日，其妻韩氏方梳头，忽仆于地；小婢扶之，亦与俱仆。少顷婢起，取大椅置堂上，扶韩氏南向坐，大言曰："我苏州城隍神也，奉都城隍差委，来审汝家私买土地神庙事。"语毕，婢跪启："太湖水神参见。"又启："棠里巡拦神参见。"韩氏一一首颔之。最后曰："原告土地神来。"韩氏命徐家子弟奴婢："听点名，分东西班侍立。有不听命者，持杖击之。"唤买地人姓名，即其夫也。问："价若干？中

① (清)梁恭辰：《北东园笔录》续编卷五，《雷击先插小旗》。

证何人?”口音绝非平素吴音，乃燕赵间男子声。其夫惊骇伏地，愿退地基，建还原庙。

韩氏素不识字，忽索纸笔判云：“人夺神地，理原不应。况土地神既老且贫，露宿年余，殊为可怜。屡控城隍，未蒙准理，不得已，越诉都城隍。今汝既有悔心，许还庙宇，可以牲牢香火供奉之。中证某某，本应治罪，姑念所得无多，罚演戏赎罪。寺僧某，于事未发时业已身死，可毋庸议。”判毕，掷笔而卧。少顷起立，仍作女音，梳头如故。问其原委，茫然不知。其夫一一如所判而行。从此，棠里土地神香火转盛。①

徐家为建花园，拆毁土地神庙，本应治罪，念在其愿意退还地基复建原庙，免于处罚，说明神判也会考虑悔改的情节。

杭州有某甲，病魂离舍。至冥司，遇一吏，乃其故友，为检籍，蹙眉曰：“子忤逆父母，法当付汤镬狱，幸寿未终，且去，俟寿终再来。”甲惶怖求解，吏曰：“此罪至重，佛亦难度，我何能哉?”甲泣求不已，吏沉思良久，曰：“谚云：解铃还要系铃人。得罪父母，亟以孝顺父母忏悔，或可挽回耳。”送之反，汗出而愈。即向父母备陈所遇，从此婉容愉色，侍奉惟谨，并戒妻温凊无懈，颇得父母欢心。及父母故，丧葬如礼。后年逾七十寿终，想缘孝顺挽回也。②

故事中某甲不孝，本该死后被下汤镬狱，就是要被滚水煮的。后来彻底悔改，善事父母，得享长寿。以实际的悔改行为改变了本来要遭受死后酷刑的命运。

① (清)袁枚:《子不语》卷三,《土地神告状》。
② (清)梁恭辰:《北东园笔录》三编卷二,《劝孝》。

第四节　罪刑相当

“报，当罪人也。”①传统文化谴责贪婪、不孝、残忍等各种恶念，同时也认可一个人所受到的惩罚应该和他造成的危害基本相当这样一种朴素的公平观念。

一、杀人偿命

“杀人者死”源自上古的同态复仇，尽管世易时移，这一观念依然深入人心。从文学作品看“杀人偿命”包括不杀人无死罪，一命抵一命，特殊情形不要求完全对等抵偿等内涵。

> 魏里丁清惠公之后，有伯仲二人，续学工文，而酷嗜佛法。仲于内室供准提画像，凌晨必焚香诵咒，跪而礼之。一日偶触妇怒，手裂像掷地。仲不能堪，潜诣伯曰：“弟获大罪过，无复生理。当捐此秽臭，以图忏悔。何如？”伯曰：“弟言是也。”于是仲径出门，伯送于后。仲至岸，正衣冠，一□勇投河。伯合掌曰：“善哉！”遂高唱往生咒而还。适其家人见之，援救得免。②

这个故事中仲妻得罪佛祖，仲舍生赎罪，伯以为然，但最后仲得家人援救不死。说明只是亵渎佛像并无死罪。

> 江西有某县令王姓者，酷烈任性，禁赌博尤严。有富家孤子，方十五岁，为奸徒诱赌，输银一百两，索取甚厉，孤子之祖母不得已鸣于官。王以重刑责奸徒讫，将责孤子，其祖母愿以金赎，王不

① （汉）许慎：《说文解字》。

② （清）钮琇：《觚剩》，《卷二·吴觚中》，《佞佛》。

许，即以责奸徒者责孤子，毙于杖下。其祖母见孙已亡，触壁而死。孤子之母闻之，亦缢死。未几，王得行取。将登舟，忽自呼曰：我已离任，不须叫冤。众视无人，王曰：二妇人，一少年。王旋患头痛，口鼻流血而死。王亦一子，方迎柩于家，亦患头痛，其母令藏于婿万某家。万与同床卧，至夜半，觉有手入被中，其冷如冰，旋缩出，曰：误矣。万亦大惧，送之归，至中途，亦口鼻流血而亡。①

王县令处罚赌博，将参与赌博的未成年人杖毙，致其祖母及母自尽身亡，王县令及其子均死于非命。故事中王县令虽然是作为司法官惩处犯罪，但滥用酷刑，直接、间接致死一家三命，导致父子被冤鬼索命。之所以是两命抵三命，想必与孤子毕竟有过错且两妇人死于自杀有关。

常州马秀才士麟，自言幼时从父读书北楼，窗开处，与卖菊叟王某露台相近。一日早起，倚窗望，天色微明，见王叟登台浇菊，毕，将下台。有担粪者荷二桶升台，意欲助浇。叟色不悦，拒之；而担粪者必欲上，遂相挤于台坡。天雨台滑，坡仄且高，叟以手推担粪者，上下势不敌，遂失足陨台下。叟急趋扶之，未起，而双桶压其胸，两足蹶然直矣。叟大骇，噤不发声，曳担粪者足，开后门，置之河干，复举其桶置尸傍，归闭门复卧。马时年幼，念此关人命事，不可妄谈，掩窗而已。日渐高，闻外轰传河干有死人，里保报官。日午，武进知县鸣锣至。仵作跪启："尸无伤，系失足跌死。"官询邻人，邻人齐称不知。乃命棺殓加封焉，出示招尸亲而去。

事隔九年，马年二十一，入学为生员。父亡，家贫，即于幼时读书所招徒授经。督学使者刘吴龙将临岁考，马早起温经，开窗，

① （清）梁恭辰：《北东园笔录》续编卷五，《王县令》。

见远巷有人肩两桶冉冉来。谛视之，担粪者也。大骇，以为来报叟仇。俄而过叟门不入，别行数十步，入一李姓家。李颇富，亦近邻而居相望者也。马愈疑，起尾之，至李门。其家苍头踉跄出曰："吾家娘子分娩甚急，将往招收生婆。"问："有担桶者入乎?"曰："无。"言未毕，门内又一婢出曰："不必招收生婆，娘子已产一官人矣。"马方悟担粪者来托生，非报仇也。但窃怪李家颇富，担粪者何修得此？自此，留心访李家儿作何举止。

又七年，李氏儿渐长，不喜读书，好畜禽鸟；而王叟康健如故，年八十余，爱菊之性，老而弥笃。一日者，马又早起倚窗，叟上台灌菊，李氏儿亦登楼放鸽。忽十余鸽飞集叟花台栏杆上。儿惧飞去，再三呼鸽不动。儿不得已，寻取石子掷之，误中王叟。叟惊，失足陨于台下，良久不起，两足蹶然直矣。儿大骇，噤不发声，默默掩窗去。日渐高，叟之子孙咸来寻翁，知是失足跌死，哭殓而已。①

这个故事，前后延续十六年，卖菊叟过失致死一担粪人，担粪人转世投胎为一富家子，同样过失致死卖菊叟，可见天下事吉凶祸福皆有因果。致死人命者虽当时侥幸得免，终久还是要还债。

无赖王四，好色无行。一日偶然见了兵科写抄老陈之女买火烧波波(饽饽)，见其美貌，就想纳为第三房小妾。却让媒人骗说是娶妻。陈家知道实情，并不答应，将女儿大姐嫁给一个叫做施材的当兵的。小日子也还能过。后来施材被派往昌平州皇陵做工，数月未归，杳无音信。老陈之子陈一有一结义兄弟阮良，常劝说老陈将大姐另嫁，大姐不肯。过了月余，老陈忽然吃官司，阮良乘机提起要大姐改嫁王四，让王四为老陈脱罪。陈家不应。第二天阮良假意赔礼，骗了陈一出去吃酒，将其

① (清)袁枚:《子不语》卷五，《旁观因果》。

谋害，又骗陈母张氏说陈一遇到债主逼债，让张氏去救他，将有孕在身的张氏打死。王四、王三、阮良三人竟将大姐奸污。后三人均被抓获，因张氏有孕八月，作杀一家非死罪三人具题，王四拟凌迟，阮良、王三拟决不待时。皇帝认为胎儿不好等同一般人命，批再谳，改拟俱斩。阮良在监毙命，戮尸；王四处决；王三监候。老陈因此昭雪。① 这个案件王四等人强奸杀人，因其中被害妇女身怀有孕，司法官员按杀一家三人加重处罚，皇帝认为胎儿不能等同一命，故将在监毙命一人戮尸，首恶立决，另外一名罪犯监候，尚有一线机会免死。这一处断，基本出发点还是一命一抵。

二、命有等差

尽管杀人偿命可以说是根深蒂固的自然法，但是，人和人并不都是一样，命和命也不完全等价。有些情况下由于命有等差，杀人偿命就不会严格执行。

> 金陵神乐观陆道士，十七岁时殴死一仆，即火其骨，人无知者。十余年，足外臁发毒成疮，疮口似唇而有舌，能言，曰："我即仆也。"日索饮食，饲以脂膏，自能吞化。饮以酒，四周皆红。但开口言，必大痛垂绝。如是载余，忽曰："我欲他往，冤亦解也。明日下山，遇樵者可求治之。"陆如其言，果遇樵者，恳焉。樵厉声曰："孽畜敢言我乎？夜半疗汝。"忽不见。是夜梦金甲神诣陆卧室，指谓之曰："有药在几，煎服。取渣，以左手持向水西门外，见妇人泼水，急弃于道而返。"陆旦起，视案有物，如乱发而无端。因依所戒，至门外第十二家，果见一妇，随弃药而归。疮遂愈。后探此妇，竟亦无他。②

① 刘世德、竺青主编：《古代短篇公案小说选(清代白话卷)》，《逞小忿毒谋双命，思淫占祸起一时》。

② (清)钮琇：《觚剩》，《卷二·吴觚中》，《疮言》。

陆道士殴死仆人，得口疮怪病，饱受折磨。但一年多后即得到神人救治，足见主人致死仆人虽有罪，但仍系轻罪。

三、被害可悯

罪犯所造成的危害体现在受害人身上，故受害人及其家庭所遭到的苦痛也是衡量犯罪人罪责的尺度。

> 有汪某者，习申、韩家言，其人固长者也。夜为冥官，治冥中事。三人共之，皆服本朝衣冠。其中坐者帽顶以珊瑚，汪则坐其左。一夕，有女鬼披发号哭，持状呈于中坐者。中坐者命持至汪前，汪阅之，所讼即汪也。先是，汪在某县幕，有女子为人调戏而自尽者。调戏之人例得死罪，汪改易其爰书中一字，而罪人减一等免死，故女鬼讼之。汪以其事涉己，仍使呈中坐者，中坐者与鬼语良久，鬼大笑而去，汪不知为何语也。及明日，某县以重修县志，请汪秉笔，汪乃悟鬼笑之故，因为此女立传，备言其本末，载入县志。①

汪姓官员担任幕友，将本应判处死罪之人减轻处罚，表面看是体现了仁德慈悲，但实际上对被害人则是一种伤害和不公，故遭冥判谴责。

江南徐州府陈有量年纪二十五岁，娶妻海氏。有量家贫如洗，海氏靠做针线活供丈夫读书。某年徐州干旱，陈家渐渐难以维持生计，夫妻俩外出投亲，但亲戚们或已搬走或自身难保，二人流落堂州。有个杨二起心不良，看中海氏美色，假意与有量交好，结为兄弟。杨二挑逗海氏，海氏严词拒绝。杨二又与无赖林显瑞说起海氏美貌，二人定计要谋算海氏。于是杨二跟有量说有人要请他做个书算先生，还能顺船带他夫

① （清）俞樾：《右台仙馆笔记》卷七。

妇二人回乡。有量听海氏说杨二不是好人，有心反悔，但所收三两聘金已经还了往日欠账，无奈二人上了显瑞的船，显瑞又骗有量离船办事，乘机利诱威逼海氏，海氏坚拒，投缳自尽。显瑞怕有量回来不依，找人欲索性将有量杀害，蓝九假装应允，暗地告发。显瑞被杖责问斩，兄弟林四请托不成吐血而亡。杨二教唆犯罪被抓获遭众人群殴致死。绅民为海氏立祠堂。① 这个故事中林显瑞、杨二等谋奸民女导致妇女不堪受辱自尽身亡并试图杀人灭口，但实际身死者只有海氏一人。而为恶之林显瑞被官府问斩，帮凶杨二被众人殴死，林显瑞之兄弟请托不成病亡。应是被害人的贞洁加重了犯罪人的罪恶，因此三命偿了一命。

> 江西南昌乡间有童子放鸭于河。一鸭遁入田塍，其田主乃某秀才也，适行田畔，遂捕以归。童子寻至索鸭，秀才怒麾之以肱，坠门前池水中。池阔水深，童竟溺死。其母哭而至，秀才大言："尔子自堕水死，与我何涉！"母见其词色甚厉，不敢与辩，又痛子死，亦自沉于池。事闻于官，秀才竟拟抵。临刑之日，一妻三子均来哭送，而秀才默无一言，但流涕而已。环观者甚众，见其人可四十余，貌亦闲雅，无凶悍之色。②

以一鸭之故，竟罹大辟，应该和造成母子二人身亡有关。

四、后果相当

为体现报应的公平性和正当性，文学作品中常常戏剧性地将被害人所遭受的损害与加害人受到的惩罚安排得性质相同、程度相当。

赵相与蒋云是邻居，赵相妻子貌美，蒋云心怀不轨，有意讨好，常送些礼物给赵母王氏。赵相欠有宿债，年代久远，蒋云代为调解，免去

① 刘世德、竺青主编：《古代短篇公案小说选（清代白话卷）》，《海烈妇米椁流芳》。

② （清）俞樾：《右台仙馆笔记》卷四。

积年债息近半，二人结为兄弟。赵相与赵云山出门贩米。蒋云先勾引了王氏又勾引冯氏。赵相湖广贩米没赚到钱反吃了官司，只得回乡。邻人董近泉暗示其家宅不宁，赵相与冯氏发生口角，打了冯氏，冯氏跑出家门，不知所踪。蒋云唆使王氏告赵相忤逆。又说动赵相的丈人冯伯元控告女婿谋害女儿。县令把赵相打了一顿，关押起来。王氏后悔，蒋云却骗她说要花钱打点，骗去王氏钱财，反而拿去买通禁卒谋害赵相，又鼓动冯伯元呈催，害赵相再次被打。王氏得知为蒋云所害后吐血而亡。冯氏被蒋云藏匿，逼迫为娼，后来赵相狱中结识的友人提供线索找回妻子。真相大白，因赵相一共被打过一百零五下，县令同样责罚蒋云，蒋云杖下身亡。赵相家破未计较妻子失节，二人复合。又得赵云山相助，发家致富。蒋云妻子杨氏沦落为妓，赵相赎买为妾。① 故事中蒋云害死赵相之母，又使其妻冯氏失节受辱。结果蒋云被杖责身亡，蒋云之妻沦落为妓。以彼之道还施彼身。

刘谦致仕回家，要买人学唱戏还要买字画古董。贾敬山想要做中介，假意介绍了两个女孩子，却又说要留在自家教戏。另有顾清之称自己有阳痿之症，愿为刘公教小子唱戏。贾敬山却提醒刘公防范顾清之。结果顾清之被刘公发现与小子厮混，将其送县究办。顾清之被迫把自己十五六岁儿子送进刘宅，还问了刺徒。贾敬山最后交不出女戏子也露了馅，银子又被小偷偷去，也和顾清之一样被迫送女儿去刘府做了使女，自己问了站徒。② 这个故事也是一起等量报应，以女子骗赔女儿，害小子赔儿子。两个混混本想骗人骗财，没承想搬起石头砸了自己的脚。

五、衡情酌理

除了所涉人命数量等重要指标以外，一些其他情节在文学作品中也

① 刘世德、竺青主编：《古代短篇公案小说选(清代白话卷)》，《珍珠舶》卷一。

② 刘世德、竺青主编：《古代短篇公案小说选(清代白话卷)》，《虎丘山贾清客联盟》。

会影响因果报应。

潮州府潮水县秀才文正带妻子小儿赴东京应试，被曹二国舅撞见，诓入府中。曹二国舅将袁秀才和小儿害死，扔到井里。将张氏囚禁，张氏不肯依从。包公还朝，马前突起怪风告冤。包公访到曹国舅宅第，曹国舅已搬他处，袁秀才同儿子的鬼魂向包公诉冤。包公将尸体捞起，又让阴使带袁文正托梦给已被曹二国舅带往郑州的妻子。张氏被鬼魂提醒，感动前来灭口的张清，逃出门往东京告状。太白星送张氏到了东京。张氏告状误遇曹大国舅，险被打死，被好心人王婆救命，再次告状。包公用计拿获两国舅，仁宗颁敕赦免二皇亲及东京罪犯。包公不认，先斩二国舅，迫使皇帝大赦天下，方始开释大国舅。包公安葬袁秀才，赠银助张氏还乡。大国舅此后入山修行，终至位列仙班。① 刑罚轻重和罪行严重程度一致，所以二国舅必死，大国舅虽然也有罪，但尚未造成严重后果，可活还能修仙得道。

山西人姓关，绰号闪山风，以放高利贷为生。朱大宽向其借贷一千文，两年下来，计利银三两。大宽承诺十月十五日卖女清还。十六日，闪山风来讨要，朱大宽告知事未成，请再宽限十日。闪山风不允，以刀柄威吓朱大宽，被朱大宽顺手刺伤身亡。由于闪山风死时已从朱家离开，毙命在王其勉的米铺，王被屈打成招断作凶手。王子亚勤贴出启示称真凶出首愿付五百两。朱大宽考虑有银赡养老母，情甘认罪。县太爷查明死者放高利贷，坑人不少，将朱大宽免死发黑龙江充军。而王其勉之所以会有这场无妄之灾，原因是他忘亡兄之恩，苛待嫂侄。② 这个案件中，被害人放高利贷，加害人是个孝子，被害人品德瑕疵减轻了加害人过错。

张震，绰号张一索，是东厂番子手。来京候选的福州府田甫与人商量干办前程，被张震撞见，捉回家中，施用酷刑，勒索千金，将仆人放

① 刘世德、竺青主编：《古代短篇公案小说选(清代白话卷)》，《曹二奸贼，诱夫夺色；文正屈陷，包公雪冤》。

② 刘世德、竺青主编：《古代短篇公案小说选(清代白话卷)》，《闪山风》。

出筹钱。仆人无奈听店主建议往中城察院告状，赵察院将田甫拿住，重责五十板下了狱，后判了徒刑三年。田甫刑满回来开了一家牙行。有一个松江布商投在行内。适逢皇店失窃布匹，张一索与皇店李内监通谋，诬陷布商盗窃皇店，将布商定了个盗窃钦置货物问斩。李内监保举张一索任了海口防倭守备。在守备任上，张一索拦截船只、迫害客商，多次害人性命。后来赵察院调任福建巡抚，梦见众鬼告冤。将张一索问罪，判了凌迟。① 故事里的张震执法犯法，为官害民，所以小说写他被判凌迟，较律例为重。

汉口镇袁家湾有老木工，年六十三矣。二子未娶，俱执父业，而兄弟不相能。偶因口角，兄举斧斫弟之头，弟即死。邻人欲缚其兄送官，父泣曰："老朽止此不肖子二，今幼子已死非命，而长子复抵法，则暮年何恃焉？"众哀其言，各散去，其事竟已。②

兄杀弟，本应偿命，但次子被害，长子伏法，则老父无依，故事竟不了了之。

乾隆十六年八月初三日，阅邸抄。见景山遗失陈设古玩数件，内务府官疑挑土工人所窃，召执役者数十人，立而讯之。一人忽跪诉曰："我常格也，系正黄旗人，年十二岁。赴市买物，为工人赵二图奸不遂，将刀杀死，埋我于厚载门外堆炭地方。我家父母某，尚未知也。求大人掘验申冤。"言毕仆地。少顷，复跃而起曰："我即赵二，杀常格者我也。"内务府大人见其状，知有冤，移交刑部掘验，尸伤宛然。访其父母，曰："我家儿遗失已一月，尚未知其死也。"随拘询赵二，尽吐情实。刑部奏："赵二自吐凶情，迹似自

① 刘世德、竺青主编：《古代短篇公案小说选（清代白话卷）》，《张一索恶根果报》。

② （清）俞樾：《右台仙馆笔记》卷二。

首，例宜减等；但为冤鬼所凭，不便援引此例，拟斩立决。”奉旨依议。①

自首可以减轻刑罚，故事中赵二自己承认杀人，但因系被怨鬼附身被动吐露实情，非出本心，不以自首论。

第五节　重刑止奸

传统中国文化的罪刑观以报应为主流，即罪人所受之处罚与他主观的恶及客观的罪相适应，但在少数情况下功利的刑罚观也会发生影响，从防卫社会的角度出发来处置有社会危险性之行为人，而并不一定要求罚当其罪。

一、防患未然

“礼者禁于将然之前，而法者禁于已然之后。”②一般来说，刑是针对已经发生的危害行为，但文学作品中也有时能看到对未来风险的预防性措施。

乾隆丙子，湖州徐翼伸之叔岳刘民牧作长洲主簿，居前宗伯孙公岳颁赐第。翼伸归湖之便访焉。天暑，浴于书斋，月色微明，觉窗外有气喷入，如晓行臭雾中，几上鸡毛帚盘旋不已。徐拍床喝之，见床上所挂浴布与茶杯飞出窗棂外。窗外有黄杨树，杯触树碎，声铿然。徐大骇，唤家奴出现，见黑影一团，绕瓦有声，良久始息。

徐坐床上，片时，帚又动。徐起，以手握帚，非平时故物，湿

① （清）袁枚：《子不语》卷一，《常格诉冤》。
② 《汉书·贾谊传》。

软如妇人乱发，恶臭不可近，冷气自手贯臂，直达于肩。徐强忍持之。墙角有声，如出瓮中者，初似鹦鹉学语，继似小儿啼音，称："我姓吴，名中，从洪泽湖来，被雷惊，故匿于此，求恩人放归。"徐问："现在吴门大瘟，汝得非瘟鬼否?"曰："是也。"徐曰："是瘟鬼，则我愈不放汝，以免汝去害人。"鬼曰："避瘟有方，敢献方以乞恩。"徐令数药名而手录之，录毕，不胜其臭，且臂冷不可耐。欲放之，又惧为祟。家奴在旁，各持坛罐，请纳帚而封焉。徐从之，封投太湖。

所载方：雷丸四两，飞金三十张，朱砂三钱，明矾一两，大黄四两，水法为丸，每服三钱。苏州太守赵文山求其方以济人，无不活者。①

瘟鬼虽然有悔过之举，献出避瘟之方但有造成其他危害的风险，仍不能轻纵。

二、不分首从

按罪刑相当的报应原则，多人团伙作恶，多半会依所起作用大小受到不同的惩罚，但在特别情况下，也有不分首从的结果。不分首从对危害相对较轻之罪犯有可能轻罪重罚，不符合罪刑相当原则，但一律从重加强了威慑效果。

陆大、陆二说动乡愚假扮都天，哄骗百姓酒肉香烛供奉。有个宋秀才不信都天，发了疯，七窍流血而亡。这下众人更加凛然敬重。太守金公也来进香，问得三人所收钱粮数字，先将三个人各打了二十。查知确实是陆大、陆二主谋，宋秀才是贪图四分之一钱财配合做戏，没承想陆家兄弟假戏真做害了他性命。假都天则是晚上吃饭，白天装神。太守查明真相，又将各人责打二十大板，三日后再打，不多时，三人都死在狱

① (清)袁枚：《子不语》卷七，《瘟鬼》。

中。所收财物作为赈济之用。① 故事中陆大、陆二和假都天，装神弄鬼，坑骗众人，影响恶劣，不分首从俱死。

三、连坐俱死

对于少数特别严重的犯罪，文学作品中往往在描述恶人的报应时，将其亲属一并包括在内。

太湖有个外科医生麻希陀在湖州行医，仗有秘方，不写方，只卖药，动辄要价千金。苏州秀才贾任远被麻希陀请来教他两个十六七岁的孩子。师生甚为相得。麻希陀为贾任远代送束修回家，却不准贾任远告知家中自己处馆所在。贾任远平素听学生的话不出书房，偶然于中秋夜窥知麻希陀的秘密。原来他骗了不少人关押府中，所谓秘方竟是以活人器官入药。贾任远只得天天念观音咒，梦见观音娘娘提点“要脱祸待遇布”。于是灵机一动，将学生送来给他做衣服的布当成长绳，翻过院墙，逃出麻家，到太湖厅报案。麻希陀问了凌迟，家属都问了斩刑。② 按大清律采生折割人并无连坐死刑。这里叙述一家连坐俱死，显然是表达对这种极其邪恶行为的强烈谴责。

本章小结

刑罚的合法性在于社会认同，量刑情节的合理性在于符合社会心理。最为社会谴责的心态/行为即最应得到负面评价的犯罪情节，也就是应该从重或加重的情节；而那些容易被人们同情或谅解的心态/行为，则会减轻其负面评价，也就是应该从轻或减轻的情节。本章梳理清人笔记故事、小说、戏剧，探寻那些隐藏在嬉笑怒骂、悲欢离合背后的芸芸

① 刘世德、竺青主编：《古代短篇公案小说选（清代白话卷）》，《假都天》。

② 刘世德、竺青主编：《古代短篇公案小说选（清代白话卷）》，《堕奸谋险遭屠割，感梦兆巧脱网罗》。

众生的朴素情感和思考逻辑。尽管文学作品的作者均属于知识阶层，有一部分还是官绅群体的一员，他们在作品中不可避免地带有这一群体的思想倾向，但是也仍会在相当程度上反映当时的社会心理。相信天道好还、报应不爽是百姓对司法公正的期许。文学作品中的青天期待和对不法官吏的鞭挞则说明司法官肩负着使恶人受到追究、使冤情得以昭雪的责任，若其中有不法官吏违背了此种使命则要遭到上天的惩罚。相信报应，相信作恶者是罪有应得。而评价罪与恶无疑既包含对犯罪人主观心态的评判，又包括对犯罪人客观罪行的衡量。根据犯罪人主观恶性和犯罪行为后果给予惩罚是对报应程度的要求，原心论罪与罪刑相当也正体现了追求情罪允协的司法理念。当然文学作品中对于极恶之人与极恶之行刑过于罪也反映了社会强烈的负面评价和谴责，提供了对部分犯罪着重威慑作用的合法性。

结　语

犯罪具有危害性、违法性、可罚性。定罪的依据通常是犯罪所造成社会危害的性质，而量刑则是对犯罪的全面评价，且非完成量刑不足以实现刑罚的社会功能。量刑机制正足以反映社会对特定行为的认识和衡量。量刑情节的选择体现了法律对刑罚目的和功能的认识，而刑罚目的和功能的定位是刑罚文化作用的结果。中国传统刑罚文化中罪有应得、人命关天、原心定罪等都在秋朝审确定实缓的案例中有充分的体现。传统刑罚文化崇尚报应，罪犯造成的危害后果是首先被考虑的量刑情节，但是量刑结果又不完全是等量报复，而往往结合有多种情节的考量。在清末西法东渐以前，清代刑事立法和司法审判在本质上与此前一千余年的中国社会其他朝代的刑法在法律内容上一脉相承，在司法实践上亦无本质区别。以清代死罪量刑为聚焦点，可对传统中国死刑适用及其中加重减轻情节的认识，结合社会心理作一概括。

一、报应为主还是功利至上

传统中国的刑罚目的是多元的，但是刑罚最主要的功能还是报应。刑罚的报应主义追求罚当其罪，即行为人所受到的惩罚应该和他的罪行相一致。基于报应主义，会要求同等罪行同等对待。功利主义的刑罚目的强调阻止和威慑，往往并不严格遵循罪刑相当，同时为实现刑罚的功利目的，可能就必须放弃一致性的要求或者至少放宽一致性的要求。清代死罪量刑过程中所追求的主要目标是情罪允协，所采取的主要方法是比案汇核，足见对适当性和一致性的重视。尽管在特定时间段出现过对威慑作用的强调，比如对械斗和火器杀人的加重处罚，及对特定犯罪例如职官犯赃罪的从重论处，但是这些并非主流。占据主导地位的还是对罪刑相当的考量。不过传统中国的罪刑相当中的罪既有主观方面，如犯罪动机的评价，又有客观方面如犯罪后果的评价。值得注意的是，功利主义者从犯罪预防的角度出发注重犯罪个体的特性，而主张刑罚可因人而异。传统中国的司法官也关注犯罪人的个体差异，但其出发点并非犯罪预防，而是将这种差异客观化，以使主观恶性相当之人受相似之处罚。比如再犯加重，以功利的眼光看自然是关注其改造的困难。但清代司法官却会将再犯情节标准化，其着眼点还是刑罚的适当性和一致性。

二、心理还是行为——死刑惩罚的重点

行为人的罪责取决于这样一些因素：意图(故意的罪责大于疏忽)；遵守法律的能力(精神疾病、威胁、其他压力都会导致这一能力的减弱)；犯罪行为的动机(减轻或加重罪责)；另外，在共同犯罪情形下，被告的角色是煽动者、主犯还是从犯。① 前文对清代死罪量刑中加重与减轻情节的归纳中，加重情节：行为主体方面有职官犯罪，以卑犯尊，以下犯上，特殊职责；主观方面有动机恶劣；行为对象上有被害人弱势；客观方面有再犯，手段残忍，后果严重，牵连多罪，行为危险性，聚众犯罪。表面看来，半数情节是客观情节，但仔细体味则不难发现绝大多数情节实际上是对犯罪人主观心理的评价。譬如对职官犯罪加重是惩罚知法犯法妄为之心；对以卑犯尊、以下犯上的加重是出于不孝不敬

① Culpability depends on factors such as the offender's intent (deliberate wrongdoing is more culpable than negligence); his or her capacity to obey the law (diminished, for example by mental illness, threats, or other situational pressures); the offender's motives for committing the crime (which may mitigate or aggravate culpability); and, in multidefendant crimes, the defendant's role in the off ense as instigator, primary actor, or minor player. Just Sentencing - Principles and Procedures for a Workable System by Richard S. Frase Oxford University Rress 2013 page 8.

之心；伤害老弱残疾加重处罚是制裁其不忍之心；再犯加重源于其怙恶不悛，即多次作恶，不思悔改；手段残忍强调犯罪人的冷酷凶残。减轻情节：主体方面有以尊犯卑，老幼残疾犯罪，亲属功德；主观方面有过失、悔过；行为对象上有被害过错；客观方面有事出有因，手段温和，后果有限，救亲报仇，偶犯，为从。过失犯罪缺乏主观恶性减轻罪责之外，在减轻情节中大量情节考察的也同样是行为人的主观心理。原宥对有过错之人所犯罪行是认为伤害一个有过之人主观上并非那么凶恶；救亲报仇、事出有因得以减轻是同情犯罪人可能追求的是一个正当的目的；减轻手段温和犯罪的罪责是认定罪犯比较不凶恶；偶犯减轻基于并非屡教不改之徒；为从减轻当然也和犯罪人不是倡首先言的首谋之人有关。由此可见，清代死刑惩罚的既是行为又是心理，但相对而言，主观心理更为重要，所谓情罪允协之情，是案情更是心态。是按照罪犯造成的危害决定应受的处罚，更是按照犯罪人的恶念之轻重决定其应得的报应。

三、社会接受度与刑罚合法性

犯罪的危害是针对个体的，也是针对社会的，对个体而言，杀人犯剥夺个体的生命，伤害犯侵害个体的健康，抢劫犯侵害个体的财产和人身……犯罪是对个体的危害又不仅仅是对个体的危害，它还同时伤害社会成员的共同情感，损害公众的安全感。犯罪是罪犯对社会及其成员的伤害，刑罚是社会的报复。刑罚承载了社会成员对罪人的谴责。这种谴责和社会成员对犯罪的主观评价保持一致。也即和社会成员基于文化传统和生活体验对罪行的评价有关，也和犯罪所激发的社会成员的恐惧、忧虑、愤怒等各种情绪密切相关。例如在一个物质匮乏的时代，与财产有关的犯罪会受到更强烈的否定性评价；而在一个重视贞操的文化背景下，性犯罪会更为公众所不齿；针对弱小的、手段残忍的犯罪受到更为严厉的谴责。因此对何种罪人何种罪行认定罪不容赦，从重处罚，同时对何种罪人何种罪行认定情有可原，可以适当从轻，归根到底应该是社会心理的外化。从前文的描述中，可以看到皇帝的意志对于死罪的量刑有重大影响，司法官员的认识也在一定程度上影响刑罚的适用，但是尽管如此，刑罚的适用不可能完全背离一个民族的文化基因，也不能与社会心理格格不入，否则刑罚的合法性便会受到质疑，法律的权威就难以维系。从前文对清代笔记、小说、戏剧的描述中，我们可以大致了解当时人的社会心理，无论是对贪利性犯罪的痛恨，对奸淫行为的不齿，还是对悔过者的宽宥、对复仇者的同情，都或多或少地与司法实践中的轻重倾向暗合。

附录一　清律死罪条款汇总[1]

名例

常赦所不原

番役诬陷无辜，妄用脑箍及竹签、烙铁等刑，至毙人命者，斩监候。(例)

诬告叛逆，被诬之人已决者，斩立决。(例)

诬告叛逆，被诬之人未决者，斩监候。(例)

诬告平民，拖累致死三人以上者，斩监候。(例)

徒流人又犯罪

免死减等发遣宁古塔、黑龙江等处盗犯，在配所杀人者，斩立决。(例)

发遣人犯于经过处所辱官诈财，生事不法，原拟斩罪者，斩立决。(例)

犯罪事发在逃

负罪潜逃之斩犯被获，原犯情罪重大，至秋审时无可宽缓者，斩立决。(例)

负罪潜逃之斩犯被获，原犯情罪尚有可原者，斩监候。(例)

---

① 据田涛、郑秦点校：《大清律例》卷四十六“总类”整理。

负罪潜逃之绞犯被获，原犯情罪重大，至秋审时无可宽缓者，绞立决。(例)

负罪潜逃之绞犯被获，原犯情罪尚有可原者，绞监候。(例)

免死减等发遣人犯脱逃，复行凶为匪者。照原犯死罪即行正法。(例)

平常发遣人犯逃走，后复行凶为匪，犯该斩候者，斩立决。(例)

平常发遣人犯逃走后，复行凶为匪，犯该绞候者，绞立决。(例)

称与同罪

受财故纵死罪人犯者，绞监候。(例)

徒流迁徙地方

土蛮僮、瑶仇杀劫掳及聚众捉人讹禁，犯系死罪者，斩立决。(例)

吏

大臣专擅选官

除受官员大臣专擅选用者。大臣亲戚非奉特旨不许除受官职，违者，斩监候。(律)

文官不许封公侯

文官非有大功勋，所司朦胧奏请，则封公、侯爵者，当该官吏及受封之人，斩监候。(律)

贡举非其人

乡会试考试官同考官及应试举子，有交通嘱托贿买关节等弊，问实者，斩立决。(例)

奸党

奸邪进谗言，左使杀人者；犯罪该死巧言谏免，暗邀人心者；在朝官员交结朋党紊乱朝政者；刑部及大小各衙门官吏，不执法律，听从上司主使，出入人罪者，斩监候。（律）

交结近侍官员

诸衙门官吏与内官近侍人员互相交结，漏泄事情，夤缘作弊扶同启奏者，斩监候。（律）

上言大臣德政

诸衙门官吏及士庶人等，上言宰执大臣德政，为首者，斩监候。（律）

讲读律令

国家律令，官吏人等擅为更改，变乱成法者，斩监候。（律）

弃毁制书印信

弃毁制书及各衙门印信者，斩监候。（律）

弃毁官文书，事干军机钱粮者，绞监候。（律）

事应奏不奏

奏事及当该官吏，增减情节，朦胧奏准施行者，斩监候。（律）

增减官文书

增减官文书，因而失误军机者，斩监候。（律）

漏使印信

各衙门行移出外文书漏使印信，因而失误军机者，斩监候。（律）

户

娶亲属妻妾

收父祖妾及伯叔母者，斩立决。（律）

兄亡收嫂，弟亡收弟妇者，绞立决。（律）

强占良家妻女

强夺良人妻女，奸占为妻妾者，配与子孙弟侄家人者，绞监候。（律）

强夺良人妻女卖与他人为妻妾，及投献王府并勋戚势豪之家者，绞监候。（例）

出妻

妻背夫在逃，因而改嫁者，绞监候。（律）

收粮违限

运弁、旗丁若挂欠粮米，六分以上者，斩监候。（例）

运弁、旗丁挂欠粮米至六分者，绞监候。（例）

那移出纳

那移库银，至二万两以上者，斩监候。（例）

收支留难

坐粮厅及各仓书役人等，向关米之人勒索，因而打死人命者，斩监候。（例）

转解官物

漕运官军谎报漂没船粮，乘机侵盗，至六百石者，斩监候。（例）

守掌在官财物

八旗参领等官将一切收贮公所干系钱粮并交库银两侵蚀至一千两以上者，斩监候。(例)

盐法

豪强盐徒聚众至十人以上，撑驾大船，张挂旗号，擅用兵杖响器，拒敌官兵，若杀人及伤三人以上者，为首者枭示；伤二人者，为首之人，斩立决。为从者，绞监候。(例)

盐徒聚众至十人以上，撑驾大船，张挂旗号，擅用兵仗响器拒敌官兵，伤一人，为首者，斩监候。(例)

盐徒聚众至十人以上，撑驾大船，张挂旗号，擅用兵仗响器拒敌官兵，不曾杀伤人，为首者，绞监候。(例)

兵民聚众十人以上，带有军器兴贩私盐，拒捕杀人，及伤三人以上，为首并杀人之犯，斩立决。(例)

兵民聚众十人以上，带有军器，兴贩私盐拒捕伤三人以上，伤人之犯，斩监候。(例)

兵民聚众十人以上，带有军器兴贩私盐，拒捕杀人，伤二人，为首者，斩立决。(例)

兵民聚众十人以上，带有军器兴贩私盐拒捕伤二人，下手者；伤一人为首者，绞监候。(例)

若十人以下拒捕杀人，不论有无军器，为首者；伤至二人以上之为首者，斩监候。(例)

若十人以下拒捕杀人，不论有无军器，下手者；伤至二人以上之下手者；止伤一人为首者，绞监候。(例)

回空粮船夹带私盐，闯闸闯关，不服盘查，聚至十人以上，持械拒捕杀人，及伤三人以上，为首；并杀人之犯，斩立决。(例)

回空粮船夹带私盐，闯闸、闯关、不服盘查，聚至十人以上，持械拒捕，伤三人以上，伤人之犯，斩监候。(例)

回空粮船夹带私盐，闯闸闯关，不服盘查，聚至十人以上，虽拒捕不曾杀伤人，为首者，绞监候。(例)

犯私盐拒捕者，斩监候。(律)

伪造盐引印信贿嘱吏书人等将已故商人名籍填写在引转卖，诓骗财物，为首者，斩监候。(例)

违禁取利

以私债强夺人妻妾子女，因而奸占者，绞监候。(律)

把持行市

内府人员家人及王公大臣官员家人，私自指名倚势网利，干预词讼，肆行非法，本犯私去者，斩立决。(例)

凡内府人员家人及王公大臣家人领本生理，霸占要地关津，不令商人贸易者；民人借贷王以下大臣官员银两，指名贸易，霸占要地关津，贻累地方者，斩监候。(例)

礼

禁止师巫邪术

师巫假降邪神并一应左道异端之术，煽惑人民，为首者，绞监候。(律)

习天文之人妄言祸福煽惑人民为首者，绞监候。(例)

端公、道士作为异端法术医人，致死者，绞监候。(例)

奸匪之徒将各种避刑邪术私相传习者，为首教授之人，绞监候。(例)

朝见留难

司仪礼官将应朝见官员人等留难不即引荐者，斩监候。(律)

兵

宫殿门擅入

擅入冒入御膳所及御所在者；不系宿卫应合带兵仗之人，但持寸刃入宫殿门内者，绞监候。（律）

从驾稽违

职官从车驾而逃者，绞监候。（律）

宫殿造作罢不出

宫殿内造作工匠至申时分门官等照数点出，其不出者，绞监候。（律）

辄出入宫殿门

宿卫人至夜持杖入殿门及入宫门者，绞监候。（律）

关防内使出入

内监私将兵器入宫殿门内者，绞监候。（律）

向宫殿射箭

向太庙、太社及宫殿射箭、放弹、投砖石伤人者，斩监候。（律）

向太庙及宫殿射箭、放弹、投砖石者，绞监候。（律）

禁经断人充宿卫

在京被极刑家属并经断人并不得入充近侍及宿卫守把门禁，若朦胧充当者；当该官司听嘱及受财，容令充当者，斩监候。（律）

越城

越皇城者，绞监候。（律）

门禁锁鑰

皇城门非时擅开闭者，绞监候。(律)

申报军务

贪降人财物，因而杀伤及逼勒逃窜者，斩监候。(律)

飞报军情

飞报军情，隐匿不速奏闻，因而失误军机者，斩监候。(律)

漏泄军情大事

闻知调兵讨袭外番及收捕反逆机密大事，漏泄于敌人者；近侍官员漏泄机密重事于人者，斩监候。(律)

边境申索军需

军器粮草临敌缺乏，及承调遣不依期策应，告报军期违限，因而失误军机者，斩监候。(律)

从征违期

出征处所兵丁干犯号令，违法乱行，为首者，斩立决。(例)

军临敌境，托故违期三日不至者，斩监候。(律)

主将不固守

边将不固守及守备不设，因而失陷城寨者；与贼临境望高巡哨之人失于飞报，以致陷城损军者；官军临阵先退，及围困敌城而逃者，斩监候。(律)

武职官与府、州、县同住一城，若遇边警及盗贼攻围不行固守，被贼攻陷城池，劫杀焚烧之武职，斩监候。(例)

纵军掳掠

领兵征进厮役，私自焚掠者，斩立决。(例)

军人私出外境掳掠伤人，为首者；于已附地面掳掠者，斩监候。(律)

不操练军士

守御官堤备不严，抚驭无方，致有所部军人反叛弃城而逃者，斩监候。(律)

激变良民

山、陕刁恶之辈，假地方公事，逼勒平民，约会抗粮，敛钱构讼，抗官塞署，或有冤抑聚众至四五十人，为首者，斩立决。(例)

山、陕刁恶之辈，假地方公事逼勒平民，约会抗粮，敛钱构讼，抗官塞署，或有冤抑聚众至四五十人，为从者，绞监候。(例)

牧民官激变良民失陷城池者，斩监候。(律)

毁弃军器

弃毁军器二十件以上者，斩监候。(律)

私藏应禁军器

私铸红衣等炮，不论官员军民人等及铸炮匠役，斩立决。(例)

私铸红衣等炮处所邻佑、房主、里长，绞监候。(例)

纵放军人歇役

私使军人出境因而致死、或被贼拘执至三名者，绞监候。(律)

从征守御官军逃

官军征讨私逃，再犯者；守御军人在逃，三犯者，绞监候。(律)

随征兵丁自军前逃回者；跟随之奴仆、雇工偷窃马匹器械逃回者，绞监候。(例)

夜禁

犯夜拒捕及打夺因而殴人折伤以上者，绞监候。(律)

犯夜拒捕及打夺因而殴人，至死者，斩监候。(律)

私越冒渡关津

越度缘边关塞，因而潜出交通外境者，绞监候。(律)

盘诘奸细

境内奸细走透消息于外人，及境外奸细入境内探听事情者，斩监候。(律)

私出外境及违禁下海

奸豪势要及军民人等私造海船，带违禁货物下海，前往番国买卖，潜通海贼，同谋结聚及为乡道劫掠良民者，枭示。打造海船卖与外国图利，造船与买船之为首者，斩立决。(例)

闽省不法棍徒在沿海地方引诱偷渡之人，包揽过台，中途谋害人，死者，不分首从，枭示。如被害未死，为首者，斩立决。(例)

在番居住闽人，定例之后，仍托故不归，复偷渡私回者，斩立决。(例)

奸徒偷运米谷，潜出外洋，接济奸匪者，绞立决。(例)

将人口军器出境及下海者，绞监候。(律)

将人口军器出境及下海，因而走泄事情者，斩监候。(律)

奸民将废铁、铁货卖与外国及海边贼寇者，绞监候。(例)

商人在沿海地方递运铁斤交卖商渔船只，为首者，绞监候。(例)

私开鸦片烟馆，引诱良家子弟者，绞监候。(例)

商渔船户夹带硝黄等物接济外洋者，斩监候。(例)

居民人等如将一应违禁货物卖与进贡外国图利，为首者，斩监候。(例)

邀取实封公文

实封公文中途邀截取回者，斩监候。(律)

驿使稽程

出使驰驿违限，因而失误军机者，若各驿官故将好马藏匿不即应付以致违限者，斩监候。(律)

文书应给驿而不给

调遣军马及飞报军情文书故不遣使给驿，因而失误军机者，斩监候。(律)

公事应行稽程

夫役、工匠人等遇紧要差使，如不尊官长约束，为匪不法，逞刁挟制，率众飏散误差，为首者，斩监候。(例)

军需管送违限，以致临敌缺乏，失误军机者。若承差人误不依题写去处，以致违限，失误军机者，斩监候。(律)

刑

谋反大逆

谋反及大逆，但共谋者，凌迟。(律)

谋反大逆，祖父、父、子孙、兄弟及同居之人，并伯叔父、兄弟之子年十六以上者；知情故纵，隐藏者，斩立决。(律)

谋叛

谋叛及共谋者，逃避山泽拒敌官兵者，斩立决。(律)

谋叛知情故纵，隐藏者；谋而未行，为首者；逃避山泽，不服追唤，为首者，绞立决。（律）

异姓人歃血订盟，焚表结拜弟兄为首者，绞监候。（例）

造妖书妖言

妄布邪言，书写张贴，煽惑人心，为首者，斩立决。（例）

妄布邪言写贴，煽惑人心，为从者，斩监候。（例）

造谶纬、妖书、妖言，及传用惑众者，斩监候。（律）

盗大祀神御用物

盗大祀神御用器等物，及飨荐之属者，斩立决。（律）

盗制书

盗制书者，斩立决。（律）

盗各衙门官文书，事干军机钱粮者，绞监候。（律）

盗印信

盗各衙门印信者，斩监候。（律）

盗内府财物

盗御宝、乘舆服御物者，斩立决。（例）

盗内府财物，及监守，常人盗，窃盗，掏摸但三次者，绞监候。（例）

盗园陵树木

山前山后各有禁限，若有盗砍树株，为首者；取土取石，开窑烧造，放火烧山，为首者，斩立决。（例）

监守自盗仓库钱粮

漕运粮米监守盗，数满六百石，入己者，斩监候。(例)

侵盗仓库钱粮，数满一千两以上者，斩监候。(例)

常人盗仓库钱粮

漕运粮米常人盗入己，数满六百石者，绞监候。(例)

常人盗仓库钱粮，入己数满三百两者，绞监候。(例)

窃盗鞘饷至一百两以上者，绞监候。(例)

强盗

强盗得财者，以药迷人图财者，斩立决。(律)

强盗杀人放火，烧人房屋，奸污人妻女，打劫牢狱仓库，及干系城池衙门，并积百人以上者，枭示。(例)

响马强盗执有弓矢军器，白日邀劫道路，赃证明白，俱不分人数多寡，曾否伤人，枭示；江洋行劫大盗，枭示。(例)

响马强盗执有弓矢军器，白日邀劫道路，伤人不得财者，斩监候。(例)

强盗内有老瓜贼，或在客店内用闷香、药面等物迷人取财，或在路将同行客人杀害者，不分首从斩立决。(例)

捕役为盗者，斩立决。(例)

投首之贼借追赃名色，将平人捏称同伙，挟仇扳害，或索诈财物者，斩立决。(例)

强盗诬扳良民首盗杀人，及伤人伙盗并行劫三次者。其未伤人之伙盗，斩立决。(例)

窃盗弃财逃走，事主追逐，拘捕，殴事主至折伤以上为首绞监候。(律)

窃盗拒捕及杀伤人者；因盗而奸者，斩监候。(律)

诬窃为盗，吓诈逼认，因而致死及致死二命者，绞监候。(例)

诬窃为盗，拷打致死者，斩监候。（例）

强盗伤人，而未得财，为首者，斩监候。（例）

官员抑勒讳盗拷打致死者，斩监候。（例）

续获强盗无自认口供，赃迹未明，伙盗已决无证者，斩监候。（例）

劫囚

私窃放囚人逃走，因而伤人者。官司差人追征钱粮、勾摄公事及捕获罪人，聚众打夺，因而伤差人者。杀人及聚至十人，下手致命者。率领家人随从打夺家人，亦曾伤人之尊长绞监候。（律）

劫囚者。私窃放囚人逃走，因而杀人者。官司差人追征钱粮、勾摄公事，及捕获罪人聚众打夺，因而杀人，及聚至十人，为首者。率领家人随从打夺，家人亦曾杀人者，尊长斩监候。（律）

行劫罪囚，不论曾否得囚，有无伤人，为首之人；伤人者之伙犯；有杀人者，为首之人及伙犯枭示。其在中途打夺罪囚，因而杀人，为首者斩立决。（例）

在中途打夺罪囚，因而杀人，下手致命者，绞立决。（例）

行劫罪囚，未经杀人、伤人为从者，斩监候。（例）

白昼抢夺

聚众伙谋抢夺路行妇女，或卖，或自为奴婢，为首者，斩立决。（例）

聚众伙谋抢夺路行妇女或卖，或自为奴婢，为从者，绞监候。（例）

黔、楚红苗仇忿聚众抢夺，人数至五十名，杀人，为首者；聚众至百人，虽不杀人，为首者；聚众至百人，杀人，为首者枭示。（例）

黔、楚红苗聚至五十人杀人下手者，绞监候。（例）

黔、楚红苗仇忿聚众抢夺，人数不及五十名，杀人，为首者。聚众至五十人，虽不杀人，为首者；聚众至百人，杀人下手者，斩监候。（例）

苗人抢夺，该土官教令指使，或通同谋利者，斩立决。(例)

粮船水手聚众十人以上，执持器械抢夺，为首者，斩立决。(例)

白昼抢夺杀人者，斩立决。(例)

白昼抢夺伤人，为首者，斩监候。(律)

出哨兵弁遇商船在洋遭风，尚未覆溺，及著浅不致覆溺，不为救护，反抢取财物，拆毁船只者，不分首从，枭示。遭风覆溺人尚未死，不速救护，止顾捞抢财物，以致商民淹毙者，为首之兵丁；在船将备同谋抢夺者；若明知事犯重罪，在无人处所故将商人全杀灭口者，无论官兵，但系在船同谋，不分首从枭示。(例)

出哨兵弁遇商船遭风覆溺人未死，不速救护，只顾捞抢财物，以致商民淹毙者，为从之兵丁。在船将备虽不同谋，而分赃者；见船覆溺阻挠不救，以致淹毙人命；为首阻救之人，斩监候。(例)

江南通州、崇明、昭文沙民伙众争地，执持器械，及聚众四五十人，有抗官重情，为首者，斩立决。(例)

江南通州、崇明、昭文沙民伙众争地，执持器械及聚众四五十人，有抗官重情为从者，绞监候。(例)

白昼抢夺三犯者，绞立决。(例)

白昼抢夺人财物，至一百二十两以上者，绞监候。(例)

抢夺伤人为首者，斩监候。(例)

窃盗

窃盗拒捕杀人，为首者，斩立决。(例)

窃盗拒捕伤人未死，斩监候。(例)

窃盗及掏摸得财一百二十两以上者。窃盗及掏摸三犯者，绞监候。(律)

窃盗三犯，赃至五十两以上者，绞监候。(例)

窃盗赃至满贯者，绞监候。(例)

盗马牛畜产

驻扎外边官兵及跟役等，偷盗蒙古马匹者，斩立决。(例)

偷盗官马十匹以上者，窝主及牧马人役自行盗卖者，绞监候。(例)

盗田野谷麦

越度禁约山河偷采人参，财主及率领头目一人名下，所放之人至百名以上，所得之参至五百两以上，为首者，绞监候。(例)

盗田野谷麦

盗掘金银等项矿砂，若在山洞捉获，持杖拒捕伤人，为首者，斩监候。(例)

亲属相盗

同居卑幼因他人强劫己家财物者，斩立决。(例)

奴婢勾引外人同盗家长财物，至一百二十两以上者，绞监候。(例)

恐吓取财

恶棍设法索诈官民，或因诈财不遂，竟行殴毙，为首者，斩立决。(例)

恶棍设法索诈官民，或因诈财不遂，竟行殴毙，为从者，绞监候。(例)

旗民结伙指称隐匿逃人，索诈财物，为首者，斩立决。(例)

旗民结伙指称隐匿逃人，索诈财物，为从者，绞监候。(例)

太监逃出索诈者，斩立决。(例)

苗人伏草捉人，横加枷肘，勒银取赎，再犯者，不分首从；土哨奸民沟通取利，造意者，斩立决。(例)

苗人伏草捉人，横加枷肘，勒银取赎，初犯，为首者，斩监候。(例)

略人略卖人

伙众开窑，诱取妇人子女藏匿勒卖，为首者，斩立决。(例)

窃隐川贩，指引捆拐藏匿递卖者，同川贩，首犯，斩立决。(例)

以药饼及邪术迷拐幼小子女，为首者，绞立决。(例)

略诱略卖良人因而伤人，绞监候。(律)

略诱略卖良人因而杀人者，斩监候。(律)

将腹里人口用强卖与境外土官、土人、峒寨图利，未曾杀伤人者，绞监候。(例)

诱拐妇人子女或典卖或为妻妾子孙，被诱之人若不知情，为首者，绞监候。(例)

发冢

纠众发冢起棺，索财取赎者，不分首从，斩立决。(例)

发掘贝勒、贝子、公等坟冢，开棺椁见尸，为首者。发掘历代帝王陵寝、先贤名臣，及前代藩王坟墓，开棺椁见尸，为首者，斩立决。(例)

发掘贝勒、贝子、公等坟冢，开棺见尸，为从；及见棺，为首者。发掘历代帝王陵寝、先贤名臣，及前代藩王坟墓，开棺见尸，为从；及见棺，为首者，绞立决。(例)

发掘贝勒、贝子、公等坟冢见棺，为从；及未至棺，为首者。发掘历代帝王陵寝、先贤名臣及前代藩王坟墓见棺为从；及未至棺为首者，绞监候。(例)

奴婢、雇工人发掘家长坟墓冢，开棺椁见尸，为首者；毁弃撇撒死尸者，不分首从，子孙同，斩立决。(例)

奴婢、雇工人发掘家长坟冢见棺椁，为首者，绞立决。(例)

奴婢、雇工人发掘家长坟冢，开棺椁见尸，为从者，子孙同，斩监候。(例)

发冢开棺椁见尸者，子孙于祖父母、父母，奴婢、雇工人于家长坟墓熏狐狸烧尸者，绞监候。(律)

食人吉壤将远年之坟墓盗发者，绞监候。(例)

田地场园内盗葬而地主发掘开棺见尸者，绞监候。(例)

偷刨坟墓为从之犯，开棺三次，及至三次以外有赃证，次数确凿者，绞监候。(例)

盗未殡未埋尸柩及发年久穿陷之冢，开棺见尸三次者；为从，三次以上者，绞监候。(例)

卑幼发尊长坟冢，开棺椁见尸者；毁弃缌麻以上尊长死尸者；子孙毁弃祖父母、父母，及奴婢、雇工人毁弃家长死尸者，斩监候。(律)

因争坟阻葬开棺，易棺埋藏占葬者，斩监候。(例)

<u>盗贼窝主</u>

强盗窝主造意分赃者；若共谋行而不分赃，及分赃而不行者，斩立决。(律)

各处无籍之徒引贼劫掠以复私仇，探报消息，致贼逃窜者，枭示。(例)

窝线同行上盗，得财者，斩立决。(例)

<u>谋杀人</u>

谋杀人因而得财者，斩立决。(律)

谋杀人，造意者，斩监候。(律)

谋杀人从而加功；伤而不死造意者，绞监候。(律)

谋财害命者；杀人后掠取家财，并知有藏蓄而取去者，斩立决。(例)

图财害命得财，而杀死人命之首犯；与从而加功者；伤人未死，而已得财之为首者，斩立决。(例)

图财害命，得财而杀死人命，不加功者。伤人未死，已得财之加功者。未得财，杀人为首者，斩监候。(例)

图财害命未得财，伤人为首者，绞监候。(例)

谋杀人已行，其人知觉奔走，迫于凶悍，当时失跌身死者，原谋，绞监候。(例)

谋杀制使及本管长官

部民谋杀本属府、州、县，军士谋杀本管官，吏卒谋杀本部五品以上长官，已杀者，斩立决。(律)

部民谋杀本属州、县，军士谋杀本管官，吏卒谋杀本部五品以上长官，已伤，为首者，绞立决。(律)

奉制命出使而官吏谋杀，已伤，为首者，绞监候。(律)

奉制命出使而官吏谋杀，已杀者，斩监候。(律)

谋杀祖父母父母

谋杀祖父母、父母，及期亲尊长、外祖父母、夫、夫之祖父母、父母，已杀者。奴婢及雇工人谋杀家长，及家长之期亲、外祖父母，已杀者，凌迟。(律)

谋杀祖父母、父母，及期亲尊长、外祖父母、夫、夫之祖父母、父母，已行者；谋杀缌麻以上尊长，已杀者；奴婢及雇工人谋杀家长，及家长之期亲外祖父母，已行者；缌麻以上亲，已杀者，斩立决。(律)

谋杀缌麻以上尊长，已伤，为首者；奴婢及雇工人谋杀家长之缌麻以上亲，已伤，为首者，绞立决。(律)

杀死奸夫

妻妾因奸同谋，杀死亲夫者，凌迟。(律)

因奸同谋杀死亲夫者，奸夫，斩监候。(律)

奸夫自杀其夫，奸妇不知情绞监候。(律)

因奸同谋杀死亲夫，本夫不知奸情，及虽知奸情，迫于奸夫强悍，不能报复，并非有心纵容者，奸妇，凌迟。(例)

因奸谋死亲夫，若本夫纵容抑勒妻妾与人通奸，被妻妾起意谋杀，或奸夫起意，知情同谋者，奸妇，斩立决。(例)

因奸谋死亲夫，若本夫纵容抑勒妻妾与人通奸，或被妻妾起意谋杀，或奸夫起意，知情同谋者，奸夫斩监候。(例)

本夫纵容抑勒妻妾与人通奸，如因别情，将奸夫、奸妇一齐杀死者，斩监候。(例)

本夫先经纵容抑勒妻妾与人通奸，后因索诈不遂，杀死奸妇者，绞监候。(例)

亲属相奸，如奸夫将本夫杀死，与奸妇商通谋死者，奸妇，凌迟。(例)

亲属相奸，如奸夫将本夫杀死，或与奸妇商通谋死者，奸夫，斩立决。(例)

因奸谋杀本夫，伤而不死者，奸妇，斩立决。(例)

奸夫同谋杀死亲夫，起意者。谋杀之后将奸妇拐逃，或为妻妾，或得银嫁卖，并拐逃幼小子女，卖为奴婢者，斩立决。(例)

非奸所获奸将奸妇逼供而杀害，无奸情确据者，本夫；本夫登时奸所获奸将奸妇杀死，奸夫当时脱逃，后被拿获到官，审明奸情是实者，奸夫，绞监候。(例)

奸夫已离奸所，本夫逐之门外，非登时杀之者，绞监候。(例)

本夫之兄弟及有服亲属捉奸，非登时杀伤者，绞监候。(例)

非应捉奸之人有杀伤者，绞监候。(例)

奸夫造意谋杀本夫，伤而不死者，绞监候。(例)

奸夫自杀夫之父母，奸妇虽不知情者，绞监候。(例)

谋杀故夫父母

妻妾谋杀故夫祖父母、父母，已杀者，凌迟。(律)

妻妾谋杀故夫祖父母、父母，已行者，斩立决。(律)

杀一家三人

杀一家非死罪三人，及支解人，为首者，凌迟。(律)

杀一家非死罪三人，及支解人，为从者，斩立决。(律)

杀一家非死罪三人，及支解人，为首凌迟；监故者仍剉碎死尸，枭示。(例)

本欲支解，其人行凶时势力不遂，乃先杀讫随又支解者，凌迟。(例)

本宗及外姻尊长杀大功、小功、缌麻、卑幼一家三人者，凌迟。(例)

发遣当差为奴之犯，杀死伊管主一家三人，并三人以上者，凌迟。(例)

本宗及外姻尊长杀缌麻、功服、卑幼一家非死罪主仆雇工人三人者，杀期服、卑幼一家主仆雇工三人内有功服、缌麻卑幼者。谋占家产，图袭官职，杀期服卑幼一家三人者，斩立决。(例)

发遣当差为奴之犯，杀死伊管主一家三人，并三人以上，其知情之子孙，斩立决。(例)

发遣当差为奴之犯，杀死伊管主一家三人，并三人以上，其不知情之子孙，斩监候。(例)

聚众共殴原无必杀之心，而乱殴一家三命致死者，率先聚众之人，斩立决。(例)

聚众共殴原无必杀之心，而乱殴一家三命致死，为从下手伤重者，绞监候。(例)

本宗及外姻尊长杀期服卑幼一家主仆雇工三人者，绞立决。(例)

杀内外功服、缌麻，及族中奴仆一家三人者，斩监候。(例)

杀期亲奴仆一家三人者，绞监候。(例)

采生折割人

采生折割人，为首者，凌迟。(律)

采生折割，为从，及行而未伤人，为首者，斩立决。(律)

造蓄蛊毒杀人

造蓄蛊毒杀人，及教令者，斩立决。(律)

造魇魅、符书、咒诅，因而致死者；用毒药杀人者，斩监候。(律)

斗殴及故杀人

好斗凶徒见人斗殴，则约伙寻衅，将人父母殴毙为首者，斩立决。(例)

斗殴杀人者。同谋共殴人，因而致死，下手者，绞监候。(律)

好斗凶徒见人斗殴，则约伙寻衅，将人父母殴毙为从者，绞监候。(例)

故杀者，斩监候。(律)

文武生员欺压平民，殴人致死者，斩监候。(例)

与人斗殴后迁怒于其父母，毒殴致毙者，斩监候。(例)

屏去人服食

以他物置人耳鼻及孔窍中若故屏去人服食致死，绞监候。(律)

戏杀误杀过失杀伤人

因戏而杀人及因斗殴而误杀旁人者；知津河水深泥泞，及桥梁渡船朽漏，诓令人过渡以致陷溺死者，绞监候。(律)

故用蛇蝎毒虫咬伤人，因而致死者，斩监候。(律)

谋杀、故杀人，而误杀旁人，斩监候。(律)

庸医杀伤人

庸医故违本方，诈疗疾病取财，因而致死，及因事故用药杀人者，

斩监候。(律)

威逼人致死

因强奸将本妇立时杀死者，斩立决。(例)

强奸既成，本妇羞忿自尽者，奸夫，斩监候。(例)

强奸未成，但经调戏，本妇羞忿自尽者，绞监候。(例)

强奸人妻女，其夫与父母亲属闻声赴救，奸夫逞凶拒捕，立时杀死其夫与父母亲属者，斩立决。(例)

强奸既成，其夫与父母、亲属羞愤自尽者，奸夫，斩监候。(例)

强奸未成，或但经调戏，其夫与父母亲属羞忿自尽者，绞监候。(例)

强奸内外缌麻以上亲，及缌麻以上亲之妻，妻之前夫女，同母异父姊妹已成，本妇羞忿自尽者，斩立决。(例)

强奸内外缌麻以上亲，及缌麻以上亲之妻，妻前夫之女，同母异父姊妹未成，本妇羞忿自尽者，奸夫斩监候。(例)

子孙威逼祖父母、父母，妻妾威逼夫之祖父母、父母致死者，斩立决。(例)

妻妾威逼夫，致死者，绞立决。(例)

威逼期亲尊长致死，绞监候。(律)

喇嘛、和尚等强奸致死人命，为首者，斩立决。(例)

喇嘛、和尚等强奸致死人命，为从者，绞监候。(例)

军民人等因事威逼本管官致死，为首者，绞监候。(例)

因奸盗威逼人致死者，斩监候。(律)

因奸威逼致死，有挟制窘辱情状，其死者无论本夫、本妇、父母、亲属，奸夫，斩立决。(例)

强奸未遂，将本妇殴伤，越数日后因伤身死者，奸夫，斩监候。(例)

保辜限期

保辜限内因伤死者，绞监候。(律)

宫内忿争

太监在皇城内持金刃自伤者，斩监候。(例)

太监在紫禁城内持金刃自伤者，斩立决。(例)

皇家袒免以上亲被殴

殴皇家袒免以上亲，至笃疾者，绞监候。(律)

殴皇家袒免以上亲，至死者，斩监候。(律)

殴制使及本管长官

奉制命出使而官吏殴之，及部民殴本属府、州、县，军士殴本管官，吏卒殴本部五品以上长官，折伤者；吏卒殴六品以下长官、佐贰官、首领官，笃疾者，绞监候。(律)

奉制命出使而官吏殴之，及部民殴本属府、州、县，军士殴本管官，吏卒殴本部五品以上长官，死者；若吏卒殴本部六品以下长官、佐贰官、首领官，死者，斩监候。(律)

军民人等殴死在京见任官者，斩监候；谋死者斩立决。(例)

八旗兵丁因管教，将本管官戳死者；闲散及护军披甲人记仇，将该管官刃伤者，斩立决。(例)

佐职统属殴长官

本衙门首领官及所统属官殴长官，笃疾者，绞监候。(律)

本衙门首领官及所同属官、佐贰官殴长官，死者，斩监候。(律)

拒殴追摄人

官司差人追征钱粮、勾摄公事，而殴至笃疾者，绞监候。(律)

官司差人追征钱粮、勾摄公事，而殴死者，斩监候。(律)

殴受业师

殴受业师，死者，斩立决。(律)

僧尼谋杀受业师，已杀者。殴、故杀者，斩立决。(例)

僧尼谋杀受业师，已伤者，绞立决。(例)

威力制缚人

以威力制缚人及私家拷打监禁，因而致死者，绞监候。(律)

地方绅衿将佃户妇女奸占为婢妾者，绞监候。(例)

良贱相殴

奴婢殴良人，至笃疾者；良人殴他人奴婢，至死及故杀者；故杀缌麻、小功、大功亲奴婢者；殴缌麻、小功、大功亲雇工人，至死及故杀者，绞监候。(律)

奴婢殴良人，死者，斩监候。(律)

奴婢殴家长

奴婢殴家长者，若故杀家长之期亲，及外祖父母父母者；雇工人故杀家长，及家长之期亲，若外祖父母者，凌迟。(律)

奴婢殴家长之期亲，及外祖父母伤者；奴婢殴家长之缌麻、小功、大功亲至死，及故杀者；雇工人殴家长之期亲，若外祖父母，及缌麻、小功、大功亲至死，及故杀者，斩监候。(律)

奴婢过失杀家长者；殴家长期亲及外祖父母者；殴家长缌麻、小功亲至笃疾，大功亲至折伤以上者；雇工人殴家长及家长期亲，若外祖父母折伤者，绞监候。(律)

民人奴仆背主投营，挟制家长，勒索原契及妻子财物者，斩立决。(例)

家长及家长期亲外祖父母故杀雇工人者，绞监候。(律)

官员故杀他人奴婢者，绞监候。(例)

旗人故杀白契所买并典当之人，绞监候。(例)

妻妾殴夫

妻妾故杀夫，及妾故杀正妻者，凌迟。(律)

妻妾殴夫，及妾殴正妻，死者，斩立决。(律)

妻妾殴夫，及妾殴正妻，至笃疾者；妾殴夫至折伤肢体及瞎一目者，绞立决。(律)

妾殴正妻至折跌肢体及瞎一目者，夫殴妻并妻殴妾至死及故杀者；殴妻之父母至笃疾者，绞监候。(律)

殴妻之父母至死，及故杀者，斩监候。(律)

殴大功以下尊长

卑幼殴本宗功服兄姊尊属，死者，斩立决。(律)

卑幼殴本宗功服兄姊尊属，笃疾者，绞立决。(律)

卑幼殴本宗缌麻及外姻缌麻、小功、大功兄姊尊属，死者，斩监候。(律)

卑幼殴本宗缌麻及外姻缌麻、小功、大功兄姊尊属，至笃疾者；尊长殴缌麻、小功、大功卑幼至死及故杀者；故杀同堂弟、妹、堂侄及侄孙者，绞监候。(律)

殴期亲尊长

弟妹故杀兄姊，若侄故杀伯叔父母姑，及外孙故杀外祖父母者，凌迟。(律)

弟妹殴兄姊，若侄殴伯叔父母姑，及外孙殴外祖父母，死者，斩立决。(律)

弟妹殴兄姊，若侄殴伯叔父母姑，外孙殴外祖父母，刃伤及折一

肢，瞎一目，为首者，绞立决。(律)

兄及伯叔因争夺弟侄财产官职，并仇隙故杀者，绞监候。(例)

故杀期亲弟妹者，绞监候。(例)

殴祖父母父母

子孙殴祖父母、父母，及妻妾殴夫之祖父母、父母，杀者，凌迟。(律)

子孙殴祖父母、父母，及妻妾殴夫之祖父母、父母者，斩立决。(律)

卑幼殴本宗缌麻、小功、大功兄姊尊属至笃疾者，尊长殴缌麻、小功、大功卑幼至死及故杀者，故杀同堂弟、妹、堂侄及侄孙者，绞监候。(律)

妻妾与夫亲属相殴

妻殴夫卑属至死者；故杀夫之兄弟子者；尊长殴卑幼之妇妾，至死及故杀者，绞监候。(律)

妻妾殴夫之期亲以下、缌麻以上尊长，至死者，斩监候。(律)

殴妻前夫之子

殴妻前夫之子，至死者，绞监候。(律)

殴继父致死者，斩监候。(律)

妻妾殴故夫父母

妻妾夫亡改嫁，殴故夫之祖父母、父母，杀者，凌迟。(律)

妻妾殴故夫祖父母、父母者，斩立决。(律)

奴婢骂家长

奴婢骂家长者，绞监候。(律)

骂祖父母父母

骂祖父母、父母，及妻妾骂夫之祖父母、父母者，绞立决。(律)

妻妾骂故夫父母

妻妾骂故夫之祖父母、父母者，绞立决。(律)

投匿名书告言人罪

投隐匿姓名文书告言人罪者；诡写他人姓名词帖，讦人隐私陷人，或空纸用印，虚捏他人文书，买嘱铺兵递送，诈以他人姓名注附木牌进入内府不销名字，陷人得罪者，绞监候。(律)

捏造悖谬言词，投贴匿名揭帖，及知而不首者，绞立决。(例)

布散匿名揭帖，及投递部院衙门者；不肖官员唆使恶棍粘贴、布散、投递揭帖者，绞立决。(例)

告状不受理

告谋反叛逆，官司不即受理掩捕，以致聚众作乱，或攻陷城池，及劫掠人民者，斩监候。(律)

诬告

诬告人因而致死随行有服亲属一人者；诬告人绞罪所诬之人已决者，绞监候。(律)

诬告人斩罪，所诬之人已决者，斩监候。(律)

诬告致死平人，及因拷禁身死者；或将案外之人施累拷禁，致死一二人者，绞监候。(例)

挟仇诬告谋死人命致尸遭蒸检，为首者，绞监候。(例)

律应抵命之亲属尊长，诬告谋死人命致蒸检卑幼之尸，及卑幼诬告致蒸检尊长之尸者，绞监候。(例)

干名犯义

子孙诬告祖父母、父母，妻妾诬告夫，及夫之祖父母、父母者。奴婢、雇工人罪同，绞立决。(律)

教唆词讼

奸夫教令奸妇诬告其子不孝者，斩监候。(律)

官吏受财

官吏受财有禄人枉法赃至八十两者；不枉法赃至一百二十两以上者；无禄人枉法赃至一百二十两者，绞监候。(律)

各部院衙门书办，指称部费，招摇撞骗干犯国宪，非寻常犯赃可比者，斩立决。(例)

例衙蠹恐吓索诈至一百二十两者，绞监候。(例)

书役年满，暗行顶买索取租银至八十两者，绞监候。(例)

私受公侯伯财物

内外武官不得接受公、侯、伯金银缎疋等物，若接受再犯者，绞监候。(律)

诈为制书

诈为制书及增减未施行，为首者；诈为部院、将军、督抚、提镇等衙门文书、套画押字，盗用印信及空纸用印者，绞监候。(律)

诈为制书及增减者，斩监候。(律)

诈传诏旨

诈传懿旨、令旨，为首者，绞监候。(律)

诈传诏旨为首者；各衙门当该官吏将奏准合行事理，妄称奉旨追问者，斩监候。(律)

伪造印信时宪书等

伪造诸衙门印信及时宪书、符验、茶盐引为首者，斩监候。(律)

伪造诸衙门印信及钦给关防，事关军机钱粮，假冒官职，大干法纪，为首者，斩立决。(例)

伪造诸衙门印信及钦给关防，事关军机钱粮，假冒官职，大干法纪，从者，绞监候。(例)

伪造诸衙门印信及钦给关防，诓骗财物，数多，为首者，斩监候。(例)

盗用督抚、提学、兵备、屯田、水利等官钦给关防者，绞监候。(例)

各衙门吏役伪造本官印信，其倩人雕刻骗财物，至五十两以上者，绞监候。(例)

盗及弃毁、伪造督抚、提学、兵备、屯田、水利官钦给关防者，斩监候。(例)

私铸铜钱

私铸铜钱者，匠人同，绞监候。(律)

将大制钱剪边打造烟袋等物买卖，剪边至十千文以上，为首者，绞监候。(例)

诈假官

诈假官及与人官者，斩监候。(律)

诈称内使等官

诈称内使及内阁、六科、部院、监察御史、按察司官在外体察事务，煽惑人民者，斩监候。(律)

近侍诈称私行

近侍之人在外诈称私行体察事务，煽惑人民者，斩监候。(律)

买他人考选公文顶名赴部，已受职者，斩监候。(例)

犯奸

轮奸，为首者。斩立决。(例)

轮奸，为从者，绞监候。(例)

恶徒伙众抢去良人子弟，强行鸡奸，为首者；其虽未伙众，因奸杀死良人子弟，及强行鸡奸未至十岁之幼童者，斩立决。(例)

恶徒伙众将良人子弟抢去强行鸡奸，为从，若同奸者；和奸十二岁以下十岁以上幼童者；若止一人强行鸡奸，并未伤人者，绞监候。(例)

强奸十二岁以下幼女因而致死，及强行奸污未至十岁之幼女者，斩立决。(例)

强奸十二岁以下十岁以上幼女者，斩监候。(例)

和奸十二岁以下十岁以上幼女者，绞监候。(例)

因强奸执持凶器戳伤本妇，及拒捕致伤旁人，未成奸者，绞监候。(例)

因强奸执持凶器戳伤本妇，及拒捕致伤旁人，已成奸者，斩监候。(例)

强奸者；奸幼女十二岁以下者，绞监候。(律)

职官及军民奸官妻者，奸夫、奸妇，绞监候。(例)

奴奸家长之妾者，奸夫、奸妇，绞监候。(例)

强奸十二岁以下十岁以上幼童者。若止一人强行鸡奸，伤人未死者，斩监候。(例)

亲属相奸

奸从祖祖母、在室祖姑、从祖伯叔母、在室从祖伯叔姑、从父姊妹、母之姊妹及兄弟妻、兄弟子妻，和者，奸夫、奸妇，绞立决。(律)

奸出嫁祖姑及出嫁从祖伯叔姑，和者奸夫、奸妇；奸亲属妾，强者，绞监候。（律）

奸同宗无服之亲及无服亲之妻，强者；奸缌麻以上亲及妻，若妻前夫之女，同母异父姊妹，强者；奸出嫁小功再从姊妹、堂侄女、侄孙女，强者，斩监候。（律）

奸从祖祖母、从祖祖姑、从祖伯叔母、从祖伯叔母、从祖伯叔姑、从父姊妹、母之姊妹、及兄弟妻、兄弟子妻，强者；奸在室小功、再从姊妹、堂侄女、侄孙女，强者；奸父祖妾、伯叔母姑姊妹、子孙之妇、兄弟之女，和者，奸夫、奸妇；强者，奸夫，斩立决。（律）

奸妻之亲生母者，奸夫、奸妇，绞立决。（例）

诬执翁奸

男妇诬执亲翁，及弟妇诬执夫兄欺奸者，斩监候。（律）

奴及雇工人奸家长妻

奴及雇工人奸家长之期亲，若期亲之妻，和者奸夫，绞监候。（律）

奴及雇工人奸家长缌麻以上亲及妻妾，强者，斩监候。（律）

奴及雇工人奸家长妻女，和者，奸夫、奸妇；强者，奸夫，斩立决。（律）

良贱相奸

奴奸良人妇女，强者，斩监候。（律）

良人奸他人婢，强者，绞监候。（律）

赌博

旗人将自己银钱开场诱赌，经旬累月聚集无赖放头、抽头，再犯者，绞监候。（例）

阉割火者

私自净身，并下手者，斩监候。(例)

诓骗强勒阉割者，斩监候。(例)

放火故烧人房屋

放火延烧官民房屋及积聚之物，因而盗取财物者；放火故烧官民房屋及公廨仓库系官积聚之物者，斩监候。(律)

故烧各边仓场官粮草束者，枭示。(例)

凶徒纠众谋财放火，故烧官民房屋、公廨、仓库系官积聚之物，并街市镇店，人居稠密之地，延烧抢夺财物者，不分首从，杀伤人者，枭示。有因焚压致死者，为首之人，枭示。挟仇放火延烧，因而杀人，及有焚压致死者，为首之人，斩立决。(例)

谋财放火随即救熄，尚未延烧，为首者；挟仇放火因而杀人，及有焚压致死之为从；商谋下手，燃火者，绞监候。(例)

恶徒谋财放火延烧，尚未抢掠财物，又未伤人者，为首之人；挟仇放火延烧，其未伤人及伤而不死者，为首之人，斩监候。(例)

罪人拒捕

强盗拒捕，杀伤官兵，其同在一处，或三五成群同恶共济者，斩立决。(例)

犯罪拒捕殴人，至折伤以上者，绞监候。(律)

犯罪拒捕杀人者，斩监候。(律)

狱囚脱监及反狱在逃

原拟斩枭及斩立决之盗犯，若越狱逃脱，被获者；免死发遣之犯，如越狱脱逃，被获者；若因越狱，杀伤兵役者；其外省越狱，及在途脱逃盗犯，被别省拿获者其从部刺字发遣，在途用酒灌醉，用药迷倒解

差，乘间远飏者；若因脱逃，杀伤兵役者斩立决。(例)

越狱人犯通线之人，与囚同罪至死者，绞监候。(例)

罪囚反狱在逃者，斩监候。(律)

故禁故勘平人

故勘平人因而致死者，斩监候。(律)

官吏怀挟私仇故禁平人致死者，绞监候。(律)

承审官吏凡遇一切命盗案件，倘事实无干，或因勒诈不遂，暗行贿嘱罪人诬扳，刑讯致死者，斩监候。(例)

凌虐罪囚

官员擅取病呈致死监犯者，斩监候。(例)

官员擅取病呈致死监犯，狱官、禁卒人等听从指使，下手者，绞监候。(例)

狱卒凌虐罪囚克减衣粮因而致死者，绞监候。(律)

狱卒受人贿嘱谋死本犯，为首者，斩监候。(例)

狱卒受人贿嘱谋死本犯，为从；加功者，绞监候。(律)

与囚金刃解脱

狱卒以金刃及他物与囚，致囚反狱及杀人者，绞监候。(律)

死囚令人自杀

死囚令人自杀，而子孙于祖父母、父母及奴婢、雇工人于家长者，斩监候。(律)

官司出入人罪

承审官于本罪外捏造情罪重大，诬指朋党，株连父母、兄弟、妻子，籍没家产者，斩监候。(例)

承审官改造口供入人死罪，已决者，绞监候。(例)

工

盗决河防

河员将完固堤工故行毁坏，希图兴修侵蚀钱粮者，斩立决。(例)

失时不修隄防

在河工浮议动众，以致众力懈弛倡造，为首者，斩监候。(例)

附录二　清代秋审实缓比较条款[①]

职官服制门

职官(凡文武食俸皆是)犯一应死罪无论罪名情节轻重俱入情实(嘉庆四年本部奏定内开官员必须身列仕版，现食俸禄，若仅系顶戴荣身如四等职衔台吉额外外委等项有职无任，并未食俸之员有犯，俱分别情节轻重定拟实缓入于常犯册内进呈等因奏准在案)。

有关服制等项如殴死期功尊长及刃伤期亲尊长并子孙妻妾奴婢过失杀祖父母、父母、夫家长等案系由立决改监候者，俱另归服制册拟入情实。其尊长仅令殴打，卑幼则迭殴多伤致死斩候之案，嘉庆四年奏明亦归服制册办理。又刃伤期亲尊长案内讯非有心干犯及误伤者嘉庆八年始定绞候之例，亦入服制册；又子孙妻妾违犯教令致祖父母、父母、夫抱忿自尽及逼迫期亲尊长致令自尽之案，十四年奏准亦入服制册办理(如违犯恩养已久义父母致令自尽照亲子取问如律拟绞之犯不入服制，仍照常犯办理。十八年直隶有改缓决之案)。

残毁有服尊长死尸者应入情实(不入服制册)。

误杀期功尊长犯时不知照凡斗者应拟缓决(盗官物等项犯时不知者

---

① 《秋审实缓比较成案》卷一“秋审实缓比较条款”

亦可照办）。

殴死本宗缌麻尊属之案（不入服制册，惟道光十七年安徽汪书容听从父命活埋罪犯应死缌尊由立决改为监候，外缓改实，查案酌入服制册），刃伤者向多入实，如救亲情切或致毙灭伦尊长并情急搪抵伤轻及戳止一伤、死非徒手者，虽属刃伤亦可酌量入缓，其理直手足他物伤轻者应入缓决，若铁器伤重及他物伤多者，虽衅起理直亦不应轻拟缓决。再亲属重奸不重盗，若殴死行窃尊长并因钱债细故而行殴，情凶伤重者俱不应率行议缓。（按此条系向办旧章，近年金刃三伤以上者亦不可轻议缓决。）

殴本宗缌麻尊长至笃疾之案，究无人命亦与刃伤期亲尊长不同，其情节略有可原者俱入缓决。

殴死外姻缌麻尊长视常人只差一间，不得与本宗并论，即金刃及他物伤多，俱可核其情伤轻重分别实缓（较常斗略严）。

殴死同居继父母及小功母舅之案应入情实，如系救父救母并伤近于误，及情同抵格适伤致毙者亦可缓决。

殴死妻父母之案，如负恩昧良逞忿行凶者应入情实，其余理直情急，金刃一二伤及他物伤无损折者亦可缓决。

因奸盗致纵容之祖父母、父母被人杀死俱入情实（致翁姑被杀者近亦有酌缓成案）。

因奸致本夫羞忿自尽俱入情实。

奸夫谋故杀及拒捕致毙本夫，奸妇不知情之案，如事后仍与奸夫续奸或跟随同逃俱以恋奸忘仇论（被逼同逃并非恋奸多缓案），并此外又致其父兄被杀及奸夫多命者俱入情实，其余畏罪支饰不首或被奸夫恐吓隐忍，并无前项恋奸忘仇情事及仅酿旁人一命无关服制者均可缓决。

因奸致死子女灭口之案，亲母（无论有无子嗣）入于缓决，永远监禁，嫡母、继母、庶母如致夫绝嗣者俱入情实，未绝嗣者入于缓决永远监禁，其嫡母继母非理殴杀庶生及前妻之子致夫绝嗣应绞监候者俱入缓决，如系故杀及为子图占财产、官职而杀者，嫡母缓决，继母情实，例内已有明文，应查例照办。

姑抑媳同陷邪淫致毙媳命者应入情实（其因奸致死伊媳灭口之案，亲姑、嫡姑、继姑均入缓决永远监禁）。

谋故杀期亲以下卑幼及卑幼之妇各案，如图诈图赖争继争产畏累憎嫌，并因钱债田土口角细故逞忿残杀，或非理欺虐者俱入情实，若情因管教一时触忿，并子媳理曲情凶，及致毙为匪玷辱祖宗卑幼俱可缓决，其殴死功缌卑幼应绞候者，非情节实在惨忍不必遽行议实。

谋故杀义子并雇工及白契所买恩养未久奴婢，如有图诈图赖憎嫌畏累等情因而残杀，及死太幼稚恩养未久者应入情实，其余俱可缓决。

妻谋故杀妾之案如无图诈图赖及妒惨重情者俱可缓决。

妇女殴死夫缌麻以上尊长之案理直情急或伤轻者俱可缓决（不入服制册）。

妇女谋故杀夫卑幼之案如图诈图赖憎嫌畏累，并细故非理残杀者应入情实，若衅起管教及死者理曲犯尊亦可缓决。

夫谋故杀妻之案如图诈图赖及图奸他人因妻碍眼而杀、逼妻卖奸不从而杀、憎嫌病妻而杀并妻无大过逞忿残杀者俱应情实，其余无前项残忍情事或系事后图赖者应入缓决。

僧尼及诸色匠艺人等(优伶不在内)殴死弟子之案，如有因奸挟嫌畏累等情逞忿残杀者俱入情实，其衅起管教无残暴重情者可以缓决。

服制以凡斗定拟之案如殴死功缌以上尊长尊属，因本犯与死者并父祖出继降为无服，又卖休买休等项妻妾殴死夫与翁姑，又殴死继母系伊父卖休买休之妻，此等人犯定罪虽同凡斗，秋审则不可概以凡论，非实在理直情轻，不得轻议缓决。至殴死卖休买休之妻，一则曾有夫妻名分，一则现有夫妻之情，似应较殴死寻常妇女稍宽。

续增①

违犯改嫁祖母教令致令自尽，以恩义而论，祖母系父之所自出亲生一脉，似与嫁母无异，惟服制图内嫁母系降服期年，改嫁祖母则并未载有服制，即不应归服制办理，既不归服制，较之嫁母载有服图降服期年者究有间，止可论其名分归入常犯视其情节之轻重分别实缓。

功服以下尊长如系听从外人图财谋杀十岁以下卑幼，下手加功按平人谋杀加功律问拟绞应入实，如系期亲尊长图财听从外人谋杀十岁以下卑幼亦照此拟绞，惟服制较近应候秋审时斟酌办理。

学习薙头手艺已成弟子殴杀受业师之案，定案比照大功兄律由斩立

① 各续增条参照《续增秋审实缓比较条款》。

决奉旨改为监候已足偿其习业之恩，秋审时因服图内不载故不归服制办理，此等案重在名分，如被殴搪抵伤由失跌者缓决，其余自应分别情节轻重以定实缓，较常斗酌量加严。

父母谋故杀子误杀旁人二命以上及三命以上而非一家拟绞候者入于缓决，其因殴子及谋杀子而误杀有服尊长者仍各照服制办理。

人命门

各项杀人自首得免所因及强盗自首改斩候者俱入情实。

各项立决人犯或奉旨改监候或原情奏请改为监候者俱应入情实，间有因情节实可矜宥临时酌量入缓之案但不宜过宽。

凡谋故杀之案俱应情实。

听从伊妻谋死前夫子女仍同凡论拟绞，及殴死案内伤多情惨，死太幼稚者俱应情实。

谋杀加功之案无论被逼勉从或仅揿按并止代为买药未曾下手俱应情实，从前间有因被父母家长吓逼按殴，或先代为求饶，及死者系奸淫并应死罪人酌入缓决者，近则一概入实（如死者自愿毕命因而听从加功，及听从谋杀应抵正凶等项尚可酌入缓决）。

谋故杀人而误杀旁人者应入情实（如所欲杀之人本非应抵亦可原情入缓）。

因奸听从奸妇同谋杀死本夫之案无论仅止代为买药、买刀，及代为雇人帮杀并未在场者俱入情实。

凡火器杀人之案无论疑贼误杀、因斗误杀俱入情实，间有情切救亲及无心点放(如被死者追逐碰动火机之类)亦可酌入缓决。嘉庆十八年本部议驳御史嵩条奏一概入实。(其间有情罪可原之案于黄册出语声叙，如无心点放照斗杀定拟者入缓，至火器捕贼误杀，及当场致毙应抵正凶，并未经报部巡役致毙盐匪之类，道光三年及十八年曾经奏明酌入缓决，应查照通行核办。)

男子拒奸无据，审无起衅别情，仍照谋故斗杀定拟之案例内已载明入缓应查例照办。

非应许捉奸之人杀死奸夫仍以谋故斗杀定拟各案，嘉庆十五年奏明果系本宗情好素密，实出一时气忿并无起衅别情，仍入缓决；如有挟嫌讹诈等情，应照寻常谋故斗杀酌核情节分别实缓。

为父报仇谋故杀国法已伸人犯之案，乾隆五十八年曾奉谕旨入于缓决永远监禁，后即纂为定例，系专指谋故杀死伊父正凶而言，后又有因寻杀伊父正凶未遇，逢正凶兄弟即系彼时在场同殴伊父余人，被其恶言毒骂触忿故杀之案，虽非正凶而报仇之心则一，亦酌入缓决监禁。(为兄报仇杀死正凶亦同，嘉庆三年十八年俱有案，二十二年秋审河南马蔚可系故杀伊父遇赦原免之余人，照缓永远监禁。)

谋杀人虽伤而未死其谋已行应入情实。

图财害命案内应斩绞监候者俱入情实。

各项罪人拒捕杀所捕之人者俱入情实。

连毙二命之案无论一故一斗，及二命俱斗杀并内有一命即系当场杀人之犯，或系正余限外身死，律不应抵者俱应入情实。如内有一命系奸盗罪人，凶犯有应捕之责，只应核其另毙一命之情节轻重分别实缓。倘死者俱系奸盗罪人，凶犯无应捕之责或仅止追赶落河，或追逐致令跌毙等项，以及其余各案理直情轻实可矜原者亦可酌核入缓，不宜过宽。（嘉庆十八年四川省杨桂春一起系非应捉奸之人，杀死奸夫奸妇二命，本部查有成式可遵外实改缓奉旨仍照实勾决。）

连毙二命之案如殴溺一人又一人因捞救溺毙者从前亦有拟实成案，惟此等一命系殴跌所致，一命则非其意料，究与连毙二命者有间，似只可以另酿一命论，如另酿一命系死者之父子夫妻兄弟叔侄，因非殴死一家二命仍依斗杀绞候者亦不可轻议缓决。

疯病连毙二命之案俱入情实，如有一命系不应抵者（如杀死子侄）可以缓决。（即另毙二命俱不应抵，究由疯发无知，亦可入缓。）

擅杀二三命及火烧、活埋者俱入缓决，若至四五命以上情节实在惨忍者亦酌入情实。

听从殴毙一家二命下手伤重从犯应绞候者不论伤之多寡轻重俱入情实。（嘉庆十八年议覆御史嵩条陈如实在被殴危急一伤适毙，或死近罪人、死由跌溺者酌量入缓，是年四川有照缓案。）

各毙一命之案从前无论情节轻重俱入情实，近年则仍按其起衅曲直两造人数多寡强弱，无论两比互毙二三命，及致毙彼造二三命俱可分别办理。如衅起理直，或当时并未在场后至拦劝，或情切救亲（父子共殴不在此列），并身先受伤死非徒手，及金刃他物抵戳一二伤者，若各凶犯俱有前项可原情节则俱可缓决，若内有一二凶犯可缓则分案入缓。再二三命之案如两造均系父子兄弟叔侄，自应较两造均非同姓及虽同族而非有服亲属为重。若情节尚有可原，亦可分别实缓，不必因此加重概入情实。倘有四命以上(如内有一命系应抵正凶或系误杀、擅杀及死因抽风或在正余限外凶犯罪不应抵之类皆应扣除计算)则断不可轻议分案入缓。十八年御史嵩奏请四五命以上案犯如猝遇拦劝应核其情节分别实缓之处亦经本部议驳，至从前有因一凶监毙已有一抵另犯尚可从宽入缓者此说究不甚妥。(十八年本部原奏请如系猝遇拦劝帮殴毙命之犯仍照旧入实，间有情节实可矜原者如死由跌溺或伤近失误之类随时酌核办理，但救亲一项如果势在危急，在一命案内例准随本减流者，酌入缓决。)

各毙一命之案有彼此斗不同地，先后斗不同时者，各就寻常斗殴分别实缓，惟广东等省常有遇事争斗，实系一衅相因者，若至四命以上断不可轻议缓决。

殴死人命复另酿一命，亦可按其当场之起衅曲直、殴情轻重分别实缓，比常斗稍为加严，不必尽入情实，若酿至二命以上则均入情实。

殴毙人命后故杀子女图赖卸罪者应入情实，(原犯情节本轻亦有酌缓成案)如无诈赖别情亦只按其当场之斗情轻重分别实缓。

奴婢殴死良人仍照常斗核其情节分别实缓。

殴毙人命后或焚尸移尸灭迹，或致尸身漂没无获，或贿嘱仵作匿伤捏报，或诬卸他人，或狡供不认，致尸遭蒸检(此与诬告致尸遭蒸检不同)并贿买顶凶未成等类，有一于此，讯系畏罪起见，仍按其当场斗情轻重分别实缓，倘狡供致尸一再蒸检，又有贿嘱舞弊诬赖图卸种种狡诈情节并酿成巨案即斗情尚轻，应酌入情实。

殴死祖妾、父妾仍分别有无子女及是否年老并情伤轻重酌定实缓。

杀人免死赦回或在配复行杀人之案，嘉庆十六年奏准如两犯均系共殴斗杀，无论情节轻重概入情实。若前案系斗杀共殴，后犯系擅杀戏杀误杀殴死妻及卑幼，或前案系擅杀等项，后犯系斗杀共殴，实系理直情轻者酌入缓决。至前后两案中或有一案系窃盗等项并非杀人，只按其后犯情节定拟实缓。十八年本部议复御史嵩条陈，除前后两犯斗杀共殴均系应缓者，仍拟情实外，如前后均应可矜或前犯缓决，后犯应入可矜者俱酌拟缓决，若前犯可矜后犯情节系例不应矜之案即不得轻议缓决。

遣军流徒各犯在配杀人及赦回复行杀人者究与免死复犯不同，无论杀死或系同配罪犯或系在配在籍平人均照常斗略为加严，其理直伤轻无凶暴情形者俱可缓决。

殴毙人命后或乘便攫取财物，或临时起意移尸图诈图赖仍按其当场斗情轻重分别实缓。

在押人犯殴毙人命仍核其本案情伤轻重分别实缓。

寻常斗殴杀人之案最难参酌画一，有金刃一二伤而应入实者(如洞胸贯腋近于故之类)，有金刃过十伤而尚入缓者(如身受多伤，理直情急及死非徒手死近罪人之类)，有他物二三伤而应入实者(如理曲逞凶铁器伤在要害骨断骨裂之类)，有他物二十余伤而尚可缓者(如受伤抵御，理直情急并伤无损折，死近罪人之类)，起衅情节有以索欠负欠分曲直者亦未平允，如先系重利盘剥后复强索牲畜什物抵欠，则索欠者反理屈矣；如穷民尾欠无几，央缓不允被债主凌逼不堪因而抵殴致毙，则负欠者其情大有可原矣。又倒地迭殴，情节固重，然亦不可概入情实。北方风气刚劲，其一按一殴并架至空地扳倒行殴之案不一而足，倘起衅理直尚无凶暴情状者，亦可酌量入缓。大约斗殴之案，或理曲情凶刃毙徒手，或倒地迭殴迭札致死方休，或死未还手肆行毒殴狠砍，或奸盗赌匪逞凶行殴，此等之类情无可原俱应入实，其余理直情急伤轻者入缓无疑，但系理直情急伤虽多（金刃他物在内），或仅止一二伤损折穿透并仅系手足伤俱可略伤衡情拟入缓决。论伤痕铁器比他物为重，金刃比铁器为重，若用大石砸压并用竹签木杆等物插入耳鼻谷道致毙，及虽不用器械或以毒物置人口鼻，或用盐卤灌人口内致毙等之类情近于故，其情节非大有可原者断难拟缓。以上各项历年成案均难画一，总须临时平心参核，先衡情后论伤，汇比办理。

寻常殴杀案内用热水烫泼致死者亦可核其情节分别实缓。（此等情伤较惨，如系伏暑时候，有心用滚水浇淋连片伤多者，不可轻议缓决。）

套拉毙命之案多近失误，如无凶横情节可以缓决。

原谋共殴下手伤重之案如理曲人众情凶伤重者多入情实，若衅起理直尚无凶暴情形亦可酌入缓决。

听纠共殴致毙之案多系事不干己，如党恶凶残刀械殴扎多伤死未还手者应入情实，其余以后下手拟抵，并同时共殴之人亦有重伤者罪疑惟轻，尚可入缓。

寻常共殴人致死之案，如非原谋亦非听纠系衅起一时，并无心撞遇拉劝帮护因而争殴，须看两比之人数多寡、强弱之多少轻重，共殴之是否同时，此造之有无受伤，一一详核比较，至区区理之曲直竟可不必深论，如死者先被余人殴伤，凶犯未曾目睹，迨后经见帮殴伤痕无多，只应就本伤论，或凶犯先殴数伤，即行歇手，余人后复帮殴非其所及知，或凶手及余人身受多伤或死者持有刀械，殴由抵御势非得已，或余人亦有致命重伤以该犯后下手并比较分寸拟抵，或义忿激于众怒或死类棍徒本不足惜，如此等类既有可原可疑情节均应缓决。若同时刀械交加，鳞伤遍体并数人揿按一人毒殴伤多，或目睹余人已攒殴多伤又肆加殴砍、伤痕独重，以及倒地迭殴死系徒手、死未还手情节种种凶横者应俱入情实。

寻常共殴之案，定案时共殴伤轻之余人有病故者亦属命有一抵，虽正凶伤情略重，亦可酌量入缓。

乱殴不知先后轻重，罪坐初斗，及原谋未动手，罪坐原谋之案皆罪疑惟轻，俱应缓决，如原谋首先下手，情势凶暴并原谋而又当场喝令者应入情实。（若首先下手伤轻或仅止声称殴打并无吓逼攒殴重情亦可酌量入缓。）

威力主使殴人致死之案较凡斗为重，如衅起理直、伤亦不多、无恃强凶暴情形者可以缓决。

威力制缚人拷打致死之案较之威力主使为重，如挟嫌藉事拷打或非刑凌虐或妄拷平人，一切凶暴不法情节俱应情实，其余衅起理直并疑窃有因及制缚而未拷打或邂逅伤轻致毙者亦可缓决。

弩箭杀人照斗杀者应情实。

凡一死一伤及二三伤并另伤一人成废之案，如系情急抵御，或被伤之人系夺刀致划俱不必因此加重入实，如一死而又另伤四人以上则不可轻议缓决，其有衅起理直，实有以寡敌众急情可原者亦可入缓。

金刃伤穿透之案如系胸前透脊背，或肚腹透腰眼，或左腋透右腋及一切要害致命处所穿透者，皆情凶近故应入情实，（如死者扑拢势猛收手不及之类亦多缓案）倘理直情急受伤回抵仅止一二伤之案，虽至洞胸贯腋亦可缓决，其余腿脚胳膊等处穿透者亦照寻常斗杀伤痕分别实缓。

扳倒割筋剜眼致毙人命之案多入情实，如衅起理直死非善类并情节不甚凶残者亦可缓决（意止欲令成废者）。

旗人杀死旗人之案从前俱入情实，嘉庆八年本部奏明照民人斗殴一律分别情伤轻重分别实缓。

致毙老人幼孩之案，有欺凌情状者俱应入情实，如事本理直，伤由抵御及手足他物伤轻并金刃一二伤情轻者亦可入缓。

十五岁以下幼孩杀人之案除谋故等项应入情实外，如系斗杀必实有凶暴情节伤多近故无一可原，及死更幼稚，死系双瞽笃疾理曲欺凌迭殴多伤者方入情实，余俱缓决。至老人杀人有彼此强弱不同，如以弱抵强，虽伤多亦可缓决，若犯本强健，而死者懦弱衰迈或系幼孩、笃疾则肆行迭殴情伤俱重者自应入实，其谋故杀等项亦与凡人同。

致毙妇女之案如势强欺凌情凶伤重，及他物迭殴七八伤以上，金刃四五伤以上者俱应入情实，其余寻常互斗理直情轻者可以缓决。

殴死兄妻之案律以凡论，亦与致死寻常妇女一律分别实缓，略为加严，至弟妻究与兄妻有间，应同寻常妇女论。

殴死双瞽笃疾及病人之案情伤稍重者多入情实，如理直伤轻亦可缓决，至笃疾杀人稍有可原情节即入缓决。

僧人致毙人命之案向多以其犯杀戒入实，如理直伤轻者亦可缓决，若犯奸又犯杀，则不可轻议缓决矣。

奸匪窃匪致毙人命之案，如系争赃争奸殴毙伤多者俱入情实，其余衅非因奸因盗，系寻常口角争殴或系死者怀妒忿争等类情急伤轻者亦可缓决，至奸匪殴死纵奸本夫一项，死者亦属无耻，如非因奸起衅亦可与常斗一律办理。

续奸不遂殴死悔过拒绝之奸妇应入情实，如死者并非悔过拒绝，因他故不允续奸而杀及非因奸起衅致毙奸妇者，照寻常妇女之案略为加严。

回民殴毙人命之案，如结伙持械情凶伤重者应入情实，如仅系寻常斗殴不必加重。

兵丁差役粮船水手殴毙人命之案，如系索诈索贿倚势滋事情节凶暴者，俱应入实，其余亦照常斗分别实缓。

殴毙兵丁差役之案如情同拒捕者俱应入实，其余亦照常斗分别实缓。

官司差人追征钱粮勾摄公事抗拒不服殴差致死之案，原以该犯非有罪之人故不以拒捕杀人论，秋审亦当分别情伤以定实缓。

平人致毙番民及番民致毙平人俱照常斗分别实缓。

因斗殴而酿成巨案(如起边衅之类)情伤虽轻，俱应酌入情实。

乞丐毙命并赌匪致毙赌匪之案俱照常斗分别实缓，若赌匪因赌起衅致毙平人略为加严。

乳母闷死幼孩之案，例无明文，定案俱照乾隆二十六年谕旨拟绞致雇主绝嗣者情实，未绝嗣者缓决。五十九年奉旨入实。（乾隆五十九年徐许氏案奉旨嗣后遇有此等案件讯系独子以致其宗绝嗣即系出于无心亦应入于秋审情实，以昭平允钦此。）并未指明未绝嗣者入缓。（现在办理无论是否绝嗣均拟情实。）

屏去人服食致死之案如情节不甚凶暴者亦当酌量拟缓。

以他物置人耳鼻孔窍致死情同故杀者，应入情实。

部民殴本管官折伤刃伤者俱拟情实，其非本管官以凡斗论之案，如死者理曲自取凌辱情伤俱轻者可以缓决，余俱入实。

与人斗殴后寻衅报复迁怒于其父母毒殴致毙者应入情实。

斗殴共殴并各项命案或父母肇衅或父母嘱令殴打致毙人命，父母因被殴气忿及畏罪畏累痛悔等情自尽，并非子孙犯罪致父母愁急轻生，仍照本律例定拟者，既不在加拟立决之例，应核本案情节分别实缓加重办理。

续增

凡人谋故之案均应情实，如死者之父系奸淫伊女、伊母，或妇女被死者之父强逼嫁卖气忿谋杀未遂因而杀死其子，仍科本律者可以缓决。

男子拒奸杀人，死者与凶犯年岁相当或仅大三五岁，其实因他故谋杀人或事后攫取财物捏供拒奸以图掩饰或照谋故本律定拟秋审入于情实，若供系拒奸并无证佐及死者生供而审明实无起衅别情，杀人后亦无图财等项情节，仍按谋故本律定拟，秋审入于缓决。

为父报仇殴毙致死伊父正凶国法已伸之案，从前均入缓决，自嘉庆二十四年河南省有以可矜具题者，部议以报仇故杀之案照例入缓监禁，至殴死之案亦入缓决似无差等，议以照矜，嗣后此等之案似可遵照入矜。

除图财害命立予斩决外，如图财谋杀无服亲家奴因例无专条仍照寻常故杀无服亲奴仆例拟绞，以斩决之犯得从绞候定案本属从宽，秋审自应情实。

疯病杀人除平人一命仍照例办理外，若致毙平人非一家二命者，秋审酌入缓决，其连毙平人非一家三命以上及一家二命、一家三命者秋审俱入情实。

擅杀误杀二项年例减等时一因杀出无心，一因死系罪人故得同一减流，至擅杀奸窃三命以上，缘死者均系侵损罪人，虽入缓决亦不为纵，至误毙三命，律牌固轻在凶手虽稍可缓，在死者则倍觉无辜，迥非义忿杀死侵损罪人三命以上者可比，若不竟与实抵，三魂含冤众目不瞑，准情酌理实抵不枉自应入实。

寻常共殴谋殴互毙人犯向来办理秋审不分此造彼造，总以死者人数并计，如至四命者概行入实，系嘉庆十八年奏定章程仍应遵照旧章办理。近来又有互毙四命内有一凶被死者亲属当时殴死，例应减徒且在监病故只作二命计算，将现在二犯照覆缓决。道光二年奏准广东、广西、福建、湖南、江西、浙江聚众械斗首犯改拟从重办理，其下手毙命拟抵之犯除火器杀人及临时故杀并一人连毙二命仍照入实，其金刃手足他物殴毙三命以下，概入缓决，至四命以上，如金刃砍扎致命，或损折已至四伤，不致命不损折以至六伤，手足他物致命或损折以至六伤，不致命不损折以致十伤俱入情实，其刃物伤痕不及前数者均拟缓决，如刃物仅止一二伤而系要害奇重者，临时再行酌核，若审系共殴并非听纠械斗仍照向来章程办理。

各毙一命之案有彼此斗不同地先后斗不同时者，各就寻常斗殴分别实缓，惟广东省间有遇事争斗实系一衅相因者即与械斗无异，断不可轻议缓决。道光元年刑部奏定约期敛钱械斗案内听从纠斗下手毙命之犯仍各按本律拟抵，秋审时即照寻常共殴谋殴之案将致死四命以上者拟入情实，若实在有可矜悯及四命以上各按情伤轻重临时分别缓实。

奸盗抢窃门

奸职官妻者，奸夫奸妇俱入情实。（奸妇系再醮者将奸妇入缓，若奸夫系平人，奸妇系再醮，则奸夫似亦可酌缓。）

轮奸为从及强奸已成，无论有无伤人并诱奸幼女幼童虽和同强之案，俱应入情实，若冒奸已成之案究与强奸不同可以缓决。

因盗而强奸未成者俱入情实。

因奸因盗威逼人致死者俱入情实。

因奸盗殴毙无辜平人情伤较重俱入情实。

语言调戏致妇女及良家子弟羞忿自尽并污蔑奸情致妇女忿激自尽者

俱入情实。

秽语村辱妇女致令轻生又致其夫痛妻自尽者例内载明入缓应遵照办理。

男子被调戏羞忿自尽比照强奸未成或比照本妇羞忿自尽例定拟，仅止空言调戏者可缓。

诬执夫兄欺奸者应入情实。

奸夫图脱拒捕刃伤折伤者亦与窃盗图脱拒捕一律分别实缓(特不以奸所加重)，如系强奸轮奸未成因而拒捕刃伤者俱入情实。

强奸未成刃伤本妇者应入情实。

奸夫拟抵之案，如系奸通有服亲属有关内乱(外姻不在此例)并僧人犯奸者应情实，余俱缓决。

图财强卖疏远亲属如图吞产业以致酿命，或强嫁孀妇与人为妻妾致被奸污者俱应入实，或仅图财礼尚未酿命及被卖之人未被奸污可以缓决。

诱拐不知情及强略人口卖与境外人之案，如系用药迷拐及被诱之人尚无下落(如仅有下落尚未追出给亲完聚者入缓监禁十年方准减等，道光十九年奏准通行。)或拐诱二三案同时并发，内有一人尚无下落并拐回奸宿及转卖为娼或拐后不从而殴迫者俱应入情实，如无前项情节虽拐诱多次，被拐之人均已给亲完聚，俱可缓决。

略卖而杀人或致令被杀者俱应情实。

诱拐致其人亲属自尽之案有仍照诱拐不知情拟绞者，有照略卖杀人拟斩者俱应情实。

抢夺良家妇女奸占为妻妾之案，如本妇先经愿嫁从中被人阻挠该犯抢回奸污者亦可酌入缓决，若无前项可原情节系殴逼成奸者应入情实。

伙众抢夺妇女为从及抢夺路行妇女为从之案，道光五年奏定章程，嗣后聚众伙谋抢夺妇女已成案内从犯如业经入室，或虽未入室而事后奸污，或帮同架拉，或伙枪不止一次，或被抢数至三人，或系致酿人命案内帮同逼迫之犯，或系拒捕杀人案内在场助势之犯，或本犯自行拒捕伤人，或由本犯领卖致被抢之人尚无下落者拟入情实，其无前项情事拟入缓决。至聚众抢夺路行妇女已成之从犯则以曾否动手为断，但经动手抢夺之犯均入情实，其未动手抢夺而有奸污及前项情事者亦入情实，如无前项情事拟入缓决(其并未伙众抢夺强卖，首犯如无实在可原情节无论曾否被污俱入情实)。

聚众抢夺妇女未成，为首拟绞之犯应酌入情实。

川匪拦抢案内，无论杀人伤人，为首为从应斩绞监候者俱入情实。

抢夺逾贯虽未至五百两俱应情实，如系一人乘间抢夺尚无凶暴情状者可入缓决。

抢夺有服亲属计赃逾贯及先经借贷不遂纠抢有因者可入缓决。

抢夺拒捕刃伤及折伤无论伤之多寡俱应情实(如被扭图脱情急刃划

一二伤者亦可酌入缓决）。

蒙古抢夺伤人照蒙古例拟绞之案如伤非金刃，伤轻平复，按照刑例罪止拟军者可以缓决，若伤系金刃按照刑例拟罪。

蒙古抢劫什物未伤人及抢夺十人以上并计赃逾贯为从者俱入缓决。

行窃库银饷鞘满贯为首，并行窃官帑在外瞭望接赃从犯，及纠窃衙署官物计赃逾贯虽未至五百两俱应情实。

用药迷窃未得财者应入情实。

窃贼满贯之犯乾隆五十七年本部堂官面奉谕旨逾五百两者情实，未至五百两者缓决。

窃贼满贯未至五百两如有持刀吓禁事主，迹近于强者，应入情实。

跟踪行窃逾贯之案从前不问是否赃逾五百两俱入情实。嘉庆十六年奏准如独自起意及仅一二人暂时跟随乘便攫取者仍与寻常鼠窃一体分别实缓，若纠众已至三人或假扮客商昼则同行夜则同住志在必得者，但经满贯虽未至五百两亦入情实。

伙众丢包行窃例应照抢夺定罪之案，但经逾贯虽未至五百两俱应情实，如系潜踪掉窃并非公然攫取应照窃盗办理者，十六年奏准仍与寻常鼠窃以是否赃逾五百两分别实缓，其有跟踪情事者亦照跟踪行窃例分别跟踪久暂、伙犯多寡办理。

窃赃二三次满贯同时并发及积匪行窃一次逾贯但未至五百两者可以

缓决。

纠窃未至五百两而伙贼临时行强，该犯仍照满贯拟绞者亦可缓决。

窝窃满贯之案例系并赃论罪俱应情实，若系暂时窝窃非同积匪巨窝者亦可酌入缓决。

前犯窃赃满贯及三犯拟绞免死减释，或在配复行窃逾贯及三犯拟绞之案，又前后两犯均系刃伤事主，或前犯刃伤事主后犯满贯，及三犯或前犯满贯及三犯后犯刃伤事主如此等类均系怙恶不悛，虽窃赃未至五百两，刃伤止一二处，俱应入实。

窃盗得免并计后三犯计赃拟绞免死减释或在配复行窃计赃五十两以上，仍以三犯拟绞之案与窃盗免死后复至三犯者不同，可入缓决。

因窃问拟遣军流徒赦回，并别项遣军流徒赦回复行窃逾贯，或至三犯及刃伤事主仍按赃数及刃伤多寡办理不必加重。

首犯赃逾五百两从犯因三犯拟绞者仍入缓决。

回民纠伙三人以上（如内中有一民人即不以三人论）行窃逾贯虽未至五百两俱入情实。如纠伙未至三人或虽纠伙三人并未执持凶器、赃亦未至五百两均可酌予缓决（如回民结伙行窃、刃伤事主仍照寻常窃盗一体分别办理）。

船户车夫店家有主客相依之义，但经行窃逾贯虽未至五百两，系属为害商旅俱应入实，如止系船上水手、店内雇工及一切挑脚人等乘间鼠窃者赃未至五百两，若有勾引外人伙窃情事入实，余俱缓决。

船户等项盗卖客货逾贯，虽赃未至五百两俱应情实，如蓄计盗卖故意将船碰破及有心放火烧毁船只、车辆、店屋者，其心最为险毒，入实无疑。若实系遭风失火，乘机盗卖客货，从前间有缓案近亦多入情实。

行窃官员公寓逾贯究与行窃衙署不同，未至五百两亦入缓决。

偷窃蒙古四项牲畜三十匹及二十匹以上为首入于情实，为从入于缓决，十匹以上为首入于缓决，例内已有明文。(抢夺牲畜照窃盗分别办理，道光二年奏定章程)至内地民人盗牛二十只以上定例以有妨农务故不论赃数拟以绞候，原较凡盗为重，如秋审再行情实则较之寻常盗马匹等项轻重大相悬远，似应入于缓决。

奴婢行窃本主财逾贯未至五百两，如系负恩勾引外贼肆窃者应入情实，其一人乘间鼠窃可以缓决，至雇工长随及兵役水火夫人等行窃本主、本管官财物逾贯亦照此分别实缓。

窃贼满贯未至五百两，此外另有图脱拒捕或将事主推跌或他物一二伤情节不甚凶暴者俱属轻罪，仍以未至五百两入缓。

窃盗临时盗所拒捕刃伤事主俱入情实，亦间有因止刃划一伤入缓之案。查此项情节亦有不同，如一闻事主喊声即持刀相向，情近于强，虽止一划伤自应入实，若实系被拉被抱划由图脱与逃走后被追图脱者事异而情同，例予斩候已有区分，似可酌量入缓。

窃盗图脱拒捕致毙事主，无论情伤轻重俱入情实。

窃贼冒捕吓诈拷毙窃贼者应入情实。

亲属相盗拒毙捕人仍依斗杀绞候者应入情实。(此指无服亲属而言，若有服亲属相盗拒杀卑幼之案定案时依殴杀卑幼律拟绞者不在此例。)

杀死抢窃族人例不照擅杀科断，仍依谋故斗杀定拟之案，道光七年本部题复福建马幅周案内声明，若拘于谋故杀人向系入实之例概拟情实未免向隅，请酌入缓决，通行在案。嗣后如犯系雇工人及兄弟妻之类定案时因系亲属相盗不照擅杀科断者，虽案系谋故亦俱遵照入缓。

窃盗已离盗所，拒捕刃伤事主。嘉庆八年奏准如被扭图脱，虽三伤俱问绞候，历年来凡护赃护伙情同格斗者入实，其余无前项情形实系图脱情急刃戳止二三伤者俱入缓决(内划伤及他物伤不计)。若金刃戳札三伤以上者仍入情实，及被追而未被获无急情可原，辄纠伙转身迎拒情势凶横者，虽仅止金刃一二伤，亦不可轻议缓决。

行窃遗落火煤，不期将事主烧毙，照因盗威逼人致死问拟斩候之例系道光三年纂定。原奏声明遗火烧毙一命及二命而非一家者酌入缓决，烧毙一家二命及三命而非一家者入于情实。迨道光四年纂修条例时复声明秋审案件应俟临时酌核办理，勿庸将入于情实缓决之处纂入例内。查此项窃贼遗火事出无心，遇有烧毙一命自可酌入缓决。若至二命以上则死者之情较惨似不应率行入缓(窃剥事主衣服以致冻毙，本犯投首免因，照屏去人服食冻死拟绞者亦间有酌缓成案)。

窃贼图脱拒捕除他物另伤一人不计外，如刃伤事主至二人者虽仅止一二伤，俱入情实，若二人内有一划伤及二人俱系划伤者亦俱酌入缓决。窃贼图脱拒捕仅止金刃一二伤亦无凶暴情形，此外或事主追逐自行跌毙者亦可缓决。

窃贼图脱拒捕，他物殴事主至废疾、笃疾者即三伤平复俱应入实，若折伤平复仅止骨节参差或断一指折一齿，事主不致贻累终身者亦可缓决。(若盗田野谷麦等类与实犯窃盗不同，虽拒捕至废疾亦可酌入缓决，道光二十一年奉天省李复兴案奏明改缓通行。)

两贼同时拒一事主及各自拒伤事主，各科各罪，如实系图脱情急无彼此护伙凶横情节，金刃未至三伤以上者亦可缓决。

犯罪事发官司差人持票拘捕殴差成废之案，当酌量有无凶横情节分别实缓(道光二十年山东孟传忠实，奉天蒋成沅缓，二十二年直隶申三老虎实，湖广张老么缓)，若殴所捕人至笃疾者应入情实。

窃贼两次刃伤事主同时并发，虽各止一伤，亦入情实。

窃贼刃伤事主，闻拿畏惧将原赃送还，除确有证据者依例减流外，若系一面之词，别无证据，仍拟绞候，照例入于缓决。

抢窃杀人为从帮殴之犯自乾隆四十六年定例，不分他物、金刃俱拟绞候，以后俱入情实。嘉庆六年新例金刃及他物折伤者拟绞，伤非金刃未至折伤者拟遣，其例前定案之犯于秋审上班后奏明，刃伤及他物折伤者情实，他物未至折伤者缓决。八年四川冯大勇一起系窃匪图脱拒捕仅止刃划一伤，另他物三伤，曾经奏明入缓。嗣后此等从犯系窃案图脱一伤甚轻，无护赃护伙及倚众凶暴别情，俱入缓决。(抢夺杀人从犯情急图脱刃划一二伤，与首犯俱不同场，定案时照为从问拟者不可原情入缓。)

窃贼发冢开棺见尸剥取尸衣及盗未殡未埋死尸棺三次者俱应情实，此例重在见尸，即或尸衣腐烂无存，及剥衣未得被人撞遇逃逸者亦入情实。

贪图吉壤发冢致坏人尸棺骸罐者亦以见尸科罪，应入情实，如系山地被人盗埋盗葬及心疑盗葬出于有因而发冢坏人尸棺骸罐者亦可酌入缓决。

发冢三次为从仅止在外瞭望者缓，若帮同开棺及为从至三次以上者，情实，例内已有明文。其盗未殡未埋尸棺为从三次以上应绞候者，如仅在外瞭望亦可酌入缓决。

指称旱魃刨坟毁尸为首拟绞者如有挟仇泄忿情事例应入实，讯无嫌隙者缓决。

回民行窃、窝窃发遣在逃，行窃计赃逾贯及行窃时另犯应死罪名者秋审概入情实。

续增

语言调戏致妇女及良家子弟羞忿自尽并污蔑奸情致妇女忿激自尽俱应情实，致本妇羞忿自尽及强奸幼女已成并强奸妇女已成均系例实，恭奉大赦奏定改为缓决，秽语村辱妇女气忿自尽，其夫回家闻知，痛妻投缳，部议比照威逼致死一家二命拟军，奉旨比照手足勾引改绞，入于缓决，抑媳同陷邪淫如奸夫与谋致其媳自尽，部议将奸夫拟流，奉旨改议绞候入于情实。

强奸调奸未成，刃伤本妇者俱入情实。

凡与夫弟兄通奸者应入情实，如始终系被逼无奈者亦可酌拟缓决。

奸夫起意商同奸妇谋毒纵奸本夫，其谋已行之案，旋经奸妇追悔商同奸夫赶救得生，固与并未悔救经他人救生者有间，惟律重谋杀，虽伤而未死，名分攸关，俱应情实。

前后两犯诱拐子女之案如实系怙恶不悛，或用药迷拐，或拐回奸宿，或转卖为娼，或未结聚或二三案并发，内一人无下落或有殴迫等情入实无疑，如无前项情节，究非人命银钱无侵损于人尚可缓决。

拐诱贩卖人口，被诱之人不知情案件，如系用药迷拐及被拐之人尚无下落(如仅有下落尚未追出给亲完聚者入缓，监禁十年方准减等道光十九年奏准通行)或诱拐二三案同时并发，内有一人尚无下落，并拐回奸宿及转卖为娼，及拐后不从而殴逼者俱入情实，如无前项情节虽诱拐多次，被拐之人均已给亲完聚可入缓决。又有诱拐三次，被诱之人俱已给亲完聚，内有一人因委审拖毙究系生前完聚仍可缓决。

窃时另犯应死罪名秋审概入情实。

窃盗盗所临时拒捕刃伤事主例应斩候与图脱拒捕止绞候者轻重悬殊，至奸匪刃伤应捉奸之人例内并无奸所拒捕及图脱拒捕分别定拟，秋审案内奸夫刃伤本夫因奸盗同科，故图脱拒捕金刃三伤以下概入缓决，如奸匪拒伤捉奸之人，虽未离奸所，究止刃扎一伤，核与窃匪图脱拒捕尚无逞凶格斗相同，是以入缓。

发冢开棺见尸为从帮同下手者不论次数俱入情实，在外瞭望一二次者入于缓决，三次及三次以上者入于情实，其发冢见棺锯缝凿孔为从帮同下手三次及三次以上者入于情实，一二次者入于缓决，在外瞭望六次者入于情实，一次至五次者入于缓决。

伙盗被获供出首盗所在拿获者系曾经伤人伤轻平复之犯减为斩监候，秋审入于缓决，其首盗供获伙盗及伙盗供获伙盗者均拟以斩候，秋审时核其情节分别实缓(光绪五年条例)。

杂项

伪造印信如冒支钱粮及诳骗得赃者俱入情实，其余诳骗未成者尚可酌入缓决。

买受伪札诈假官者应情实，如假官并未造有凭札，罪系计赃从重加入绞候可以缓决。

私铸钱十千以上及为从工匠人等应拟死罪者俱入情实。

左道惑众及邪教为从者俱入情实。

邪术医病致毙人命者应入情实。

光棍为从者应入情实。

投递匿名揭帖者应入情实。

诬告叛逆被诬之人未决者应钦遵嘉庆二十一年蒋伯龙案内谕旨入于情实。

诬告人致死并致死其有服亲属之案如挟嫌图诈，或假捏奸赃，或事犯到官诬扳平人，或唆贼作证，或贿嘱妄拿图泄私忿，累毙无辜及拖累案外一二命者俱应入情实。其余如因事本可疑，一时误认，死由追拿跌溺并非被逼自尽及死者本非善类，无前项刁恶惨毒情形者尚可酌入缓决。(嘉庆十五年周陇徕仔年甫九岁诬告毙命，部议永远监禁，奉旨入缓，嗣后设有案犯相同者着照此办理。)

挟仇诬告谋命致尸遭蒸检之案，无论系平人、尊长之尸俱应入实，如起衅本因妄疑并未固执求检或原验伤痕本有遗漏错误，及蒸检卑幼之尸，无实在狡诈可恶情形者尚可酌入缓决。

刁徒凭空讹诈酿命之案系嘉庆九年本部条奏新例，以其究与在官人役不同，有拷打者斩候入实，无拷打者绞候入缓。嗣本部十年纂例时又奏明无拷打者仍分别情节轻重以定实缓。历年秋审如酿至二命及串差倚势并假捏奸赃一切刁恶凶横者入于情实，其余情有可原者俱入缓决。

诬良为窃逼毙人命者应入情实，其事出有因，并非有心诬捏及死本旧匪可以缓决。

捕役私拷吓诈致毙人命者应入情实(如事系因公无图诈邀功情事又死非无辜者虽拟斩亦有缓案。

蠹役诈赃致毙人命者无论赃数多寡已未入手，俱拟情实。

假差吓诈致被诈之人自尽或拷打致死者俱入情实。(其本系旧匪或并非无辜，死由自尽者可以缓决。)

差役酿命比照诬告致死及一切比例定拟之案，如挟嫌图赖及吓逼诈财致毙无辜者俱应情实，其余妄疑误听事出有因，并死本旧匪者亦可缓决。

强盗免死发遣在配犯该徒罪以上者应入情实。(如非怙恶逞凶，若后犯系擅杀罪人之类及寻常遣犯在配，犯该军流以上拟绞者果无别项不法情事亦可酌入缓决。)

贿买案外之人顶凶已成者应入情实。(如系案内余人代认重伤顶凶之犯应照正犯减一等治罪者，本犯仅止避重就轻尚非脱然事外可以缓决。)

监犯越狱如纠伙三人以上，原犯斩绞监候俱改立决，原犯军流俱改绞候，为首入实，为从入缓，原犯徒罪为首改为绞候入缓，若仅止一二人乘间脱逃，原犯斩绞监候应情实者即行立决，应缓决者即入情实，原犯军流为首改为绞候入于缓决，例内已有明文应查例照办(遣犯越狱应照军流办理)。

杀人在逃年久始行就获之犯即非例内所指应行正法条款，仍依本律监候，只应照寻常斗殴分别实缓，不必因此加重。

犯一应死罪事发在逃复犯死罪者应入情实，若逃后犯军流等罪或先犯军流后犯死罪，本案及另犯俱情轻者可入缓决。

监犯拒捕伤人案内首从各犯罪应斩绞者俱应入实。

聚众夺犯伤差者应入情实，未伤差者例系由流加入绞候可以缓决。

三人以上虽未伤差亦入情实。

犯罪事发经官差人拘捕因而逞凶杀死捕役，为首者斩决，为从者原例止于发遣。嘉庆十一年本部条奏为从者不论手足他物金刃俱拟绞候，例系由轻加重，历年秋审从犯帮殴刃伤折伤者俱入情实，他物伤轻者亦可缓决。

挟嫌放火之犯，俱拟情实，如误烧他人者亦可酌拟缓决。

图财放火未延烧之案俱入情实。

伏草捉人勒赎者俱入情实。

疏纵罪囚如系得赃卖放无获者应入情实，其余一时疏忽并未受贿及逃犯已经拿获者可以缓决。

枉法赃实犯死罪者应入情实(须执法之人方是，如系在官人役亦不可轻议缓决)。

结拜弟兄未至四十人，年少居首并无歃血焚表等情，罪应绞候者应入情实。

斩绞等犯因变逸出被获并未起意越狱仍照原拟者仍核其本案情节分别实缓。

雇工人刃伤家长及家长期亲，以名分为重，多入情实，如系被殴被揪理直情急图脱，伤由失误者可以缓决。

兄收弟妻，弟收兄妻之案自乾隆五十九年奉旨由父母主婚者男女应拟较候，定例后俱拟情实。嗣后遇有因父母主婚，男女勉从并无先行通奸情事，例内既有核其情节另行定拟之文，原其乡愚不知例禁拟入缓决，将来可以照办。(嘉庆二十二年山西司秋审刘得一起系听从母命收故兄之妻为妻拟缓。)

续增

诬良为窃逼毙人命者应入情实，如事出有因并非有心捏控及死本旧匪可以缓决。道光二年奏准诬窃出于有心、死者系属良民之案拷打伤重致死拟以斩候，秋审入实，诬告到官及捆缚吓诈逼认致令自尽者拟以绞候，秋审入实。仅止空言查问尚无捆缚拷打吓逼别情，死者抱忿短见轻生者拟以绞候秋审入缓。诬窃出于有心，死者系属旧匪及虽系良民而诬窃出于无心之案，拷打伤重致死者拟以斩候，秋审时核其情节，较轻者酌入缓决，诬窃到官及捆缚吓诈逼认致令自尽者拟以绞候秋审入缓。

弟亡兄收弟妇，兄亡弟娶兄妻，如系先有奸私后为夫妇者俱应情实，如实系家贫女不能娶或无养赡难以守志由父母主婚，男子为从或先行通知宗族乡保成婚者，乡愚无知男女俱可缓决。

犯罪事发，官司差人持票拒捕，殴差成废之案，当酌量有无凶横情节，分别实缓，若殴所捕人至笃疾者应入情实。

参考文献

一、儒家经典

《尚书》，十三经注疏本。
《论语》，十三经注疏本。
《孟子》，十三经注疏本。
《诗经》，十三经注疏本。
《周礼》，十三经注疏本。
《孝经》，十三经注疏本。
《左传》，十三经注疏本。
《礼记》，十三经注疏本。
《易经》，十三经注疏本。

二、史书

《汉书》，中华书局二十四史。
《后汉书》，中华书局二十四史。
《晋书》，中华书局二十四史。
《旧唐书》，中华书局二十四史。
《新唐书》，中华书局二十四史。
《隋书》，中华书局二十四史。
《宋史》，中华书局二十四史。

《元史》，中华书局二十四史。

《清史稿》，上海古籍出版社 1986 年。

《清实录》，中华书局本。

三、历代法律法规

赵进瑜：《睡虎地秦墓竹简》，文物出版社 1978 年版。

睡虎地秦墓竹简整理小组：《睡虎地秦墓竹简为吏之道》，文物出版社 1990 年版。

张家山二四七号汉墓竹简整理小组编著：《张家山汉墓竹简[二四七号墓]》，文物出版社 2006 年版。

刘俊文点校：《唐律疏议》，法律出版社 1998 年版。

薛梅卿点校：《宋刑统》，法律出版社 1998 年版。

史金波、聂鸿音、白滨译注：《天盛改旧新定律令》，法律出版社 1999 年版。

陈高华、张帆、刘晓、党宝海点校：《元典章》，中华书局、天津古籍出版社 2011 年版。

怀效锋点校：《大明律》，法律出版社 1999 年版。

(明)朱元璋：《御制大诰三编》明洪武内府刻本。

(明)申时行等：《大明会典》，《续修四库全书》，上海古籍出版社 1995 年版。

(清)官修：《大清会典则例》，四库全书本。

刘俊文：《唐律疏议笺解》，中华书局 1989 年版。

《世宗宪皇帝上谕八旗/上谕旗务议覆/谕行旗务奏议》，《景印文渊阁四库全书》(第 413 册)，台北"商务印书馆"1986 年版。

田涛、郑秦点校：《大清律例》，法律出版社 1998 年版。

四、秋审文献

(清)沈家本：《秋审条款附案》，光绪丙午刊本。

《秋审档案》，杨一凡主编：《清代秋审文献》(第三册、第四册)，民主法制出版社2015年版。

(清)子良氏辑：《秋谳辑要》，杨一凡主编：《清代秋审文献》(第九册)，民主法制出版社2015年版。

(清)英祥、林恩绶辑：《秋审实缓比较成案》，清同治十二年四川臬署刻本，杨一凡主编：《清代秋审文献》(第十四册)，民主法制出版社2015年版。

《秋审成案》，清写刻本，杨一凡主编：《清代秋审文献》(第十二册、十三册、十四册)，民主法制出版社2015年版。

(清)崇纲：《续增秋审实缓比较成案》，光绪七年刊本。

(清)吉同钧：《新订秋审条款讲义》，杨一凡主编：《清代秋审文献》(第三十册)，民主法制出版社2015年版。

(清)王有孚辑：《秋审指掌——清嘉庆十二年刻不碍轩读律六种》，杨一凡主编：《清代秋审文献》(第四册)，民主法制出版社2015年版。

(清)桑春荣辑：《秋审实缓比较汇案》，清光绪三十三年京都撷华书局排印本，杨一凡主编：《清代秋审文献》(第二十一、二十二、二十三册)，民主法制出版社2015年版。

五、其他古代文献

(春秋战国)荀况撰，(唐)杨倞注：《荀子》，清乾隆抱经堂丛书本。

(春秋战国)韩非：《韩非子》，四部丛刊景清景宋钞校本。

《太上老君经律》，涵芬楼本。

(汉)张鲁：《老子道经上想尔注》，英国国家图书馆藏敦煌写本。

(汉)刘安撰，(汉)许慎注：《淮南鸿烈解》，四部丛刊景钞北宋本。

(汉)贾谊：《新书》，王洲明、徐超：《贾谊集校注》，中州古籍出版社1989年版。

(汉)许慎：《说文解字》，四库全书本。

(宋)朱熹:《晦菴先生朱文公文集》,四部丛刊景明嘉靖本。

(宋)郑克:《折狱龟鉴》,明万历刻本。

(宋)忠泽:《宗忠简集》,四库全书本。

(宋)李昉《太平御览》四部丛刊三编景宋本。

(宋)胡太初:《昼簾绪论》,宋咸淳百川学海本。

(元)张养浩:《三事忠告》,四部丛刊景元刊本。

(明)马理:《周易赞义》,明嘉靖三十五年郑絅刻本。

(明)严衍撰:《资治通鉴补》,清光绪二年盛氏思补楼活字印本。

(明)李陈玉:《退思堂集》,崇祯九年序刊本。

(明)丘浚:《大学衍义补》,台北"商务印书馆"1986年影印文渊阁四库全书本,第713册。

(清)刘锦藻:《皇朝续文献通考》,清光绪三十一年乌程刘锦藻坚匏盦铅印本。

(清)康熙、雍正:《圣谕广训》,四库全书本。

(清)储仁逊编著:《清代抄本公案小说》,百花文艺出版社1996年版。

(清)袁枚编:《新齐谐》(《子不语》),清嘉隆嘉庆间随园三十种本。

(清)朱翊清:《埋忧集》,清同治刻本。

(清)周梦颜:《安士全书》,巴蜀书社2015年版。

(清)梁恭辰:《北东园笔录》,同治五年刊本。

(清)赵吉士辑:《寄园寄所寄》,清康熙三十五年刻本。

(清)钮琇辑:《觚剩》,清康熙临野堂刻本。

(清)钱泳:《履园丛话》,清道光十八年述德堂刻本。

(清)王士禛:《古夫于亭杂录》,清文渊阁四库全书本。

(清)俞樾:《右台仙馆笔记》,清光绪二十五年刻春在堂全书本。

(清)陈恒庆:《谏书稀庵笔记》,民国十一年小说丛报社印本。

(清)严万里:《商君书新校正》,清严可均钞本。

(清)薛允升:《读例存疑》,清光绪刊本。

(清)周天成修,(清)邓廷喆等纂:雍正《东莞县志》,清雍正十年刻本。

(清)王植:《崇德堂稿》,清乾隆二十一年刻本。

(清)孙诒让:《古籀拾遗》,中华书局 1989 年版。

(清)黄六鸿:《福惠全书》,清光绪十九年文昌会馆刻本。

(清)嵇曾筠:雍正《浙江通志》,四库全书本。

(清)董诰辑:《全唐文》,嘉庆内府刻本。

(清)李开先:《周易六十四卦辨疑》,清乾隆刻本。

(清)李之素辑:《孝经内外传》,清康熙五十九年李焕宝田山庄刻本。

(清)沈家本:《历代刑法考》,中华书局 1985 年版。

六、近人著作

梁漱溟:《中国文化要义》,学林出版社 1987 年版。

孟昭华、王明寰:《中国民政史稿》,黑龙江人民出版社 1986 年版。

秦永龙:《西周金文选注》,北京师范大学出版社 1992 年版。

宋北平:《秋审条款源流考》,杨一凡主编:《中国法制史考证续编》(第十一册),社会科学文献出版社 2009 年版。

刘世德、竺青主编:《古代短篇公案小说选》(清代白话卷),群众出版社 2001 年版。

王永宽、杨海中、幺书仪选注:《清代杂剧选》,中州古籍出版社 1991 年版。

小横香室主人编:《清朝野史大观》,中华书局 1932 年版。

七、外文文献

The Rationale of Punishment by Heinrich Oppenheimer, New Jersey:

Patterson Smith Publishing Corporation Montclair, 1975.

Sentencing and the Legitimacy of Trial Justice: Introduction by Ralph Henham, Routledge, 2012.

Just Sentencing-Principles and Procedures for a Workable System by Richard S. Frase, Oxford University Rress, 2013.